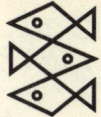

Jüngsten Forschungsergebnissen zufolge läßt sich das Selbstbewußtsein von Mädchen zum Teil darüber messen, wie interessiert sie an Mathematik sind. Das entspricht der zentralen These dieses Buches: Mädchen müssen lernen, sich den traditionell männlichen Domänen zu nähern, ohne Angst um ihre Weiblichkeit zu haben – und dabei spielt der Einfluß des Vaters eine prägende Rolle.

Beschrieben werden alltägliche Situationen, über die man sich normalerweise keine Rechenschaft ablegt. So ist es folgerichtig, daß ein Vater, der seine Tochter vor allem wegen ihres Äußeren lobt oder kritisiert, bei dem Mädchen den Eindruck hinterläßt, daß Schönheit das wichtigste Kriterium bei der Bewertung einer Frau ist. Dagegen wird bei einem Vater, der seine Tochter zu allen technischen Reparaturarbeiten hinzuzieht und ihr die Zusammenhänge erklärt, für die Heranwachsende deutlich, daß sich solche Fertigkeiten durchaus mit Weiblichkeit vereinbaren lassen.

Mancher Vater wird sich durch dieses Buch selbst erst richtig kennenlernen und vielleicht sein Verhalten Frauen gegenüber einer generellen Prüfung und Wandlung unterziehen. Manche Mutter wird zu überraschenden Erkenntnissen über die komplexe Beziehung Vater/Tochter kommen. Jeder erwachsenen Frau wird das Buch die Augen darüber öffnen, was sie in ihrer Kindheit und Jugend unbewußt, aber prägend geformt hat.

Nicky Marone hat sich auf die Erziehung besonders begabter Kinder spezialisiert. Sie hat als Lehrerin gearbeitet und als Projektleiterin für ein Pilotprogramm mit Hochbegabten. Seit 1984 hält sie Vorträge und leitet Workshops zur Vater-Tochter-Problematik. Nicky Marone lebt in Denver, Colorado. Im Fischer Taschenbuch Verlag erschien ihr Buch »Erlernte Hilflosigkeit überwinden« (Band 11590).

Nicky Marone

Gute Väter –
Selbstbewußte Töchter

Die Bedeutung des Vaters
für die Erziehung

Aus dem Amerikanischen
von Erna Tom

Fischer Taschenbuch Verlag

Veröffentlicht im Fischer Taschenbuch Verlag GmbH,
Frankfurt am Main, Juli 1995

Deutschsprachige Erstpublikation 1992
im Wolfgang Krüger Verlag, Frankfurt am Main
© 1992 S. Fischer Verlag GmbH, Frankfurt am Main
Die Originalausgabe erschien unter dem Titel:
»How To Father A Successful Daughter«
im Verlag Ballantine Books, New York
Copyright © 1988 by Nicky Marone
Druck und Bindung: Clausen & Bosse, Leck
Printed in Germany
ISBN 3-596-12224-4

Gedruckt auf chlor- und säurefreiem Papier

Inhalt

In Erinnerung an meinen Vater Al
und für meine Mutter Maxine

Teil 1
Das Problem in den Griff bekommen

Ein offener Brief an Väter

Lieber Vater,

ich frage mich, ob Du die Veränderungen an Deinem kleinen Mädchen bemerkt hast, und ich frage mich, ob sie Dir Sorgen bereiten. Ich kann Dir sagen, daß sie mir Sorgen bereiten. Ich sehe Deine Tochter jeden Tag sechs Stunden lang; eine Stunde verbringt sie im Klassenzimmer und die anderen fünf auf den Gängen der Schule. Als sie vor zwei Jahren in meine Klasse kam, war sie klug, lebhaft und im spielerischen Wettbewerb mit den anderen. Jetzt, als Neuntkläßlerin, ist aus dem temperamentvollen Mädchen, das ich kannte, ein scheuer, unterwürfiger, schlaffer weiblicher Teenager geworden, der enge Jeans und zuviel Make-up trägt. Sie scheint jegliches Interesse an ihren Noten verloren zu haben und gibt vor, die Antworten auf Fragen, die in der Klasse gestellt werden, nicht zu wissen. Ihr geistiges Licht wird durch den Lidschatten verdunkelt, und sie mißt ihrem Körper mehr Wert bei als ihrem Geist.

Bevor Du jedoch in helle Aufregung gerätst, möchte ich Dir versichern, daß sie nicht die einzige ist. Wie viele andere Teenager gehört auch sie zu einer ganzen Gruppe. Viele ihrer klugen und vormals aktiven Freundinnen leiden an derselben Störung. Ich wünschte, ich könnte Dir versprechen, daß dieser Zustand ein vorübergehender ist, der nach Abschluß der Pubertät wieder verschwindet. Bedauerlicherweise lassen mich meine Erfahrung und die Beobachtung

Deiner Tochter und anderer Mädchen das Gegenteil annehmen. Es kann durchaus passieren, daß sie jetzt ihre Fähigkeiten ein für allemal unterdrückt und sie nie wieder zum
Vorschein kommen.

Ich weiß, daß Du sie sehr lieb hast. Ich weiß, daß Du ihr
Bestes willst. Du sorgst Dich um sie. Wenn das nicht so
wäre, würdest Du dieses Buch nicht lesen. Sei versichert,
daß Du die Dinge ändern *kannst*, denn Du hältst den
Schlüssel in der Hand. Dein Einfluß auf ihr Leben ist größer
als Du vermutest. Du kannst ihr die nötige Selbstachtung
und geistige Gesundheit vermitteln, die sie braucht, um ihr
Potiental auszuschöpfen; Du kannst dies trotz des Druckes
der Gruppe und trotz der gesellschaftlichen Erwartungen,
denen sie ausgesetzt ist.

Dein Einfluß als Mann kann nicht hoch genug bewertet
werden. Ich bitte Dich, darüber nachzudenken, daß Untersuchungen bei erfolgreichen Frauen immer wieder den Beweis erbringen, daß die Rolle des Vaters einen entscheidenden Einfluß auf die Entwicklung seiner Tochter hat – ganz
besonders, wenn es um Leistungen geht. Da du der erste
Mann im Leben Deiner Tochter bist, kannst Du ihr helfen,
indem Du ihr die Selbstliebe und das Selbstvertrauen ver-
mittelst, die für ihre persönlichen und beruflichen Leistungen unerläßlich sind und die eine solide Grundlage bieten,
auf der sie ihr Leben aufbauen kann.

Ich sorge mich ebenso um sie und ihr Wohlergehen wie Du,
und das verbindet uns. Dies ist auch der Grund, warum ich
dieses Buch geschrieben habe.

Kapitel 1
Aus Kindermund

Schwangere Ärzte

Es was ein kalter und rauher Januarmorgen, als ich mit meiner Freundin Sue an ihrem Küchentisch saß und wir uns bei einer Tasse Kaffee unterhielten. Wir wurden durch Sues sechsjährige Tochter Sharon und ihre vierjährige Spielgefährtin Christine unterbrochen. Sie spazierten mit ihren Ärztekoffern, die sie zu Weihnachten geschenkt bekommen hatten, in die Küche. (Meine Freundin bat mich, die Koffer Ärztekoffer und nicht Krankenschwesternkoffer zu nennen, da sie sich bemühte, keine geschlechtsspezifischen Geschenke zu machen.) Unsere Aufmerksamkeit richtete sich jedoch auf die großen Bäuche der beiden Mädchen. Es schien, als hätten sie sich etwas unter ihre Kleider gestopft. Meine Freundin fragte ihre Tochter: »Was seid ihr? Hungernde Biafrakinder?«

»Nein«, lautete die Antwort, »wir sind schwangere Ärzte!«

Als ich etwas später nach Hause fuhr, ging mir Sharons Antwort nicht aus dem Sinn. Sie beunruhigte mich. »Warum nicht einfach Ärzte? Warum *schwangere* Ärzte?« Erst allmählich wurde mir klar, daß die namenlose Beunruhigung, die ich fühlte, dem Gefühl entsprach, das mich jeden Tag während des Unterrichts verfolgte.

Stellen Sie sich die folgende Szene vor: eine Highschool der Mittelstufe in Irgendwo, U.S.A. Es ist der erste Schultag, und ich beobachte meine Neuntkläßler und denke über die Veränderungen nach, die sie, seit ich sie als Siebtkläßler kennenlernte, durchgemacht haben. In dieser Altersstufe zu unterrichten, ist faszinierend, weil Veränderung und Wachstum hier am deutlichsten sind. Leider wird meine Freude an meinen Schülern durch ein undefinierbares Gefühl der Beunruhigung getrübt. Christy Barnes zum Beispiel. Als ich sie in der siebten Klasse zum ersten Mal unterrichtete, war sie ein gescheites, lebensfrohes, frisches, unberührtes, strebsames Mädchen. Jetzt erscheint sie mir als eine völlig veränderte Person. Ihre Jeans sind zu eng, ihr Ausschnitt zu tief, und sie trägt einen zweifarbigen Lidschatten und genügend Rouge, um auf einen Ball zu gehen. Das gescheite, zuversichtliche, natürliche Kind ist verschwunden und einer scheuen, gehorsamen, hübschen jungen Frau gewichen, die zu laut lacht, wenn Jungs ihre Witze erzählen, und die vorgibt, die Antworten auf Fragen nicht zu wissen, obwohl sie sie ganz bestimmt weiß.

Das, was mit Christy passiert, passiert ebenso mit zahllosen anderen jungen gescheiten, strebsamen weiblichen Heranwachsenden, sobald sie das ungewisse Alter der Pubertät erreichen. Die versteckten Lektionen, die ihnen durch ihre Umwelt, Familie und die Medien erteilt werden, kommen endlich zum Tragen – daß nämlich »Weiblichkeit« *immer noch* die wirksamste Waffe eines Mädchens ist. Jungs rennen ihr immer noch nach, und Mädchen spielen sie immer noch aus. Das alte Spiel wird immer noch gespielt, so heiß und intensiv wie eh und je.

Die Paarungsrituale stellen sich fast automatisch ein, sobald Jungen und Mädchen ihre Geschlechtsidentität suchen. Gleichzeitig jedoch unterminieren sie die Bemühungen der Mädchen nach Leistung, weil »weibliches« Verhalten (das Jungen anzieht) nicht notwendigerweise mit Leistungsverhalten identisch ist. In diesem Alter vermuten Mädchen, daß ihre Stärke die Jungen verunsichert, von denen umgekehrt aber ihre Bestätigung und Anerkennung als begehrenswerte Frauen abhängt. Diese Einsicht veranlaßt viele Mädchen dazu, ihr selbstbewußtes Verhalten, das nötig ist, um in einer Leistungsgesellschaft zu bestehen, zu unterdrücken.

Ich möchte hier Erfolg und Leistung nicht im Sinne von Geschäftsführern großer Firmen verstanden wissen, die ihre Beschlüsse in den oberen Etagen treffen, oder im Sinne von gnadenlosen Taktiken multinationaler Konzerne, oder auch nur als tägliches Drama eines Anwalts vor Gericht. In diesem Buch bezieht sich der Begriff »erfolgreicher und leistungsfähiger Mensch« ebenso auf Menschen, die den Wunsch haben, ihren Dachboden auszubauen oder sich mit wenig Startkapital selbständig zu machen, eine Elektrikerlehre anzufangen oder ein Streichquartett zu komponieren, solange dies mehr als nur eine Freizeitbeschäftigung ist. Sie erkennen daran, daß für eine Frau fast *jedes* nicht alltägliche Streben eine Leistung darstellen kann, denn die Weigerung, die begrenzten Umwelterwartungen zu akzeptieren, erfordert sowohl risikobereites als auch leistungsorientiertes Verhalten. Wenn Ihre Tochter glaubt, daß allein ihre Weiblichkeit ihr die Anerkennung als Mensch verschafft, wird sie wahrscheinlich nie Selbstbewußtsein entwickeln, nie ihre Begabungen fördern und nie ihre Träume verwirklichen.

Obwohl die Spannung zwischen den entgegengesetzten Erwartungshaltungen – in einem Falle an die Leistung und im anderen an die Weiblichkeit – meist während der Pubertät offensichtlich wird, erleben Mädchen sie unbewußt bereits in einem sehr zarten Alter. Deshalb stellt bereits ein sechsjähriges Mädchen den künftigen Konflikt in ihrem Verhalten dar. Sie versucht auf spielerischer Ebene, die beiden auseinanderklaffenden Anforderungen der Weiblichkeit und Leistung zu vereinen, indem sie »ein schwangerer Arzt« wird!

Weiblichkeit und Leistung: Die Vaterrolle

Seit vielen Jahren beschäftige ich mich mit dem Verhalten Jugendlicher. Die Entwicklung ist beunruhigend.

Zum ersten hat sich nichts verändert. Wenn das weibliche Bewußtsein, das sich in den sechziger Jahren entwickelt hat, tatsächlich einen Einfluß auf das Verhalten unserer Töchter hätte, würde sich dies längst bemerkbar machen. Das Rollenverhalten, das heranwachsende Jungen und Mädchen übernehmen, spiegelt die gleichen alten, festgefahrenen, starren Verhaltensweisen von vor zwanzig Jahren wider. Natürlich *sagen* die Mädchen heute, daß sie Arzt anstatt Krankenschwester werden wollen, manche *sagen* auch, daß sie Karriere machen wollen, bevor sie heiraten und Kinder haben werden, doch ihr *Verhalten* steht in krassem Widerspruch dazu.

Zweitens wird das Mädchen, dem zu Hause wenig oder gar keine männliche Aufmerksamkeit zuteil wird, diese konsequent *außer Haus* suchen, und zwar in der Schule. Dort ist es beängstigend einfach, die Aufmerksamkeit (die als Anerkennung interpretiert wird) zu erlangen, die ihm vom Vater nicht zuteil wird. Jedes Mädchen, das an sich selbst und seinem Wert zweifelt, findet die nötige Ermutigung, sobald es seine Hilflosigkeit und seinen jugendlichen Sexappeal zur Schau stellt und sein leistungsorientiertes Verhalten vernachlässigt.

Drittens können auch Mütter und Lehrerinnen die Verhaltensweisen der Mädchen nicht ohne den Vater verändern. Die von ihnen angebotenen Verhaltensmodelle sind zwar von entscheidendem Wert und können nicht ernst genug genommen werden; wenn *jedoch* der Vater, als erste und wichtigste männliche Bezugsperson eines Mädchens, auf stereotype weibliche Verhaltensweisen Wert legt, wird das Mädchen daraus unweigerlich schließen, daß es männliche Anerkennung immer dann erlangt, wenn es sich gemäß dem traditionellen Rollenverhalten der Frau verhält. Während der Pubertät, in einer Zeit also, in der das Verlangen nach männlicher Anerkennung besonders groß ist, wird das Mädchen seine gesamte Kraft aufbieten, um sich entsprechend der traditionellen Rollenerwartung zu verhalten.

Insofern ist also die Pubertät von entscheidender Bedeutung für das spätere Leben. Wenn das Mädchen zu der Ansicht gelangt, daß Weiblichkeit und Leistung sich ausschließen, wird es ernsthaft versucht sein, eines für das andere zu opfern. Diesem Konflikt kann es sich nicht entziehen.

Als liebender und sorgender Vater sollten Sie Ihrer Tochter bei der Bewältigung dieses Konfliktes helfen. Sie können dazu beitragen, daß die Pubertät zu einem Übergang in eine Zeit der Reife und des Wachstums wird.

Untersuchungen bei erfolgreichen Frauen haben immer wieder bewiesen, daß Väter, die ihren Töchtern als Berater zur Seite stehen, einen entscheidenden Einfluß auf ihre Leistungen ausüben.[1]

Die Botschaft ist einfach und klar. Die Voraussetzung dafür, daß Ihre Tochter in der anspruchsvollen Welt ihrer *Zukunft* bestehen kann, ist, daß sie Ihren Respekt und Ihre Anteilnahme *jetzt* spürt.

Ein leuchtendes Beispiel

»Während meiner gesamten Kindheit und Jugend erwartete mein Vater von mir, daß ich allen Anforderungen gerecht wurde«, erzählt eine 35jährige Geschäftsfrau aus Denver. »Als ich dann zum ersten Mal von zu Hause weg war und gleich eine schlimme Erfahrung machte, half er mir, diese Erfahrung in eine positive umzukehren, an der ich wachsen konnte.

Der Grund, warum ich durch dieses Ereignis so völlig aus der Bahn geworfen wurde, war, daß ich zum ersten Mal mit Vorurteilen gegenüber Frauen konfrontiert wurde. Ich erkannte damals, daß die Scheuklappen der anderen *mein* Leben tatsächlich beeinflußten! Ja, so naiv ist man, wenn man jung ist.

Ich hatte mich auf eine Stelle beworben, die ich furchtbar gern haben wollte. Man hat jedoch einen Mann genommen, der ganz offensichtlich weniger geeignet war als ich. Ich war am Boden zerstört. Es war mir völlig unverständlich, daß ein unqualifizierter Bewerber nur aufgrund seines Geschlechts bevorzugt werden konnte.

Ich nahm den ersten Bus zurück nach Hause. Von der Bushaltestelle aus rief ich meinen Vater an und bat ihn, mich abzuholen. Ich hatte mich bereits mit dem Gedanken vertraut gemacht, daß es mit meiner Karriere vorbei war.

Mein Vater nahm sich frei, um mich abzuholen, was für ihn sehr viel bedeutete. Sobald ich im Auto saß, brach ich in Tränen aus. Er hörte mir aufmerksam zu und ließ mich einfach weinen. Dann nahm er mich in den Arm und versicherte mir, daß ich der beste ›Mann‹ für die Arbeit sei (ha, ha) undsoweiter.

Irgendwann machte er die entscheidende Bemerkung. Er sagte: ›Es kommt nicht auf das Geschlecht an, sondern auf den Menschen. Er hat kein Anrecht auf die Arbeit, nur weil er ein Mann ist. Warum trägst du deinen Fall nicht noch einmal vor und bittest die Verantwortlichen, ihre Entscheidung zu begründen?‹

Heute ist dies vielleicht nichts Besonderes mehr, doch 1967 war es das. Ich glaube, mein Vater war seiner Zeit voraus.

Am nächsten Morgen stand ich mit dem Vorsatz auf, nun erst einmal wieder zu Hause zu bleiben. Ich glaubte, daß nach dieser schrecklichen Erfahrung keiner von mir erwarten würde, daß ich in die rauhe Welt zurückkehrte.« Sie lacht wieder. »Doch mein Vater betrat mein Zimmer und sagte: ›Los, zieh dich an. Ich nehm dich auf dem Weg zur Arbeit bis zur Bushaltestelle mit.‹

Ich war völlig verdutzt. Es gab keine Diskussion. Mir wurde klar, daß ich zwar immer nach Hause kommen konnte, um mit meinem Vater meine Probleme zu besprechen, daß er mir jedoch nicht gestatten würde, mich zu verkriechen. Er erwartete, daß ich wieder raus in die Arena ging, ganz gleich, wie schwierig dies auch sein mochte. Ich habe, nebenbei bemerkt, meinen Fall noch einmal vorgetragen, doch die Entscheidung blieb die gleiche. Es war halt 1967.

Nach jenem Tag gab es noch viele Tage, an denen mir mein Vater zur Seite stand und mir über manche Hürde hinweghalf oder mich darauf aufmerksam machte, was ich aus der jeweiligen Situation lernen konnte. Dann allerdings hieß es wieder einmal: Hinaus in die Arena des Lebens.

Nachdem er nun nicht mehr lebt, habe ich seine Rolle selbst übernommen. Ich verwöhne mich unmittelbar nach einer Niederlage. Manchmal gestatte ich mir sogar, einen Tag lang in Selbstmitleid zu schwelgen. Dann ist es allerdings vorbei. Ich weiß, daß mich niemand retten wird. Ich muß mein eigener Retter sein. Ich nehme mich deshalb zusammen, so wie es mich mein Vater gelehrt hat, und marschiere wieder raus auf's Schlachtfeld.«

Jedes Mädchen sollte sich in ähnlich glücklicher Lage befinden. Dieser Vater hat seine Liebe und seinen Respekt auf verschiedene Arten zum Ausdruck gebracht. Er war *da*. Er hat sich freigenommen, um bei seiner Tochter zu sein. Er hörte zu, er umarmte und ermutigte sie. Er bot einen Zufluchtsort, aber kein Versteck. Er ermutigte sie, die Ungerechtigkeit, die ihr den Weg versperrte, zu bekämpfen, anstatt sich hilflos zu fühlen. Gleichzeitig hat er ihr nie ihr Recht auf eigene Entscheidungen streitig gemacht.

Auch Sie können diese Art von Vater sein. Ihr Entschluß, dieses Buch zu lesen, zeigt, daß Sie Ihre Verantwortung übernehmen wollen. Sie werden Mut und Weitsicht aufbringen müssen, denn die Aufgaben, mit denen Sie konfrontiert werden, sind komplex und gewaltig. Wenn Sie Herausforderungen lieben, sind Sie am richtigen Platz. Rufen Sie sich noch einmal ins Gedächtnis, daß Bewußtheit der erste Schritt ist. Ich kann Ihnen versichern, daß es eine lohnenswerte Reise werden wird.

Kapitel 2
Welche Art von Vater sind Sie?

Die Verschiedenartigkeit von Vätern

Es gibt viele verschiedene Arten von Vätern. Weiche Väter. Strenge Väter. Lustige Väter. Anspruchsvolle Väter. Jeder Vater erzieht seine Tochter zu einem anderen Menschen. Den perfekten Vater gibt es nicht. Jede Situation, in der sich ein Vater mit seiner Tochter befindet, erfordert ein anderes Verhalten seinerseits. Es gibt Zeiten, in denen Strenge, und andere, in denen Weichheit angesagt ist. Unglücklicherweise verhalten sich die meisten Eltern (nicht nur Väter!) in ähnlichen Situationen immer gleich, d.h. nach eingefahrenen Verhaltensmustern.

Ich möchte ganz offen mit Ihnen sein, bevor Sie weiterlesen: Manche Ideen, mit denen Sie in diesem Buch konfrontiert werden, sind provozierend und fordern dazu heraus, Veränderungen in Ihrem Leben vorzunehmen. Erst wenn Sie die Auswirkungen Ihres Verhaltens auf das Ihrer Tochter verstehen, kann Ihr Vatersein mehr als nur eine passive Erfahrung werden. Es kann zur Herausforderung Ihres Lebens werden.

All dies mag melodramatisch klingen, doch es stimmt mit den Gefühlen überein, die Väter während meiner Seminare immer wieder zum Ausdruck gebracht haben. Sie baten mich auch, meine Leser vor unvorhergesehenen Hindernissen zu warnen. Ganz besonders ein Vater war in der Lage, sowohl über seine Angst als auch über den Sinn zu sprechen, die mit seiner neuen Erkenntnis verbunden waren.

»Ich weiß jetzt, daß ich einiges ändern muß. Bis jetzt war ich mir nicht darüber im klaren, welche Botschaften meine Tochter empfängt. Ich habe einfach die Bedeutung des Drucks nicht verstanden, der auf ihr lastet. Erst jetzt weiß ich, warum sie sich so und nicht anders verhält.

Ich glaubte immer, mich damit abfinden zu müssen, daß ich in ihrem Leben nur eine Nebenrolle spiele, doch jetzt weiß ich, daß ich eine wichtige Rolle in ihrer Entwicklung spiele.«

Später gestand mir der gleiche Vater unter vier Augen: »Wissen Sie, meine Frau hat mir in der Vergangenheit ähnliches wie Sie erzählt. Ich muß ehrlich zugeben, daß ich froh bin, daß sie heute nicht hier ist, denn sonst müßte ich ihr Abbitte leisten.«

Der Vater drückte damit aus, daß er am Anfang einer schwierigen Veränderung stand. Er fing langsam an zu begreifen, wie viele verschiedene Kräfte auf Frauen einwirken und ihr Leben nachhaltig beeinflussen. Und er hatte verstanden, daß er sein neues Wissen auf positive und konstruktive Weise bei der Erziehung seiner Tochter einsetzen könnte.

Dies ist auch der Zweck des folgenden Fragespiels. Sie werden danach besser erkennen können, welche Art von Vater Sie sind. Beschützen Sie zum Beispiel zu sehr? Glauben Sie insgeheim (vielleicht auch unbewußt), daß Frauen Männern unterlegen sind? Vermitteln Sie mit Ihrem Verhalten gegenüber Frauen, insbesondere gegenüber Ihrer Ehefrau, Ihrer Tochter eine Botschaft, die sie besser nicht erhalten würde?

Ein Quiz für die Mutigen

Vorweg ein paar einführende Worte:
Die Fragen sind in fünf Bereiche aufgeteilt, und manchmal ergeben sich dadurch Überschneidungen.

1. Weiblichkeit
2. Risikobereitschaft
3. Männliche Beratung
4. Männliche Überlegenheit und die Abwertung des Weiblichen
5. Gemeinsame Aktivitäten und die Qualität der gemeinsam verbrachten Zeit

Wie Sie sehen, sind die aufgeführten Bereiche ziemlich weit gefaßt und beinhalten eine Anzahl von Fragestellungen. Jede davon wird im Buch mehrmals behandelt. Es spielt keine Rolle, ob Sie mit dem, was die einzelnen Fragen implizieren, einverstanden sind oder nicht. Wichtig ist einzig und allein, daß Sie sich mit den Fragen beschäftigen. Erst dann sind Sie in der Lage, bewußte Entscheidungen bezüglich der Erziehung Ihrer Tochter zu treffen und sie zu einer starken und unabhängigen Frau zu erziehen, die sie sein muß, um ihr Potential voll auszuschöpfen.

Es geht mir in diesem Fragespiel darum, die wichtigste Erkenntnis in der Erziehung schlechthin deutlich zu machen: *Taten sind von größerer Bedeutung als Worte.* Anders ausgedrückt heißt das, daß Ihre mündliche Ermutigung zwar wichtig, Ihr Verhalten jedoch entscheidend ist. Sie können Ihrer Tochter von jetzt an bis in die Ewigkeit sagen, daß sie tüchtig, begabt, kompetent und schön ist; wenn Ihr Verhalten Ihre Worte Lügen straft, tun Sie ihr keinen Gefallen.

Seien Sie sich darüber im klaren, daß Kinder schon sehr früh lernen, die Worte ihrer Eltern zu überhören. Was sie jedoch nicht überhören oder übersehen, ist die Wirkung des elterlichen Verhaltens und die damit verbundenen Botschaften. Wenn Sie wollen, daß Ihre Tochter an sich selbst glaubt, ihre Begabungen schätzt und ihren Einsichten vertraut, müssen in erster Linie *Sie* glauben, schätzen und vertrauen, denn ihren eigenen Wert bemißt Ihre Tochter durch Sie. Ihr Verhalten wird sie leiten, nicht Ihre Worte.

Jede Fragenabfolge wird Ihnen helfen, sich über Ihr Verhalten und die damit verbundenen Botschaften klar zu werden und damit ein größeres Verständnis bezüglich der eventuell notwendigen Verhaltensänderungen erzeugen.

Seien Sie versichert, daß es hier nicht um Schuldzuweisungen geht. Wenn Sie sich trotzdem manchmal in die Verteidigung gedrängt fühlen, rufen Sie sich ins Gedächtnis, daß ich keineswegs der Pfarrer bin, der während der Sonntagspredigt über diejenigen Kirchenmitglieder herzieht, die nicht im Gottesdienst sitzen. *Sie lesen dieses Buch.* Ich spreche Ihnen dafür meinen Respekt aus. Wenn Sie weiterlesen, empfinden Sie wahrscheinlich abwechselnd Schuld, Zorn und Belustigung. Und das ist gut so. Nehmen Sie diese Gefühle als Zeichen Ihrer Verbundenheit mit und Ihrer Verpflichtung gegenüber Ihrer Tochter an.

Wenn Sie sich nun fragen, was für eine Art von Vater Sie bisher waren, haben Sie jetzt Gelegenheit, dies herauszufinden. Für diesen Test werden keine Noten vergeben. Er entscheidet auch nicht über das Maß Ihrer Liebe zu Ihrer Tochter. Er dient dazu, daß Sie sich Gedanken über die verschiedenen Ansätze dieses Buches machen und daß Sie Ihre eigenen Vorstellungen und Ideen formulieren, damit Sie die Informationen und Techniken, auf die ich später ausführlich eingehen werde, auch sinnvoll anwenden können. Viel Glück, und denken Sie daran, daß nicht Ihre »Note« zählt, sondern das Maß der Beschäftigung mit den vorliegenden Ideen.

Weiblichkeit

1. Fällt es Ihnen schwer, Ihre Tochter zu bestrafen, wenn sie weint?

2. Bitten Sie Ihre Tochter ab und zu, sich »wie eine kleine Dame zu verhalten«?

3. Sagen Sie manchmal »sie wird einmal eine gutaussehende Frau werden«, oder erfüllt es Sie mit übermäßigem Stolz, wenn eine fremde Person dies sagt? (Erörtern Sie auch, wie gutaussehend Ihr Sohn eines Tages sein wird?)

4. Stört es Sie, wenn sie nichts auf ihr Äußeres gibt oder ihrem Aussehen gegenüber gleichgültig ist? Sind Sie der Meinung, daß sie auch während des Spielens auf ihr Aussehen achten sollte?

5. Stört es Sie, wenn sie Puppen nicht mag und lieber mit Robotern, Bausteinen, Soldaten und Autos spielt?

6. Entschuldigen Sie unangebrachte Gefühlsausbrüche, indem Sie sagen oder zumindest denken: »Mädchen sind nun einmal sehr gefühlsbetont.« (Würden Sie Ihrem Sohn des gleiche Verhalten gestatten?)

7. Falls Ihre Tochter einmal eine Mathearbeit verhauen hat, haben Sie dann schon gesagt (oder auch nur gedacht): »Das macht nichts, meine Kleine. Mädchen müssen nicht gut in Mathe sein«?

8. Stört Sie kompetentes Verhalten an einer Frau? Wenn zum Beispiel eine Frau ihren Overall anzieht und ihren Küchenabfluß selbst repariert, erscheint sie Ihnen dann weniger weiblich und deshalb unattraktiv?

Wenn Sie nur einige der oben genannten Fragen mit ja beantwortet haben, sind Sie bis zu einem gewissen Grad immer noch auf das traditionelle Rollenverhalten der Frau fixiert und vermitteln diese Einstellung auch Ihrer Tochter. Daran wäre nichts auszusetzen, wenn nicht das traditionelle weibliche Rollenverhalten – süß, höflich, attraktiv, gefühlsbetont und abhängig sein – die Eigenschaften unterdrücken würde, die notwendig sind, um persönlich und beruflich erfolgreich zu sein – Kompetenz, Risikobereitschaft und manuelle Fähigkeiten.
Später wird dieser Widerspruch noch offensichtlicher zu-

tage treten, wenn Ihre Tochter erkennt, daß auch die Gesellschaft unterschiedliche Erwartungen an eine Frau und an eine leistungsfähige Person stellt.

Heranwachsende probieren immer verschiedene Verhaltensmuster aus, um zu erfahren, ob sie den vorgeschriebenen Grad der Attraktivität auf das andere Geschlecht erreicht haben. Allerdings wird Ihre Tochter sich in dem Maße stereotyp verhalten, in dem Sie dies von ihr erwarten. Ihr Verhalten nimmt auch Einfluß darauf, ob Ihre Tochter auf dieser Entwicklungsstufe stehenbleibt oder ob sie einen Reifegrad erreicht, der sie befähigt, sich den unerbittlichen Herausforderungen ihres persönlichen und beruflichen Lebens zu stellen.

Risikobereitschaft

1. Ermutigen Sie Ihre Tochter dazu, ihre Umgebung zu erkunden, neue Erfahrungen zu suchen und ihre physischen Grenzen zu erproben? Oder anders ausgedrückt, ermutigen Sie sie, Risiken einzugehen?
2. Neigen Sie dazu, Ihre Tochter zu »retten«, wenn sie frustriert oder verwirrt ist? Sind Sie schnell bereit, für ihre Bequemlichkeit und Sicherheit zu sorgen?
3. Wenn Ihre Tochter auf dem Spielplatz von einem anderen Kind geschlagen wird, ermutigen Sie sie dann, zurückzuschlagen? (Würden Sie dies Ihrem Sohn empfehlen?)
4. Haben Sie Ihrer Tochter beigebracht, sich selbst zu verteidigen, oder lassen Sie sie an einem Selbstverteidigungskurs teilnehmen?
5. Lassen Sie Sätze wie »Ich habe Angst« oder »Ich will nicht« als Rechtfertigung dafür gelten, sich einer Herausforderung nicht zu stellen? (Akzeptieren Sie diese Rechtfertigung bei Ihrem Sohn?)

Ihre Antworten auf die oben gestellten Fragen ermöglichen es Ihnen, zwei Aspekte zu bestimmen: Ihre Neigung, Ihrer Tochter verfrüht zu Hilfe zu eilen und unangenehme Konsequenzen von ihr abzuwehren. Dieses Verhalten hindert Ihre Tochter daran, zu handeln, weil es die vernichtendste aller weiblichen Ansichten fördert – die Wahrnehmung, schwach und bedürftig zu sein.

Aus Sorge um die Sicherheit unserer Töchter erziehen wir sie zu vorsichtigem und achtsamem Verhalten. Wir tun es aus Liebe, aber auch Liebe kann Fehler machen. Wenn wir voreilig zu Hilfe eilen oder in jedem Fall unsere Hand schützend über sie halten, vermitteln wir ihr damit eine eindeutige Botschaft: »Das kannst du nicht alleine. Du brauchst Hilfe.« Diese Erziehung führt dazu, daß Mädchen furchtsam und abhängig werden und Schutz suchen bei den Risikobereiten in unserer Gesellschaft, bei den Männern. Bedauerlicherweise ist der Glanz, der von dem betreffenden Mann ausgeht, bestenfalls ein schwacher Ersatz für die Befriedigung, die aus eigener Risikobereitschaft und Erfolg gewonnen werden kann. Und letztendlich wird Ihre Tochter dadurch kaum Gelegenheit haben, das Glücksgefühl auszukosten, das sie empfinden würde, wenn sie eine Aufgabe selbst erfolgreich gemeistert hätte. Ganz offensichtlich werden Mädchen auf diese Weise oft um ihr Wachstum und ihre Selbsterfahrung betrogen, die ein Mensch nur dann erfährt, wenn er seine eigenen Grenzen überschreitet.

Einem Jungen tun wir dies nicht an. Wir erkennen sehr wohl, daß in seinem Fall Verhätschelung zu Angst und einem Verhalten führen kann, das wir früher »weibisch« genannt haben. Bei Mädchen dagegen fällt es uns leicht, dieses »weibische« Verhalten zu akzeptieren und sie damit zu ängstlichen und abhängigen Menschen zu erziehen. Wir müssen uns jedoch darüber im klaren sein, daß wir diese Eigenschaften nicht fördern dürfen, wenn wir aus unseren Töchtern selbstbewußte Menschen machen wollen.

Wie wir in einem späteren Kapitel sehen werden, ist die Risikobereitschaft eine wichtige Komponente des Erfolgs. Der Mensch, der Sicherheit und Geborgenheit höher bewertet als Herausforderung und Abenteuer, wird nie eine herausragende Stellung im Leben einnehmen. Sicherheit und Geborgenheit sind Ziele an sich, wogegen Risikobereitschaft Teil eines Vorganges ist, der zu einem höheren Ziel führt.

Wir müssen in Frauen die gleiche mutige Einstellung und das Selbstvertrauen fördern, das wir an Männern so bewundern. Sicher geraten Mädchen manchmal in gefährliche Situationen, in denen sie die Hilfe Erwachsener brauchen. Knaben aber auch. Es kommt darauf an, die heimtückische Botschaft zu vermeiden, die wir mit der Verhätschelung und der verfrühten Hilfestellung übermitteln, denn sie begünstigen nur Angst und Abhängigkeit.

Männliche Beratung

1. Schätzen Sie nichttraditionelle weibliche Rollenmodelle? Haben Sie darüber nachgedacht, welche Rollenmodelle dies sein könnten?
2. Sind Sie jemals Berater eines Mädchens oder einer Frau gewesen?
3. Unterstützen Sie weibliche Begabung, indem Sie kompetente Frauen einstellen und befördern, wenn Sie dazu in der Lage sind?
4. Gehören Sie einer Organisation an, die sich auch mit Frauenfragen beschäftigt und deren Belange unterstützt?
5. Haben Sie jemals eine Frau für ein politisches Amt gewählt?

Anhand Ihrer Antworten auf diese Fragen können Sie feststellen, in welchem Ausmaß Sie tatsächlich hinter dem stehen, was Sie mündlich bekennen. Es reicht nicht aus, zu Hause Lippenbekenntnisse abzugeben. Sie müssen Ihre Ansichten unter anderem auch an Ihrem Arbeitsplatz vertreten, wenn Sie eine Welt schaffen wollen, die weibliche Beiträge ernst nimmt.

Sozialer Wandel ist ein schmerzlich langsamer Prozeß, so

langsam, daß wir die Gleichberechtigung der Geschlechter in unserem Leben wahrscheinlich nicht mehr erleben werden. Aber irgendwo müssen wir anfangen. Sie können den Anfang machen. Jeder noch so kleine Schritt Ihrerseits trägt dazu bei, daß die Gesellschaft bereiter und fähiger wird, die Leistungen von Frauen im allgemeinen und Ihrer Tochter im besonderen anzuerkennen.

Männliche Überlegenheit und die Abwertung des Weiblichen*

1. Treffen Sie in Ihrer Familie die endgültigen Entscheidungen? Ist Ihr Wort Gesetz?
2. Beklagt sich Ihre Frau darüber, daß Sie ihr ständig ins Wort fallen?
3. Ärgert es Sie, wenn Ihre Frau viel Zeit für ihre Arbeit, ein Projekt oder einen Kurs aufwendet, wenn dies auf Kosten Ihrer gemeinsamen Zeit geht?
4. Betrachten Sie die Tatsache, daß immer mehr Sex in der Werbung gezeigt wird, oder daß Frauen als Sexobjekte dargestellt werden, um ein Produkt zu verkaufen, nur als eine neue Masche?
5. Reden Sie manchmal von »Mädchen«, wenn Sie Frauen meinen?
6. Machen Sie manchmal Witze über Frauen, wenn Ihre Tochter dabei ist?
7. Halten Sie einen »Schwächling« für einen femininen Mann?

Wenn Sie einen Teil der Fragen mit ja beantwortet haben, sollten Sie sich überlegen, ob Sie vielleicht der Ansicht sind, daß Männer Frauen überlegen sind und in welchem Maße Sie – möglicherweise unbewußt – Frauen und ihren Geist, ihre Ziele und ihre Arbeit verniedlichen.

---

* »Das Weibliche« bezieht sich hier auf alle Eigenschaften, Einstellungen, Meinungen oder Verhalten, die die Gesellschaft für weiblich *hält*.

Bedenken Sie, in welchem Maße Sie damit das Selbstvertrauen und das Selbstbild Ihrer Tochter herabsetzen. Sie wird aus Ihrem Verhalten schließen, daß ihr Vater, entgegen seiner lauten Beteuerungen, nicht wirklich daran glaubt, daß sie die gleichen Fähigkeiten besitzt wie ein Mann. Warum nicht? Weil sie eine Frau ist und weil die männliche Autorität der weiblichen immer noch den Rang abläuft. Sie wird daraus logisch folgern, daß männliche Autorität überlegen ist.

Sie sollten überlegen, ob Sie diese Art von Botschaften aussenden. Wenn ja, widersprechen Sie mit Ihrem Verhalten Ihren eigenen Lehren. Sie senden eine zweideutige Botschaft. Die erste Erziehungsregel ist in Vergessenheit geraten, daß nämlich Ihre Handlungen einen viel größeren Einfluß auf das Verhalten Ihres Kindes haben als Ihre Worte. Ihre Tochter wird, wenn sie alt genug ist, das dahinterliegende Konzept verstehen und Ihre Beteuerungen bald als Heuchelei entlarven. Sie sollten sich deshalb darüber im klaren sein, daß ermunternde Worte nicht ausreichen.

Gemeinsame Aktivitäten und die Qualität der gemeinsam verbrachten Zeit

1. Gibt es Zeiten, in denen Sie *ausschließlich* mit Ihrer Tochter zusammen sind, nur Sie beide?
2. Nehmen Sie Ihre Tochter zum Fischen, Jagen, Campen und Autofahren mit?
3. Haben Sie ihr gezeigt, wie man an einem Seil hochklettert, einen Schläger richtig hält, einen Ball trippelt, einen Kompaß benützt, mit einem Gewehr umgeht, einen Ball wirft oder einen Köder auslegt?
4. Haben Sie Ihre Tochter schon zur Arbeit mitgenommen, um ihr zu zeigen, was Sie tun?
5. Sprechen Sie mit Ihrer Tochter über die Berufswelt? Erklären Sie ihr, mit welchen Erwartungen die Beteiligten konfrontiert werden?

6. Erörtern Sie finanzielle Angelegenheiten mit Ihrer Tochter?
7. Nehmen Sie Ihre Tochter jemals zu den sogenannten männlichen Besorgungen mit, wie zum Beispiel zum Müllplatz, zum Autozubehör- oder Werkzeuggeschäft?
8. Haben Sie Ihre Tochter schon einmal unter die Autohaube schauen lassen und ihr erklärt, wie der Motor funktioniert?
9. Bringen Sie ihr bei, wie man Dinge repariert?
10. Zeigen Sie ihr den Umgang mit Werkzeugen?
11. Nehmen Sie Ihre Tochter zu Fußballspielen oder anderen Sportveranstaltungen mit?
12. Gehen Sie mit, wenn Ihre Tochter an sportlichen Wettkämpfen teilnimmt?

Diese Fragen sollten Sie dazu anregen, über mögliche gemeinsame Aktivitäten oder mögliche Gesprächsthemen mit Ihrer Tochter nachzudenken. Ich habe von Vätern erfahren, daß sie zwar gern Zeit mit ihren Töchtern verbringen würden, daß sie aber nicht wissen, was sie mit ihnen anstellen sollen.

Viele Väter glauben tatsächlich immer noch, daß es ausgesprochen weibliche und ausgesprochen männliche Aktivitäten gibt. Sie glauben noch etwas viel Schlimmeres, und zwar, daß die Mutter als Vermittlerin gebraucht wird. Nichts könnte jedoch der Wahrheit ferner liegen. Vater und Tochter können sich der gleichen Freundschaft erfreuen wie Vater und Sohn. Es gibt dafür eine einfache Regel: Was immer Sie mit Ihrem Sohn unternehmen, können Sie auch mit Ihrer Tochter unternehmen.

Vielleicht haben Sie keinen Sohn. Wunderbar. Nehmen Sie einfach Ihre Tochter zum Fischen mit oder zum Fußballspiel oder in die Garage, wenn Sie am Auto basteln. In den meisten Fällen wird sie sich so darüber freuen, Sie ganz für sich allein zu haben, daß sie sich gar nicht darum kümmert, was Sie zusammen machen. Diese Einstellung gegenüber der gemeinsam verbrachten Zeit kann sich im Laufe des Erwachsenwerdens drastisch ändern, denn irgendwann erscheint es einfach blöd, Zeit mit den Eltern zu verbringen. Aber ein Mädchen in der Grundschule wird begeistert sein, wenn es mit seinem Vater zusammen sein kann.

Jedes Mädchen hat natürlich andere Vorlieben. Manche Mädchen basteln gern am Auto oder fischen gern, während es andere überhaupt nicht interessiert. Sie sollten daraus jedoch keinesfalls folgern, daß Ihre Tochter sich nichts daraus macht, weil sie ein Mädchen ist. Ihre Tochter freut sich in jedem Fall über die Zeit mit ihrem Vater.

Wenn Sie mit der Lektüre fortfahren, sollten Sie sich Ihre Antworten auf diese Fragen immer wieder ins Gedächtnis zurückrufen. Stellen Sie sich dann im Lauf der Lektüre die Fragen noch einmal und bestimmen Sie, ob die Antworten die gleichen geblieben sind. Machen Sie sich immer wieder klar, daß es nur darum geht, Ihr Denken über die fünf Bereiche anzuregen. Ich glaube, daß gute Tests nicht nur prüfen, sondern auch lehren, und ich hoffe deshalb, daß Sie die Fragen als Mittel zur Erkenntnis über Ihre Beziehung zu Ihrer Tochter nutzen.

Vatertypen

Der erste Teil dieses Kapitels beschäftigte sich mit der Verschiedenartigkeit von Vätern. Ich bin mir darüber im klaren, daß viele Menschen Etiketten ablehnen, da diese Sachverhalte zu sehr vereinfachen und beschränken. Auf der anderen Seite sind Bezeichnungen Hilfsmittel, anhand derer wir uns verständigen können. Gleichzeitig können wir damit Väter in Kategorien einteilen und so die unterschiedlichen Verhaltensmuster studieren. Wenn Ihnen die Beschreibung zu eng erscheint, kümmern Sie sich nicht darum.

Nutzen Sie sie jedoch, wenn Sie dadurch Ihr eigenes Verhalten und die damit verbundenen versteckten Botschaften besser verstehen.

Der autoritäre Vater

Dieser Vater wird seiner Tochter höchstwahrscheinlich die Botschaft vermitteln, daß die für seine Tochter geeignetste Verhaltensweise die Unterwerfung unter den Mann ist. Seine Botschaft wird nur das Gebot verstärken, daß Frauen sich immer der männlichen Autorität unterzuordnen haben. Es ist jedoch unvereinbar, zum einen zu erwarten, daß sich die Tochter den Wünschen des Vaters ihr ganzes Leben lang fügt, und dann eines Tages aus heiterem Himmel den Mut aufbringt, sich ihrem Chef, einer anderen männlichen Autorität oder im schlimmsten Fall einem Vergewaltiger widersetzt.

Die Frage, die Sie sich diesbezüglich stellen sollten, lautet: »Darf ich, wenn ich meine Tochter zu einer starken und unabhängigen Frau erziehen will, wirklich auf meiner Autorität beharren? Wäre es nicht besser, wenn sie ihre eigenen Entscheidungen treffen würde?« Wenn Sie sich dadurch bedroht fühlen, versuchen Sie es damit: »Wäre das denn so schlimm, nur das *eine* Mal?« Anders ausgedrückt heißt das, daß Sie anfangen müssen zu unterscheiden zwischen den Situationen, die Ihre Erfahrung und Ihr Wissen erfordern, und denen, die nur demonstrieren, wer das letzte Wort hat. Wenn Sie Ihre Einstellung zu Ihrer Autorität nur ein klein wenig verändern, wird dies Ihrer Tochter helfen, Ihnen näherzukommen.

Der weiche Vater

Dieser Vater wird von seiner Tochter vergöttert, aber gleichzeitig manipuliert werden. Er wird ihr unbewußt mitteilen, daß sie männliches Verhalten durch weibliche Listen kontrollieren kann. Dies mag Ihnen nicht weiter schlimm erscheinen, doch Sie sollten immer daran denken, daß viele Männer, vor allem im Geschäftsleben, ein solches Verhalten überhaupt nicht schätzen. Wenn sie diese Art der Manipulation auch nur im entferntesten spüren, werden sie die betreffende Frau nie für eine Beförderung oder Gehaltserhöhung vorschlagen, auch wenn die Frau dies verdient.

In vieler Hinsicht ist der weiche Vater ein sehr guter Vater. Er zeigt seiner Tochter die bedürftige und feminine Seite eines Mannes. Die Tochter fühlt sich dadurch in der Lage, dem Vater zu vertrauen und ihn ins Vertrauen zu ziehen. Legen Sie deshalb Ihre zärtlichen Eigenschaften nicht ab. Weiche Väter werden immer sehr geliebt.

Wenn Sie jedoch in den Händen Ihrer Tochter, immer wenn sie auf die Tränendrüse drückt oder einschmeichelndes Verhalten an den Tag legt, zu Wachs werden, bestärken Sie sie in der Vorstellung, daß dieses Verhalten zielführend ist. Doch das Gegenteil ist der Fall.

Sie sollten Ihre Tochter statt dessen lehren, ihre Argumente richtig vorzubringen. Zeigen Sie ihr, wie sie ihrem Ziel näherkommen kann (oder es sogar erreichen kann), indem sie plant, logisch denkt und auf ihre Überzeugungskraft vertraut.

Der beschützende Vater

An diesem Vater ist kaum etwas auszusetzen. Er liebt sein kleines Mädchen über alles und versucht, es vor Schaden zu bewahren. Indem er jedoch eifrig beschützt und rettet, vermittelt er eine heimtückische und belastende Botschaft.

Erstens erzeugt er damit in *ihr* den Glauben, daß sie verletzlich ist und männliche Hilfe braucht. Dies wiederum verstärkt ihre Abhängigkeit und ihren Glauben daran, daß immer und überall ein Ritter in glänzender Rüstung angeritten kommt, um sie gerade noch rechtzeitig zu retten. Zweitens wird sie immer davon überzeugt sein, daß sie für ihr eigenes Verhalten nicht verantwortlich ist, da in der Kindheit ja alle

Folgen ihres Handelns von ihr ferngehalten wurden. Wenn sie nie mit den Folgen ihres Handelns konfrontiert wird, kann sie nicht zu einem verantwortlichen Menschen heranwachsen. Und letztendlich wird dieses kindliche Verhalten in einem grausamen Erwachen münden, und zwar dann, wenn die Tochter erkennt, das die Welt Stärke, Verantwortlichkeit und Mut von ihr fordert.

Der Freund

Den tieferen Sinn einer Freundschaft – die Zuneigung, die zwei Menschen füreinander empfinden, und die Freude, die sie empfinden, wenn sie zusammen sind – sollte jeder Vater als Modell für seine Beziehung zu seiner Tochter sehen. Nur wenn ein Vater sich ehrlich um seine Tochter sorgt, gern mit ihr zusammen ist und sie dies auch spüren läßt, wird er ihr das Gefühl geben, daß sie ein gleichberechtigter und wertvoller Mensch ist.

Manche Väter reagieren negativ auf diese Vorstellung, denn sie wollen die Autoritätsperson sein und bleiben. Sie möchten das letzte Wort haben, ohne auf Widersprüche zu stoßen. Unglücklicherweise wird die Tochter dieses Vaters nie selbständig denken lernen. Wenn sie es dennoch tut, ist sie höchstwahrscheinlich zu ängstlich, um sich zu behaupten.

Einige Männer glauben, der Vater, der gleichzeitig Mensch, Berater und Freund ist, sei schwach. In Wirklichkeit ist dieser Vater jedoch sehr stark und er vermittelt seiner Tochter das Gefühl, daß sie ein kompetenter und vertrauenswürdiger Mensch ist.

Mischformen

In Wirklichkeit sind die meisten Väter natürlich eine Mischung aus den beschriebenen Vatertypen, und schon deshalb reichen die einzelnen Beschreibungen nicht aus.

Urteilen Sie selbst. Die zugrundeliegende Botschaft ist einfach. Seien Sie autoritär, und Sie fördern Unterwürfigkeit.

Seien Sie Wachs in ihren Händen, und Sie lehren Manipulation. Seien Sie der Ritter in der glänzenden Rüstung, und
Sie erzeugen Abhängigkeit. Seien Sie Mensch, Berater,
Freund und Vater, der bewußt und sensibel genug ist, um
sein Verhalten auf den Augenblick abzustimmen, und Sie
erziehen eine Frau, die an sich selber glaubt und darauf vertraut, Hindernisse mit Würde und Anstand überwinden zu
können.

Kapitel 3
Intellektueller Erfolg und Weiblichkeit

Eine Mutter, die an einem meiner Workshops teilnahm, fragte mich, warum ich glaube, daß nur junge Mädchen mit dem Problem der Balancefindung zwischen Leistung und Weiblichkeit konfrontiert seien. Sie nahm kein Blatt vor den Mund und sagte: »Wie kommen Sie darauf, daß nur junge Mädchen damit Probleme haben? Ich bin 35 und weiß immer noch nicht, wo's lang geht.« Können Sie sich vorstellen, wie schwer es ein Mädchen haben muß, das über viel weniger Lebenserfahrung verfügt?

Als Vater müssen Sie sich deshalb auf diesen Konflikt, in den Ihre Tochter in der Pubertät geraten wird, vorbereiten. Der Konflikt und damit die Krise werden weder durch rasende Hormone noch durch jugendliche Rebellion ausgelöst. Die äußere Krise ist Ausdruck des inneren Konfliktes Ihrer Tochter, in den sie durch die widersprüchlichen Botschaften der Gesellschaft gerät. Die Botschaften sind: 1. Erfolg erfordert leistungsorientiertes Verhalten. 2. Unsere Gesellschaft sieht leistungsorientiertes Verhalten als eine typisch männliche Eigenschaft. Viele Mädchen gelangen aufgrund dieser Botschaften zu der Überzeugung, daß Leistung nur auf Kosten ihrer Weiblichkeit möglich ist.

Der Fels und die rauhe Wirklichkeit
Das folgende Kapitel behandelt zwei Sachverhalte, derer Sie sich bewußt sein müssen, wenn Sie Ihre Tochter auf den Umgang mit der Leistungsgesellschaft vorbereiten wollen.

Die Sachverhalte sind Teil unseres gesellschaftlichen Systems.

Der erste Sachverhalt:
Es sind unterschiedliche Merkmale, die einen erfolgreichen Menschen und die Weiblichkeit auszeichnen.

Die damit verbundene Herausforderung:
Eine Tochter so zu erziehen, daß sie eine Reihe von Verhaltensmöglichkeiten für sich erkennt; daß sie Weiblichkeit und Erfolg nicht als unvereinbar ansieht; daß sie nicht glaubt, daß sie das eine zugunsten des anderen opfern muß.

Der zweite Sachverhalt:
Die Vorstellung von Frauen als Opfer hindert Eltern daran, ihre Töchter zur Risikobereitschaft zu erziehen.

Die damit verbundene Herausforderung:
Eine Tochter so zu erziehen, daß sie sich zwar ihrer Verwundbarkeit bewußt ist, sich dabei aber nicht als Opfer fühlt und daß sie gleichzeitig in der Lage ist, notwendige Risiken einzugehen.

Lassen Sie uns mit dem ersten Sachverhalt beginnen – mit der Kluft zwischen Erfolg und Weiblichkeit. Ein Konflikt tritt immer dann zutage, wenn eine Frau ihren Weg sucht, denn da sich für sie die beiden Möglichkeiten anscheinend ausschließen, steht sie vor einer schmerzlichen und verwirrenden Wahl.
Diese Sackgasse läßt sich mit dem vergleichen, was in meinen Seminaren passiert. (Die meisten Teilnehmer sind Väter von Töchtern.[1]) Ich bitte die Teilnehmer, drei Listen anzulegen: Sie sollen erstens Erfolg »beschreiben«, zum einen durch die damit verbundene Belohnung und zum zweiten durch die dafür notwendigen Eigenschaften. Zweitens sol-

len sie chrakteristische Merkmale von Männlichkeit nennen und drittens charakteristische Merkmale von Weiblichkeit.

Das, was Väter als Erfolg definieren, habe ich unten aufgeführt. Die ersten drei Begriffe in jeder Kategorie wurden als erste genannt. (Ich vermute, daß die meisten Befragten Geld an erster Stelle genannt hätten, wenn sie sich nicht vor der ganzen Gruppe geschämt hätten.)

ERFOLG

Extern (wahrnehmbare Belohnung)	Intern (notwendige Eigenschaften)
Macht und Autorität	Selbstvertrauen
Geld	Risikobereitschaft
Verantwortlichkeit	Unabhängigkeit und Selbstbestimmung
Status oder Rang	Bereitschaft zur Veränderung
Kleidung, Auto, Haus	Bereitschaft zum Mißerfolg
Spesenkonto	Bereitschaft zum Erfolg
Reisen nach eigenen Wünschen	Energie
Sich seine Zeit selbst einteilen	Humor
	Neugierde
Stabilität	Kreativität
psychische Gesundheit	
Glück	

Wie Sie daraus leicht ersehen können, sind einige der Begriffe anderen untergeordnet. So muß zum Beispiel der Bereitschaft zur Veränderung die Risikobereitschaft vorausgehen und ihr wiederum das Selbstvertrauen. Dies ist jedoch keine neue Erkenntnis, und Sprichwörter wie »Wer nichts wagt, der nichts gewinnt« oder »Kein Schneid, kein Preis« verdeutlichen dies.

Anschließend folgt eine Liste der Eigenschaften, die Männer als typisch weiblich und typisch männlich ansehen.[2]

MÄNNLICH		WEIBLICH	
positiv	negativ	positiv	negativ
abenteuerlustig			
zuversichtlich	gewalttätig	bedürftig	schwach
aggressiv	aggressiv	sorgend	hilflos
unabhängig	unflexibel	gefühlsbetont	gefühlsbetont
selbstvertrauend	starr	sensibel	sensibel
intelligent	hart	süß	schwatzhaft
logisch	grob	neugierig	kraftlos
objektiv	unnachgiebig	häuslich	unfähig,
			sich zu
			verteidigen
vernünftig		»verbunden«	zerbrechlich
athletisch		verständnisvoll	duldsam
aktiv		flexibel	
kraftvoll/energisch		intuitiv	
stark		mitfühlend	
kraftvoll		intelligent	
machtvoll		spielerisch	
standhaft		zärtlich	
männlich		sinnlich	
sinnlich		sexy	
entscheidungsfreudig		attraktiv	
derb		aufopfernd	
robust		passiv	
hart		weich	
mutig		hübsch	
waghalsig		gepflegt	
gelassen		schlank	
tapfer		zierlich	
zäh		zerbrechlich	
muskulös		zart	
stark		unterwürfig	
aufrichtig		schutzbedürftig	
beschützend		kindlich	
		unschlüssig	
		launisch	
		unbeständig	

Das Ergebnis stellt sich so dar: Wenn Sie die Erfolgsliste mit den Listen der männlichen und weiblichen Eigenschaften vergleichen, stellen Sie fest, daß die Eigenschaften, die den Erfolg belegen, *mit denen übereinstimmen, die von Männern als männliche Merkmale* definiert werden. Also auch in einer Zeit, in der der größte Teil der Gesellschaft versteht, daß stereotype Merkmale begrenzt und begrenzend sind, werden unsere Antworten und Erwartungen immer noch von alten Regeln beeinflußt. Die Wahrnehmung unserer Töchter, daß weibliche Eigenschaften wie attraktiv, sexy und begehrenswert dem leistungsorientierten Verhalten widersprechen, stimmt genau.

Die inneren Qualitäten, die als notwendig für den Erfolg betrachtet werden, werden durch die sogenannten männlichen Eigenschaften hervorgebracht, von den sogenannten weiblichen Eigenschaften aber zunichte gemacht. So wird Selbstvertrauen durch Zuversicht, Entschlossenheit, Standhaftigkeit und Tatkraft hervorgebracht, und durch Gefühlsbetontheit, Sensibilität, Schwäche und Unterwürfigkeit zerstört.

Risikobereitschaft wird durch Kühnheit, Mut, Robustheit, Entschlossenheit und Zuversicht hervorgebracht, und durch Passivität, Zartheit, Zerbrechlichkeit, Hilflosigkeit, Unentschlossenheit, Weichheit und übertriebene Gepflegtheit zerstört.

Autonomie wird durch Bestimmtheit, Tatkraft, Mut, zielstrebiges Verhalten und Kraft hervorgebracht, und durch Passivität, Schwäche, Weichheit, Anmut, kindliches Verhalten, starke Verbundenheit mit anderen und Schutzbedürftigkeit zerstört.

Obwohl die Liste der für den Erfolg erforderlichen Merkmale auch einige weibliche Eigenschaften beinhaltet, scheint es so, als müßten die meisten weiblichen Eigenschaften erst *überwunden* werden, bevor ein Mensch erfolgreich sein kann. Während meiner Seminare bitte ich die anwesenden Väter, sich vorzustellen, sie seien in der Lage, sich von Gott (oder der für sie entsprechenden Instanz) bei der Empfängnis ihrer Tochter bestimmte Eigenschaften ihrer Tochter zu wünschen. Nehmen wir an, Sie möchten, daß Ihre Tochter später erfolgreich ist. Würden Sie sich dann wünschen, daß sie gefühlsbetont, kindlich, aufopfernd, passiv und zerbrechlich ist, oder möchten Sie, daß sie zuversichtlich, selbstbewußt, unabhängig, kraftvoll und entschlußfreudig ist?

Auf den ersten Blick scheint diese Wahl einfach. Je mehr sich jedoch ein Vater mit den für den Erfolg notwendigen Eigenschaften beschäftigt, desto unwohler wird er sich bei dem Gedanken fühlen, eine »männliche« Tochter großzuziehen. Die Alternative scheint ebenfalls nicht rosig.

Die männlichen Altersgenossen Ihrer Tochter sind in dieser Phase keine Hilfe. Sie wollen einfach nur herausfinden, was es heißt, männlich zu sein. Ihr Wissen um die zugrundeliegende Ursache ist verhältnismäßig vage, auch wenn das Verständnis ihrer *eigenen* Männlichkeit gefestigt ist. Je mehr sie sich in ihrem Verhalten von Mädchen unterscheiden, desto leichter finden sie ihre eigene männliche Identität. Anhand der Liste erkennen wir, daß sich sogar erwachsene Männer auf Klischeevorstellungen stützen; deshalb werden sich heranwachsende Männer erst recht darauf stützen.

Die unsichere Pubertät und der Leistungsdruck der Schule

Die Pubertät ist immer eine schwierige Phase. Unabhängig davon, ob Ihre Tochter noch klein ist, und diese Zeit noch vor ihr liegt, oder ob sie mitten drinsteckt, ist es unerläßlich, daß Sie bestimmten Tatsachen ins Auge sehen, um entweder vorzubeugen oder bestehende negative Situationen zu verbessern.

Als Jugendliche wird Ihre Tochter zum ersten Mal spüren, wie sich Jungen durch ihre Kompetenz bedroht fühlen. Andererseits ist deren Reaktion gleichzeitig Meßlatte für ihre Weiblichkeit. Wir wissen es alle: Heranwachsende Jungen suchen üblicherweise kein Mädchen, das kompetent, selbstbewußt, unabhängig, intelligent und entscheidungsfreudig ist. Diese Eigenschaften sind wahrscheinlich genau das Gegenteil dessen, was Jungen für sexy halten. Wenn sich ein Mädchen nett, zurückhaltend, nachgiebig, sexy und schutzbedürftig verhält, hat es viel mehr Chancen, die Zuwendung zu erhalten, die es in seiner Weiblichkeit bestätigt. In diesem Alter sind männliche Aufmerksamkeit und Anerkennung sehr viel erstrebenswerter als Leistung.

Ein Beispiel für diese wichtige männliche Anerkennung lieferte einer meiner Schüler aus der neunten Klasse. Eines Tages schmökerte er in dem ersten Teil des Manuskripts dieses Buches. Als er die Seiten las, auf denen ich beschreibe, daß Mädchen Make-up, enge Jeans und tiefausgeschnittene Blusen tragen, um auf Jungen Eindruck zu machen, bemerkte er: »Na klar, ich laß mich gern beeindrucken.«

Sie denken jetzt vielleicht: »Ja, aber Jungs in diesem Alter suchen ebenfalls Anerkennung beim anderen Geschlecht.« Das stimmt, doch es gibt einen entscheidenden Unterschied. Die Erwartungen an einen Jungen, sich im Leben zu behaupten und mit anderen zu wetteifern, stehen im Einklang mit den männlichen Eigenschaften, die jeder Junge zur Schau stellen möchte. Die Anforderungen an seine Männlichkeit, die ihm die Beachtung des weiblichen Geschlechts einbringt, sind identisch mit den Merkmalen, die ihn zum Erfolg führen – Macht, Stärke, Mut, Bestimmtheit und Selbstvertrauen.

Für ein Mädchen gilt das aber nicht. Während der Pubertät wird es dazu angehalten, Eigenschaften an den Tag zu legen, die gar nichts mit leistungsgerechtem Verhalten zu tun haben.

Viele Väter verschwenden wertvolle Zeit damit, ihre Töchter davon zu überzeugen, daß sie sich um die Meinung der Jungen nicht zu kümmern brauchen. Es fallen Sätze wie: »Später hast du noch genügend Zeit für Jungs.« So geht es leider nicht, lieber Vater. Diese Art von Ratschlag ist sinnlos. Ihre Tochter wird dadurch nur noch mehr in ihrer Meinung bestärkt, daß Sie sie nicht verstehen und Sie sich nicht in ihre Probleme hineinversetzen können.

Die schlechten Nachrichten

Im Jahre 1960 haben sich zwei Wissenschaftler zum Ziel gesetzt, den Anfang der rückläufigen Leistungsfähigkeit bei begabten Kindern zu bestimmen. Die folgenden graphischen Darstellungen vergleichen die Leistungskurven von Jungen und Mädchen von der ersten bis zur elften Klasse. Die Punktlinie steht für rückläufige Leistung, die durchgehende Linie für gute Leistung.[3]

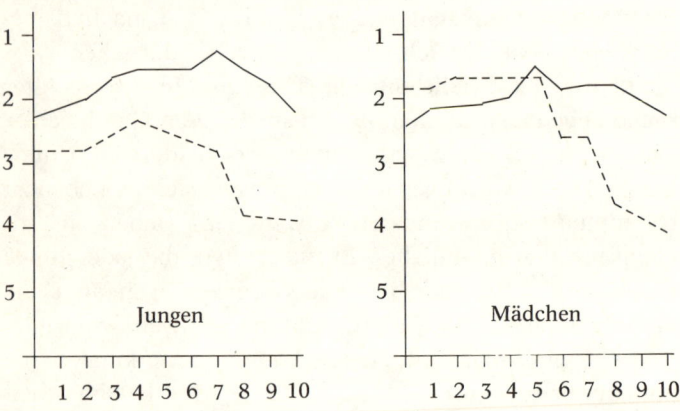

Die graphische Darstellung zeigt einen deutlichen Unterschied zwischen Schülern und Schülerinnen. Die Mädchen, deren Leistungen rückläufig sind, haben zu Anfang einen besseren Notendurchschnitt als leistungsstarke Schüler beiden Geschlechts. Die Noten dieser Mädchen fallen ab dem siebten Schuljahr ab, also genau dann, wenn die meisten Mädchen die Pubertät erreichen. Die Verschlechterung der Noten setzt sich bis zum elften Schuljahr fort.

Eine erst kürzlich durchgeführte Untersuchung bestätigt diese Aussagen aus dem Jahre 1960. In Wirklichkeit haben wir also auf dem Gebiet der Weiblichkeit trotz über zwanzig Jahren Frauenbewegung nur wenig erreicht.

Eine Gruppe von Wissenschaftlern hat sich mit der Leistung von Mädchen von der sechsten bis zur zwölften Klasse beschäftigt. Anne Petersen, Leiterin des Forschungsprojektes *Individuum und Familie* an der Pennsylvania State University, erklärt in einem Artikel des *Philadelphia Enquirer* vom 6. März 1986: »Vor allem leistungsstarke Mädchen glauben, daß ihr Status, d. h. gute Noten, mit einer positiven Selbsteinschätzung unvereinbar sei, und bauen deshalb ihre Leistungen ab dem siebten Schuljahr konsequent ab. Mädchen treffen in dieser Zeit Entscheidungen, die sich auf ihr ganzes späteres Leben nachteilig auswirken können.«

Ein Wissenschaftler der gleichen Gruppe kommt zu dem Schluß, daß, »wenn Jungen in ihrer Leistung nachlassen, in den meisten Fällen auch ihr Selbstwertgefühl leidet ... daß Mädchen jedoch unter gleichen Voraussetzungen ihr Selbstwertgefühl steigern«.[4]

Im allgemeinen verfügen Mädchen in der Grundschule über ein höheres Selbstwertgefühl als Jungen; mit zunehmendem Alter kehrt sich dieses Verhältnis jedoch vollkommen um. Dies ist um so bedauerlicher, weil Mädchen am Ende der Grundschulzeit Jungen geistig eindeutig überlegen sind.

Ich möchte an dieser Stelle zwei Wissenschaftler zitieren, die das Problem folgendermaßen beschrieben haben: Das Mädchen muß sich der weiblichen Rollenerwartung entweder fügen oder versuchen, es selbst zu sein. Wählt es den ersten Weg, wird es höchstwahrscheinlich schlechtere Leistungen erbringen, vor allem auf dem naturwissenschaftlichen Gebiet. Wählt es den zweiten Weg, setzt es sich der Kritik und Ablehnung seiner Altersgenossen aus.[5]

Als Lehrerin war ich immer wieder Zeugin davon, mit welcher Sorglosigkeit sich Jungen und Mädchen in ihre Rollen fügen. Jungen übernehmen automatisch die Verantwortung, und Mädchen *fügen sich*. Ich ließ in meinen Klassen sehr viel in Gruppen arbeiten. Mit einer nicht zu übertreffenden Regelmäßigkeit bildeten sich innerhalb der Gruppen immer jeweils zwei Untergruppen; die eine Gruppe fällte Entscheidungen, und die andere führte sie aus. Die Mädchen spitzten ihre Bleistifte und waren bereit, Protokoll zu führen, und die Jungen saßen da wie Vorstandsmitglieder.

Ich ließ mir sofort eine neue Spielregel einfallen. In meinen Klassen würde es keine, ich wiederhole keine, Sekretär*innen* geben. Die Jungen tobten und fanden mich unfair. Ich widersprach dem nicht. Sie meinten, daß ich ihnen dies nicht antun könne. Ich fragte sie nach dem Grund. Sie hielten es einfach für unfair; ich erwiderte darauf, daß es auch im wirklichen Leben nicht immer fair zuginge, aber niemand hielte beispielsweis Männer davon ab, dieses Vorrecht bei der Einstellung geltend zu machen. Diese Bemerkung meinerseits wurde schweigend und trotzig aufgenommen. Ich fügte hinzu, daß ich ihnen die Chance geben wollte, neue und andere Erfahrungen zu machen. Ich bat sie, ihren Unmut und Ärger genau zu beobachten.

Die Mädchen widersprachen nicht. Sie lächelten nur und nickten. Ich machte die Jungen darauf aufmerksam. »Fällt euch nicht auf, daß die Mädchen sich nicht beklagen? Was meint ihr dazu?«

»Weil sie faul sind«, schrie einer der Jungen.

»Heißt das, daß in der Vergangenheit alle Jungs faul waren?«

Zornig und mit hochrotem Kopf schrie er: »Nein, es heißt einfach, daß wir die Chefs sind.«

Auf einmal schrien alle durcheinander. Ich ließ sie gewähren, bis sie sich beruhigt hatten. Die Spielregel wurde nicht geändert. Solange ich unterrichtete, behielt ich diese Regel bei. Viele meiner Schülerinnen und deren Eltern dankten mir dafür.

Das Problem der Mädchen, die sich dem Druck der weiblichen Rollenerwartung fügen, wird dann erkennbar, wenn sie sich irgendwann entschließen, auf die Uni zu gehen. Erst dann wird ihnen klar, daß ihnen die notwendigen Voraussetzungen fehlen. Sie haben dann die Wahl, das Versäumte auf Umwegen nachzuholen oder ihre Träume an den Nagel zu hängen. Als Eltern und Lehrer müssen wir deshalb während ihrer Schulzeit dafür Sorge tragen, daß sie sich alle Möglichkeiten offen halten.

Wir müssen ihnen zudem zeigen, daß sie sowohl fleißig und ehrgeizig als auch weiblich und attraktiv sein können; daß das eine das andere nicht ausschließt. Wir müssen ihnen deutlich machen, daß jeder Mensch, Mann und Frau, in jedem Augenblick seines Lebens seinen Weg wählen kann (mehr dazu in Kapitel 5).

Eine Untersuchung auf dem Gebiet der »Merkmaltheorie« bestätigt die Tendenz weiblicher Heranwachsender, dem Erfolg aus dem Weg zu gehen:[6] Auf die Frage, welchen Eigenschaften sie ihren Erfolg zuschreiben, gaben Männer und Frauen bezeichnende Antworten. Männer schrieben ihren Erfolg im allgemeinen ihren inneren Qualitäten, wie zum Beispiel Können und Motivation, zu, ihre Mißerfolge entweder schlechtem Timing oder nicht zu bewältigenden Aufgaben. Frauen dagegen äußerten fast gegenteilige Ansichten. Sie waren viel eher bereit, glückliche Umstände oder leichte Aufgaben für ihren Erfolg und eigenes Unvermögen für ihren Mißerfolg verantwortlich zu machen. Anders ausgedrückt heißt das, daß Frauen selten bereit

sind, ihre Leistung als *ihre* Leistung zu akzeptieren. Sie
zögern nicht, die Schuld für ihr Versagen auf sich zu nehmen, weigern sich jedoch, ihre Leistung als ihr Verdienst
anzusehen.

Die guten Nachrichten

Die gute Nachricht ist, daß Sie als Vater dazu beitragen können, daß Ihre Tochter diese Entwicklungsphase ohne Schaden übersteht und sie als eine Stufe auf der Leiter zur Reife
begreift. Wichtig ist, daß Sie mit Ihrer Arbeit sofort beginnen.

Es wird eine Gratwanderung werden. Wenn Sie nur die
weiblichen Eigenschaften Ihrer Tochter fördern, erziehen
Sie sie zu einem abhängigen und passiven Menschen, der
sich gegen die weibliche Rollenerwartung nie wird durch-
setzen können. Wenn Sie auf der anderen Seite nur die sogenannten männlichen Eigenschaften fördern, stiften Sie
Verwirrung, weil Ihre Tochter dann zu dem Schluß gelangen könnte, daß sie zwischen Liebe und Leistung wählen muß. Sollte sich Ihre Tochter ähnlich wie andere junge
Mädchen verhalten, wird sie einen Tanzabend oder eine
Party dem leistungsorientierten Verhalten auf jeden Fall
vorziehen.

Versuchen Sie, Ihrer Tochter klarzumachen, daß sie keinesfalls Jungen, Liebe und Beliebtheit opfern muß. Sollte
sie bei dieser Überzeugung bleiben, werden Sie dieses
Gefecht und womöglich die ganze Schlacht verlieren. Versuchen Sie ihr klarzumachen, daß es eine Sache ist, den
Jungen auf sich aufmerksam zu machen, in den sie verliebt
ist, und eine andere, eine Eins in Mathe zu schreiben. Sie
muß lernen zu begreifen, das beides möglich ist. Erklären
Sie ihr, daß ihr eine Reihe von Verhaltensweisen offenstehen, und daß Eigenschaften eben Eigenschaften sind,
die nicht in männliche und weibliche eingeteilt werden
müssen. (Mehr dazu in Kapitel 5.) Wenn sie das begriffen

hat, wird sie eher dazu bereit sein, alle Seiten ihrer Persönlichkeit zu zeigen.

Am allernotwendigsten braucht Ihre Tochter jedoch Ihre Anerkennung und Bestätigung bezüglich ihres Aussehens und ihrer Weiblichkeit. Auch wenn Sie sich um ganz andere Dinge Sorgen machen, wie zum Beispiel ihren Notendurchschnitt, sollten Sie sich immer vor Augen halten, was für Ihre Tochter am wichtigsten ist. In diesem Alter braucht sie Ihre *männliche Bestätigung* am meisten. Es liegt in Ihrer Macht, ihr das zu geben, wonach sie sich wirklich sehnt.

Sie sollten ihr sagen, wie hübsch sie aussieht, wie sehr ihr das neue Kleid steht und daß die Jungen Schlange stehen werden. Bitte mißverstehen Sie mich nicht. Sie brauchen deshalb die Förderung ihrer Fähigkeiten und Begabungen nicht zu vernachlässigen. Trotzdem sollten Sie als guter Vater erkennen, wie sehr ihr Selbstwertgefühl davon abhängt, ob sie sich als Frau bestätigt sieht, d. h. ob sie sich für attraktiv und weiblich hält.

Für Ihre Tochter sind Sie immer noch die wichtigste männliche Bezugsperson, und Ihre Meinung zählt. Selbst wenn sie eine gelangweilte Gleichgültigkeit oder sogar offene Feindschaft zur Schau trägt, müssen Sie das dahinterliegende Bedürfnis wahrnehmen. Ihre Tochter wird sich geschmeichelt, geehrt und ermutigt fühlen, wenn ihr Vater davon Notiz nimmt, daß sie sich langsam in eine junge Frau verwandelt, und wenn sie weiß, daß er es gutheißt. Ihr Selbstwertgefühl wird wachsen, und sie wird Ihnen dafür dankbar sein.

Rufen Sie sich noch einmal ins Gedächtnis zurück, daß die Pubertät für Mädchen eine Zeit der inneren Unentschlossenheit ist. Je mehr sie unter diesem Konflikt leiden, desto weniger Energie bleibt für das Streben nach ihren Zielen. Es ist deshalb von entscheidender Bedeutung, daß Sie sie in ihren praktischen und intellektuellen Fähigkeiten unterstützen und gleichzeitig ihre Weiblichkeit anerkennen.

Empfehlungen

Als ihr Vater können Sie vieles tun, um die intellektuellen Begabungen Ihrer Tochter zu fördern.

Sie sollten sich in erster Linie darüber klar werden, welch großen Einfluß Sie auf die spätere Lebenseinstellung Ihrer Tochter nehmen können. Wenn Sie ihr dabei nicht hilfreich zur Seite stehen, wird sie aller Wahrscheinlichkeit nach annehmen, daß Mathematik, Computer, Programmieren, Ingenieurwesen und Naturwissenschaften ausgesprochen männliche Aktivitäten sind. Sie müssen dafür sorgen, daß sie erkennt, daß diese Einstellung falsch und einengend ist.

Machen Sie sich keine Gedanken darüber, welche Interessen Ihre Tochter haben könnte. Nehmen Sie einfach an, sie sei an *allem* interessiert, solange, bis sich das Gegenteil herausstellt. Auch wenn sie manches zunächst ablehnt, ziehen Sie keine voreiligen Schlüsse. Es könnte sich herausstellen, daß Ihre Tochter von der Elektronik oder vom Ingenieurwesen fasziniert ist.

Es fällt Ihnen möglicherweise nicht leicht, dies zu glauben. Viele Väter kichern nur darüber. Aber was wäre geschehen, wenn nicht wenigstens ein Familienmitglied in Terrie Ann McLaughlins Familie geglaubt hätte, daß sie sich für Elektronik interessierte? Wer ist Terrie Ann McLaughlin? Sie ist die erste junge Frau, die als hervorragender weiblicher Kadett in der U.S. Air Force Academy ausgezeichnet wurde. Terrie war nicht nur die beste Kadettin dieses Jahrgangs, sondern zudem noch die beste Kadettin der Akademie für Ingenieurwesen. Sie studiert zur Zeit Elektrotechnik an der Stanford University. Terrie zeichnet sich nicht nur durch ihre Leistung aus, sondern sie widerlegt alle Meinungen, wonach Frauen auf den Gebieten der Mathematik, Mechanik, Elektronik und Ingenieurwesen weniger begabt sind als Männer.

Als ich sie nach dem Grund fragte, warum sie eine solch

außergewöhnliche Karriere anstrebte, antwortete sie: »Schon während meiner Schulzeit waren meine Lieblingsfächer Mathematik und Naturwissenschaften, und so war es ganz natürlich, daß ich mich später mit Computern und Ingenieurwesen beschäftigte.

Mein Vater, mit dem ich mich immer gut verstanden habe, hat mich nie zu irgend etwas gezwungen, doch er hat mich immer ermutigt, das zu machen, was ich machen wollte und woran ich Spaß hatte.

Es gibt immer noch Menschen, die Frauen in den sogenannten männlichen Berufen skeptisch gegenüberstehen, doch ich bin davon überzeugt, daß Frauen einen so großen Beitrag leisten, daß Männer ihn nicht mehr länger übersehen können.«

Eine dieser Frauen, die einen großen Beitrag leistet, heißt Barbara Grogan, von der ich später mehr erzählen werde. Sie ist die Gründerin und Präsidentin der Western Industrial Contractors Inc., einer Firma, deren Umsätze sich in weniger als vier Jahren auf 5 Mio Dollar gesteigert haben, und zu deren Kunden u. a. Anheuser-Busch, AT&T, Nabisco, Ralston-Purina und United Airlines gehören. Sie erinnert sich genau an ein Ereignis, als sie noch ein kleines Mädchen war. Ein Mann, der ganz offensichtlich keine Ahnung davon hatte, daß Mädchen nicht gut in Mathe sind, veränderte ihr Leben von Grund auf.

»Als er mir die Brille aufsetzte, sagte der große Mann im weißen Kittel zu meiner Mutter: ›Das, was sie damit lesen und buchstabieren kann, wird keinen Pfifferling wert sein, aber sie wird ein As in Mathe werden.‹ Als ich das hörte, ging es mir nicht mehr aus dem Sinn, und ich dachte unaufhörlich daran«, sagte sie.

»Ich habe ab diesem Zeitpunkt immer nur Einser in allen meinen Mathearbeiten geschrieben. Mathe war immer mein Lieblingsfach. Ich kann einfach logisch denken.«

Eine ehemalige Mathematikstudentin, die jetzt als Computerprogrammiererin arbeitet, erzählte mir: »Als ich Mathematik studierte, habe ich meistens nicht verstanden, worum es ging, bis ich das nächste Niveau erreichte. Dann war auf einmal alles sonnenklar. Ich glaube, daß Frauen Geduld mit sich haben müssen. Sie dürfen nicht voreilig zu dem Schluß kommen, daß sie Dinge nicht verstehen, nur weil sie ihnen zeitweise nicht ganz klar sind. *Jeder*, der höhere Mathematik studiert, wird streckenweise verwirrt sein.«

Wenn Ihre Tochter nach einer Mathematikstunde niedergeschlagen nach Hause kommt, geben Sie ihr zu verstehen, daß Mathematik für alle eine Herausforderung bedeutet, nicht nur für Mädchen; höchstwahrscheinlich hört sie des öfteren, daß »Mädchen einfach schlecht in Mathe sind«, und deshalb ist Ihre Ermutigung so wichtig. Machen Sie ihr klar, daß auch Jungen und Männer nicht alle Aufgaben sofort lösen können und sie dann genauso frustriert sind. Der Unterschied besteht nur darin, daß Jungen keiner einzureden versucht, sie seien unfähig, ein Problem zu lösen. Denken Sie an Einsteins berühmte Bemerkung: »Egal, wie viele Schwierigkeiten Sie mit der Mathematik haben, ich versichere Ihnen, ich habe noch mehr.«

Erzählen Sie ihr, daß es Frauen gibt, die sich schon in jungen Jahren mit Computern beschäftigt haben. Der erste Programmierer der Welt war eine Frau. Augusta Ada Lovelace schrieb um das Jahr 1900 die erste Bedienungsanleitung für eine Computermaschine. Adele Goldstine hat das erste Programm für ENIAC geschrieben, einen Computer, der im Jahre 1940 gebaut wurde. Grace Hopper war maßgeblich an der Entwicklung von COBOL beteiligt, einer Computersprache, mit deren Hilfe digitale Computer programmiert werden. Sie war außerdem die Frau, die den Begriff »Bug« prägte, was soviel bedeutet wie einen Fehler im Programm. Im Jahre 1960, als die Computerindustrie erst in den Kinderschuhen steckte, waren von 2000 Computeroperatoren 65% Frauen.[7]

Führen Sie Ihre Tochter schon früh an Computer heran. Nehmen Sie sie auf den Schoß, und lassen Sie sie auf der Tastatur herumspielen. Sie wird das Ganze als Spiel auffassen, und sie wird sich über die Zeichen auf dem Bildschirm freuen. Der Computer wird so zu einem Bestandteil ihres Lebens. Suchen Sie nach Videospielen, die besonders Frauen ansprechen, d. h. keine Kriegsspiele. Nehmen Sie sie in Spielhallen mit, wo sie mit Ihnen zusammen ungestört Spiele spielen kann.

Ermutigen Sie sie, technische Zeitschriften und Computerzeitschriften zu lesen, aber vergessen Sie nicht, mit ihr über die klischeehafte Darstellung von Frauen in diesen Zeitschriften zu sprechen. Fördern Sie ihre Kritikfähigkeit gegenüber Vorurteilen, mit denen sie immer wieder konfrontiert werden wird, damit sie ihnen nicht hilflos gegenübersteht. Betonen Sie, daß Unwissenheit und Unkenntnis Frauen von den meisten gutbezahlten Jobs der Zukunft fernhält.

Wenn Sie eine Tochter und einen Sohn haben, sorgen Sie dafür, daß sie beide gleich lang mit dem Computer arbeiten und spielen können. Vermitteln Sie ihr nicht den Eindruck, daß seine Zeit am Computer wertvoller ist als ihre, indem Sie ihm mehr Zeit einräumen.

Wenn sie gern an einem Computerseminar teilnehmen möchte (und Sie die Kosten nicht scheuen), raten Sie ihr, einen Programmierkurs zu belegen. Wenn sie dazu neigt, in den Kategorien »Jungs programmieren, Mädchen bedienen« zu denken, sollten Sie versuchen, ihr klarzumachen, daß der Computer nicht zu übertreffen ist, wenn es darum geht, ihn Dinge ausführen zu lassen, daß man sich seiner jedoch nur unter der Voraussetzung bedienen kann, daß man seine Logik versteht.

Kaufen Sie ihr einen Elektronikkasten für Anfänger, mit dem sie die Grundlagen der Elektronik kennenlernt. Sie könnten auch zusammen arbeiten; Ihre Tochter hätte damit nicht nur Gelegenheit, mit der Elektronik und dem Computer vertraut zu werden, sondern Sie beide hätten zusätzlich noch die Möglichkeit, miteinander zu reden.

Judith Resnick, die einzige Frau, die sich an Bord des abgestürzten Spaceshuttles befand, hat sich schon sehr früh in ihrem Leben für Mathematik, Elektronik und Mechanik interessiert. Ihr Vater hat davon berichtet:

»Wenn wir samstags in die Bücherei gingen, las ich für gewöhnlich Science-fiction, doch Judy suchte sich immer Sachbücher raus. Sie war keine große Romanleserin, sondern interessierte sich mehr für Mathematik, Naturwissenschaften und dafür, wie Dinge funktionieren.

Sie schaute mir immer zu, wenn ich irgendwas im Haus reparierte, und bat meistens: ›Vati, zeig mir, wie du das machst‹, und ich sagte: ›Ja, mach ich‹, und ich zeigte es ihr. Sie interessierte sich für alles, was mit Elektrik zusammenhing, und ich zeigte ihr deshalb, wie man eine Steckdose repariert und elektrische Leitungen legt.

Als sie älter wurde, wollte sie wissen, wie man Autos repariert, und ich zeigte ihr auch das.«

Es ist ganz offensichtlich, daß die Menschen, die Mädchen, die sich für Mathematik und Mechanik interessieren, nicht ganz ernst nehmen, niemals solchen Frauen begegnet sind. Wahrscheinlich kamen die oben genannten Frauen von sich aus gar nicht auf die Idee, daß sich nur Jungen für solche Themen interessieren sollten. Dr. Resnick hielt es für nichts Besonderes, seiner Tochter beizubringen, wie man elektrische Leitungen legt. Er bemerkte dazu: »Ich habe ihr immer den Glauben gelassen, daß sie genau die gleichen Dinge tun kann wie ein Mann. Ich habe ihr zu verstehen gegeben, daß sie auf jeden Fall Erfolg haben wird, wenn sie hart genug arbeitet. Sie war auf vielen Gebieten begabt, ganz besonders in Mathematik und Musik, und hat deshalb sehr viel erreicht.«

Alle Anstrengungen Ihrerseits werden sich lohnen. Sie werden Ihrer Tochter das Gefühl vermitteln, daß das technische, elektronische Zeitalter auch *ihr* Zeitalter ist. Es ist Ihre Aufgabe, ihr zu zeigen, daß sie als aktives Mitglied der Gesellschaft ein sehr viel erfüllteres, aufregenderes und schöneres Leben führen wird denn als passive Beobachterin. Machen Sie ihr klar, daß sie, wenn sie begabt und interessiert ist, Programmieren sehr wohl erlernen kann und daß es nichts mit Weiblichkeit oder Männlichkeit zu tun hat. Weiblichkeit und Männlichkeit haben mit dem menschlichen Denkprozeß und der Fähigkeit, Probleme zu lösen, nichts zu tun. Wenn Ihre Tochter dies einmal begriffen hat, kann sie ihre Fähigkeiten weiter ausbauen, ohne sich vor den negativen Folgen zu fürchten.

Sie können das Interessse Ihrer Tochter auf verschiedene Arten wecken und fördern. Schenken Sie ihr beispielsweise ein Abonnement für *Geo* oder *Omni* oder *Spektrum der Wissenschaft* anstatt *Freundin*. Achten Sie darauf, daß ich gesagt habe »schenken Sie *ihr* ein Abo«. Es reicht nicht aus, ein Abo für die ganze Familie zu haben und darauf zu hoffen, daß auch Ihre Tochter die Zeitschrift liest. Die Motivation ist viel stärker, wenn das Abo auf ihren Namen läuft und Sie sagen können: »Mary, *deine* Zeitschrift ist heute gekommen.« Nachdem sie Gelegenheit hatte, die Zeitschrift zu lesen, wird sie sie höchstwahrscheinlich auch allen anderen Familienmitgliedern zugänglich machen, aber nur, wenn es *ihre* Zeitschrift ist, kann sie die darin enthaltenen Informationen als ihr Eigentum ansehen. Diese und ähnliche Dinge helfen ihr, sich selbst als jemanden wahrzunehmen, der an Problemen und Ideen interessiert ist.
Wie Sie später in Kapitel 5 erfahren werden, wird das eigene Selbstbild unter anderem dadurch geformt, daß man sich darüber im klaren ist, was *andere* Menschen von einem denken. Wenn Sie Ihrer Tochter ein Abo für eine Zeitschrift schenken, die nicht nur für Mädchen publiziert wird, drük-

ken Sie damit Ihre Wertschätzung aus. Sie geben ihr damit zu verstehen, daß Sie sie für einen Menschen halten, der sich gern mit diesen Themen beschäftigt. Das gleiche gilt für Computerspiele, die Programmierfertigkeiten fördern. Wenn Sie ihr zudem noch solche Spiele schenken, wird sie wissen, daß Sie an ihre Fähigkeiten glauben.

Wenn in Ihrer Hausbibliothek Sachbücher stehen, stellen Sie ihr frei, diese zu lesen. Nehmen Sie Ihre Tochter, auch wenn sie noch klein ist, auf den Schoß und schauen mit ihr gemeinsam die Bilder, Illustrationen und graphischen Darstellungen an und erklären Sie ihr, was all diese Dinge bedeuten. Es macht überhaupt nichts aus, wenn sie das Gesagte noch nicht versteht; es kommt einzig darauf an, daß sie sich selbst als jemanden erfährt, der in der Lage ist, Dinge zu verstehen, weil *Sie* glauben, daß sie dazu fähig ist.

Bringen Sie Ihrer Tochter Schach, Backgammon und Go bei, denn all diese Spiele fördern ihr strategisches Denken. Als wir diese Spiele während des Unterrichts spielten, konnten die meisten Mädchen nicht mitspielen. Die Jungen trainierten ihre geistigen Fähigkeiten, und die meisten Mädchen malten oder zeichneten. Ich finde diesen Umstand erschütternd. Die Mädchen hatten diese Spiele einfach nie erlernt. Einige der Jungen in der Klasse boten sich an, sie den Mädchen beizubringen. Ich fragte mich, in welcher Gesellschaft wir leben, die nur die Männer lehrt und die Frauen übersieht? Ich halte diesen Umstand für ein schwerwiegendes Problem, wenn man bedenkt, daß die Fertigkeiten, die während eines solchen Spiels geschult werden, im späteren Leben angewandt werden können.

Auch Poker ist ein Spiel, das das strategische Denken schult. Es wird genau wie die bereits erwähnten Spiele fast ausschließlich von Männern gespielt. Ich bin davon überzeugt, daß die Machenschaften der großen Firmen sehr viel mit Poker gemeinsam haben – die Überlistung des Gegners, die Kunst des Bluffens, den Gegner zu zwingen, Farbe zu bekennen, all dies sind Fertigkeiten, die auch beim Pokerspiel angewandt werden. Wer diese Fertigkeiten einmal erlernt hat, wird sie immer zu seinem Vorteil einsetzen.

Eine weitere typisch männliche Beschäftigung, das Zusammensetzen eines Modellflugzeuges, fördert handwerkliche Fertigkeiten. In all den Jahren, in denen ich unterrichtete, habe ich kein Mädchen gesehen, das ein Modellflugzeug zusammengebaut hätte. Ich habe nicht weiter darüber nachgedacht, bis zu dem Tag, als ich einem Jungen beim Bau zuschaute. Er war geradezu fasziniert von Modellflugzeugen. Er baute sie entweder völlig nach seinen eigenen Vorstellungen oder veränderte bereits vorhandene. Er verbesserte die Aerodynamik, indem er die Flugzeuge mit Heftklammern beschwerte oder die Seitenflossen veränderte. Als ich ihn beobachtete, wurde mir klar, daß er während dieses Vorgangs viel *lernte*. Es schien ganz selbstverständlich, daß er später Ingenieur wurde.

Wenn Ihre Tochter gerne eine Mädchenschule besuchen möchte, sollten Sie sie gewähren lassen. Es existieren Untersuchungen über Frauen, die eine reine Mädchenschule besuchten. Dr. Elizabeth Tidball vom George Washington University Medical Center zufolge gehen mehr Mädchen aus reinen Mädchenschulen auf die Universität als Mädchen aus gemischten Schulen. Zudem brechen die Mädchen aus reinen Mädchenschulen ihr Studium seltener ab, und diejenigen, die an Frauenuniversitäten studieren, werden im Who's Who of American Women häufiger genannt als diejenigen, die an gemischten Universitäten studieren.[8]

Es gibt dafür verschiedene Gründe. In einer Mädchenschule haben Mädchen mehr Gelegenheit, eine Führungsrolle zu übernehmen. Zweitens sind die meisten Lehrkräfte an Mädchenschulen weiblich, und die Mädchen haben somit Gelegenheit, die Frau als Gelehrte kennenzulernen. Drittens wird die Schul- und Unterrichtszeit nicht durch Feiern und

Feste gestört. (Ich möchte damit nicht behaupten, daß es in Mädchenschulen keine außerschulischen Veranstaltungen gäbe. Mädchenschulen planen im allgemeinen Veranstaltungen zusammen mit Jungenschulen; die Veranstaltungen sind jedoch weniger in das schulische Geschehen integriert als an gemischten Schulen.) Viertens werden die Leistungen der Mädchen von der gesamten Schülerschaft ernster genommen. Und letztendlich werden Mädchenschulen in der Regel seltener von Mädchen besucht, die den »Ehefrauenabschluß« anstreben.

Viele junge Frauen, die eine Mädchenschule besucht haben, sind der Meinung, daß Mädchen, die unter sich sind, ihren Wissensdrang und ihre Diskussionsfreude viel besser ausleben können.

Barbara Grogan, die Präsidentin der Western Industrial Contractors, über die ich bereits berichtet habe, war von der ersten bis zur zwölften Klasse auf einer Mädchenschule. Über ihre Erfahrungen sagt sie folgendes:

»Damals war ich gar nicht so begeistert, doch jetzt mit dem nötigen Abstand muß ich zugeben, daß diese Jahre eine äußerst wichtige Erfahrung für mich waren, da wir Mädchen sowohl die Anführer, Clowns und auch die Streber waren. Es schien ganz natürlich, daß Mädchen alle Rollen besetzten, denn außer uns gab es ja niemanden.

Sport war bei uns kein Wahl-, sondern ein Pflichtfach. Jeden Tag haben wir uns eine Stunde lang abgeschwitzt. Wir schwammen, spielten Hockey, Fußball, Tennis und Basketball.« Sie lacht beim Gedanken daran. »Ich konnte natürlich überhaupt nicht Basketball spielen, denn ich war viel zu klein, nur ein Meter fünfzig. Aber es war egal. Es war wichtig, dabeizusein und einfach zu spielen.«

Ich beobachtete sie, als sie so da saß und erzählte. Ich empfand sie als sehr weiblich. Dabei hatte ich sie mir ganz anders vorgestellt, ich würde sagen viel männlicher, da sie ja eine leitende Funktion in der Geschäftswelt bekleidete. Ich freute mich aufrichtig darüber, daß es nicht so war. Diese zierliche, blonde Mutter von zwei Kindern war hochintelligent, kompetent und energisch. Diese Eigenschaften verhalfen ihr zu ihrem Erfolg.

»Zwei Dinge«, sagte sie, »bestimmten mein Leben ganz wesentlich. Zum einen mein Vater, der immer gute schulische Leistungen von mir erwartete, und zum anderen die Schule, die mir Gelegenheit bot, gute Leistungen zu erbringen, ohne deswegen mit Jungen konkurrieren zu müssen.

Ich will damit ausdrücken, daß es überflüssig war, sich zu fragen: ›Wird er auch weiterhin mit mir ausgehen wollen, wenn ich als Klassensprecherin gewählt werde und nicht er.‹ Das gab's einfach nicht. Ich bin während meiner Schulzeit mit einigen Jungs ausgegangen, doch dies hatte nichts mit der Schule zu tun.«

Judy Resnick, die eine gemischte Schule besuchte, verhielt sich Jungs gegenüber ähnlich. Sie ging nur mit Jungs aus, die nicht in ihrer Schule waren.

Ihr Vater führt dazu aus: »Auf dem Firestone Gymnasium war Judy als ›Judy, das Gehirn‹ bekannt. Sie ging nur mit Jungen aus, die weit weg wohnten und nicht in ihre Schule gingen. Die Jungen wußten, daß sie ein gescheites Mädel war, doch sie kümmerten sich weniger darum.«

Lassen Sie Ihre Tochter wissen, daß sie eine Mädchenschule besuchen kann, ohne ein abgeschiedenes Leben zu führen. Machen Sie ihr klar, daß sie überall Gelegenheit hat, Jungen kennenzulernen, und daß der Besuch einer Mädchenschule kein Hinderungsgrund dafür ist, Freundschaften zu pflegen.

Unterweisen Sie Ihre Tochter auch im Umgang mit Geld. Fangen Sie damit möglichst früh an. Geben Sie ihr das Geld nicht einfach in die Hand, sondern bestehen Sie darauf, daß sie es, wenn sie alt genug ist, selbst verdient. Machen Sie ihr klar, daß es auch andere Arbeiten außer zum Beispiel Babysitten gibt. Stellen Sie sie als Assistentin oder Lehrling ein, wenn Sie etwas bauen oder reparieren. Bereits mit etwa zwölf Jahren ist sie alt genug, um sich ihr eigenes kleines Geschäft aufzubauen. (Wenn Sie gemeinsam überlegen, fällt Ihnen sicher etwas ein.) Wenn sie Startkapital braucht, gewähren Sie ihr ein verzinstes Darlehen und vereinbaren monatliche Rückzahlungsraten.

Erklären Sie ihr, wie sie Gewinne erwirtschaften kann, indem sie einen Teil ihrer Einnahmen (ich halte 50% für angemessen) zur Seite legt. Wenn ihre Gewinne zu einer hübschen Summe angewachsen sind, sollte sie das Geld nach ihrem Gutdünken ausgeben dürfen. Widerstehen Sie der Versuchung, ihr gute Ratschläge zu geben. Sie soll in der Lage sein, ihre eigenen Kaufentscheidungen zu treffen. Räumen Sie ihr das Recht ein, Fehlentscheidungen zu treffen. (Schließlich treffen auch Sie nicht immer die richtige Entscheidung.) Die Erfahrung ist für Ihre Tochter wichtiger als alle wohlgemeinten Ratschläge.

Wenn sie älter ist, können Sie die Unterweisung im Umgang mit Geld ausdehnen. Lassen Sie sie an Familienkonferenzen teilnehmen, in denen finanzielle Entscheidungen getroffen werden, die die ganze Familie betreffen. Klären Sie sie über das Haushaltsbudget auf und wie es verplant wird. Betrauen Sie sie zum Beispiel mit der Aufgabe, über die monatlich zu bezahlenden Rechnungen Buch zu führen.

Sprechen Sie mit ihr über Kapitalanlagen, Immobilien, Aktien, Pfandbriefe und Finanzplanung. Marty McNellis, Finanzdirektor bei Hanifen-Imhoff und Vater von zwei Töchtern, empfiehlt: »Frauen haben manchmal Schwierigkeiten, die besondere Finanzsprache zu verstehen. Ich empfehle deshalb allen Vätern, ihren Töchtern möglichst früh die einfachen Grundlagen der Finanzplanung, der Wirtschaft und des Investitionsgeschäfts zu vermitteln.

Ihre Töchter sollten wissen, wie Pfandbriefe bewertet werden, warum Zinssätze fallen oder steigen, warum es zu Geldentwertungen kommt und wie sich all dies auf die eigenen Geldanlagen auswirkt. Ein großer Teil der Gesamtbevölkerung scheint sich in diesen Dingen nicht auszukennen, aber Frauen zögern noch mehr als Männer, sich wirklich zu informieren.«

Zum Schluß möchte ich Ihnen empfehlen, Ihre Tochter mit Frauen bekanntzumachen, die ihr als Vorbilder dienen könnten. Teilen Sie Ihrer Tochter mit, warum Sie glauben, daß diese Frauen vorbildlich sind. Es müssen nicht unbedingt außergewöhnliche oder berühmte Frauen sein, denn deren Vorbildfunktion ergibt sich fast von allein. Vergessen Sie nicht die »normalen« Frauen; ich spreche von den Frauen, die sich nicht immer angepaßt haben, die sich in ungewöhnlicher Weise für andere eingesetzt haben, Frauen, die für aggressiv gehalten werden und doch nur ihre Prinzipien verteidigen, und Frauen, deren Charakterstärke man im täglichen Umgang mit ihnen spürt.

Der Unterschied zwischen Ermutigung und Druck

Ich komme an dieser Stelle auf einen wohlbekannten, aber mißlichen Sachverhalt zu sprechen. Er wird Ihnen nicht neu sein, und doch möchte ich ihn hier noch einmal anführen, da er mit Ihnen und der Erziehung Ihrer Tochter zu einer selbstbewußten Frau sehr viel zu tun hat.
Die Befragung zahlreicher erfolgreicher Frauen hat ergeben, daß es zwei Grundtypen erfolgreicher Menschen gibt; die einen, die ihren Erfolg genießen, und die anderen, die dies nicht tun; die ersteren sind diejenigen, die, nachdem sie etwas geleistet haben, Befriedigung empfinden, und die letzteren, die ständig ein Unzulänglichkeitsgefühl verspüren. Es gibt Menschen, die sich bedauerlicherweise nie gut fühlen, auch wenn sie viel erreicht haben. Sie werden zeit ihres Le-

bens von diesem Unzulänglichkeitsgefühl heimgesucht, und dieses Gefühl wird, wenn überhaupt, durch erfolgreiche Leistungen nur zeitweise gemildert.

Dieser erfolgreiche Mensch, der sich insgeheim unzulänglich fühlt, vermittelt oft einen Eindruck von Spaltung. Er sieht sich als Hochstapler, auch wenn er kompetent, intelligent oder sogar genial ist. Der andere Mensch dagegen verfügt über ein Selbstwertgefühl, das von seinen Leistungen weitgehend unabhängig ist, und über ein Selbstvertrauen, das dem tiefen Glauben an sich selbst entspringt und keiner äußeren Bestätigung bedarf. Anders ausgedrückt heißt das, daß der eine Mensch erfolgreich sein will, um ein positives Selbstwertgefühl zu erlangen, und der andere erfolgreich ist, weil er ein ausgeprägtes Selbstwertgefühl besitzt.

Die Menschen, die unter einem Mangel an Selbstwertgefühl leiden, leben mit einer Einstellung, die keine positiven Gefühle bezüglich ihrer eigenen Person zuläßt. Im tiefsten Inneren sind sie davon überzeugt, daß sie nicht okay sind. Sie halten sich für dumm, schlecht oder unzulänglich oder, wie es eine Frau ausgedrückt hat, für »untauglich«.

Menschen mit dieser Einstellung kommen häufig aus einer Familie, in der nur äußerst selten gelobt wurde, weil die Eltern ihr Kind vielleicht nicht unnötig »verwöhnen« wollten und sie der Meinung waren, nur Kritik mache ein Kind lebenstüchtig und leistungsfähig. Diese Ansicht ist unter Männern bzw. Vätern sehr viel verbreiteter als unter Frauen bzw. Müttern. Väter, die an meinen Seminaren teilnahmen, erklärten mir, daß sie diese Überzeugung beim Sport gewonnen hätten, wo es darum geht, durchzuhalten, sich abzuhärten und nie nachzugeben. Eine Art Armeetrainingslager also. In Wirklichkeit vermittelt diese Art der Erziehung jedoch keine Ermutigung, sondern übt Druck aus.

Die meisten Väter verhalten sich unbewußt nach diesem Modell und haben dabei die besten Absichten. Nehmen wir an, ein Kind hat Schwierigkeiten in Mathe und schreibt in kleinen Arbeiten und Tests nur schlechte Noten. Eines Tages schreibt das gleiche Kind jedoch eine Zwei. Die meisten Väter kommentieren dies mit einem: »Großartig. Nächstes Mal schreibst du aber eine Eins.« Oder nehmen wir an, ein Mädchen läuft eine Meile (1,6 km) in zehn Minuten, und der Vater sagt: »Das ist wunderbar, Liebling, aber versuch, die Strecke nächstes Mal in neun Minuten zu laufen.« Wenn Eltern ihrem Kind ständig höhere Ziele setzen, so daß das Kind immer schneller laufen, immer weiter werfen und immer höher springen muß, um die elterliche Anerkennung zu erhalten, übermitteln sie ihm damit die Botschaft, daß die gegenwärtige Leistung nicht gut genug ist. Dies erzeugt in einem Kind ein Gefühl der Unzulänglichkeit sowie das Gefühl, daß Liebe nicht bedingungslos ist, sondern von seiner Leistung abhängt.

Ein Vater, der seine Tochter zu einer erfolgreichen Frau erziehen will, gerät leicht in diese Falle. Seien Sie sich darüber im klaren, daß Druck leicht als Ermutigung verkleidet werden kann.

Verstehen Sie mich nicht falsch. Ich möchte nicht bestreiten, daß viele Eltern, die sich so verhalten, ihre Kinder zu erfolgreichen Menschen erzogen haben, doch diese Menschen setzen sich selbst konstant unter Druck, um zu beweisen, daß sie gut, intelligent, tatkräftig *sind*, oder was immer sie als notwendig ansehen.

Ihr Problem ist, daß sie nie in den Genuß der Freude über ihre Arbeit kommen – sie können sich nicht über das Erreichte freuen oder das Selbstwertgefühl empfinden, das mit erfolgreich getaner Arbeit verbunden ist. Vielleicht gönnen sie sich ein paar flüchtige Momente lang ein positives Gefühl, um dann, wenn das alte Gefühl in ihnen hochsteigt, daß nichts gut *genug* ist, die nächste Leistung anzustreben. Wie ich später ausführen werde, kann diese Perfektionssucht schlimme psychische Auswirkungen auf den betreffenden Menschen haben.

Vergleichen Sie diese erfolgreichen und doch unsicheren Menschen mit den erfolgreichen Menschen, die aus einem positiven Selbstwertgefühl heraus agieren. Diese tatkräftigen, produktiven und leistungsorientierten Menschen sind in ihrer Art den Menschen ähnlich, denen das Selbstwertgefühl fehlt, doch im Gegensatz zu ihnen fühlen sie sich nicht gehetzt oder verzweifelt. Sie gönnen sich das angenehme Gefühl, wenn sie etwas gut gemacht haben, und empfinden dabei eine tiefe Befriedigung. Sie werden durch ihren Erfolg nicht selbstgefällig und selbstzufrieden; sowohl ihre Einstellung gegenüber ihrem Erfolg und die Freude daran unterscheidet sich wesentlich von den Reaktionen ihrer unsicheren Altersgenossen.

Ihre Eltern waren in der Lage, ein von Leistungen unabhängiges Selbstwertgefühl zu fördern. Sie konnten ihre Kinder davon überzeugen, daß sie geliebt wurden, auch wenn sie nicht nur Einsen schrieben. Sie haben ihre Kinder nicht angetrieben oder angestoßen; sie haben einfach zugelassen, daß sich das kindliche Streben nach Leistung mit der Identitätsfindung und der wachsenden Selbstliebe von allein entwickeln konnte.

Ich betone hier noch einmal, daß beide Arten der Erziehung aus einem Kind einen erfolgreichen Menschen machen können, daß jedoch die Väter bzw. Eltern, die ihre Kinder unnachgiebig kritisieren und unter Druck setzen, sehr viel öfter Mißerfolge ernten.

Wie kann ein Vater diese Gratwanderung erfolgreich bewältigen? Er sollte sich in erster Linie über seine Motive klar werden. Ein Vater, der seine Tochter ständig drängt, bessere Leistungen zu erbringen, hofft vielleicht, daß diese Leistungen auf ihn zurückfallen. Er sorgt sich unter Umständen mehr um sein eigenes Image als um den Erfolg und das Wohl seiner Tochter. Zweitens sollte der Vater zulassen, daß seine Tochter sich ihre Ziele selbst steckt. Wenn Ihre Tochter nach einer Vier in Mathe eine Zwei nach Hause bringt, zeigen Sie ihr, daß Sie sich darüber freuen, umarmen und loben Sie sie. Warten Sie dann ab, bis sie selbst den Wunsch äußert, eine Eins zu schreiben. Erst dann sollten Sie sie in ihrem Ziel bestätigen. Sie erreichen damit drei Dinge gleichzeitig.

Sie geben Ihrer Tochter erstens Gelegenheit, ihre Erfolge zu genießen. Zweitens kann sie lernen, Dinge zu tun, weil *sie* sie tun will, und nicht, weil sie Vati einen Gefallen tun will. Drittens kann Ihre Tochter ein Gefühl der Unabhängigkeit entwickeln, da sie ihren eigenen Kurs und ihre eigene Richtung bestimmen kann.[9]

Wenn Sie also der Vater sind, der dazu neigt, sich selbst und seinen Nächsten zuviel abzuverlangen, sollten Sie sich in Zukunft zurücknehmen. Vergegenwärtigen Sie sich selbst immer wieder, daß Ihre Tochter, wenn sie das befriedigende Gefühl, das Erfolg vermittelt, einmal erlebt hat, dieses immer wieder anstreben wird. Sie wird sich deshalb höchstwahrscheinlich ganz von selbst immer höhere Ziele stecken. Wenn dieser Fall eingetreten ist, können Sie den Augenblick genießen und einfach der ermutigende und unterstützende Vater sein. Führen Sie sich noch einmal vor Augen, daß Ihre Tochter einem anderen inneren Stundenplan folgt als Sie selbst es tun.

Ehrgeiz oder ängstliches Bangen?

Was machen Sie, wenn Ihre Tochter sich keine höheren Ziele steckt, wenn sie mit dem zufrieden ist, was sie erreicht hat, wenn ihr »Ehrgeiz« nicht wirklicher Ehrgeiz ist, sondern nur dazu dient, ihren Eltern zu gefallen? Damit kommen wir zu einer komplexen philosophischen Betrachtung.

Der Leistungsdruck für Kinder ist heute außerordentlich groß. Immer mehr Kinderpsychologen sorgen sich um die Kinder, die schon in jungen Jahren genötigt werden, gute Noten zu schreiben, um später das richtige Studium absolvieren zu können. Dieses Phänomen ist Teil des Yuppie-Syndroms.

Ich bin entschieden dagegen, daß Druck auf Kinder ausgeübt wird, damit sie die Erfolgsleiter bereits im Grundschulalter erklimmen. Daraus entstehen nur Magengeschwüre, Schlaflosigkeit und Angstgefühle. Ich vertrete die Ansicht, daß Kinder Kinder sein sollen, daß sie in der Lage sein sollten, Fehler zu machen, zu experimentieren und auch zu versagen. Wir sind unseren Kindern gegenüber oft zu kritisch, wir lehren sie, Ziele anzustreben, die gar nicht erreichbar sind, weil wir die Latte immer höher setzen. Das Ergebnis ist frustrierend. Wir erziehen unsere Töchter zu Frauen, die zwar erfolgreich, aber unglücklich, wohlhabend, aber unzufrieden, die jubeln und gleichzeitig unbefriedigt sind.

Wenn Sie Ihre Tochter zu einer erfolgreichen Frau erziehen wollen, müssen Sie Ihrem eigenen Verhalten kritisch gegenüberstehen und Ihre Aussagen positiv formulieren. Die positiven Aussagen zeigen Ihrer Tochter Ihren Glauben an sie, denn Sie gestatten ihr, ihre Ziele selbst zu formulieren und sie auf ihre Art zu verfolgen. Sie sollten Ihre Tochter ermutigen, unterstützen, inspirieren und beruhigen. Sie dürfen sie nicht unter Druck setzen, beschwatzen, ihr drohen, sie einschüchtern oder entmutigen.

Der autoritäre Vater wird sich schwertun, seiner Tochter die Zügel nicht aus der Hand zu nehmen, die Ziele für sie zu setzen und den richtigen Weg für sie zu wählen. (Der beschützende und der weiche Vater haben höchstwahrscheinlich Schwierigkeiten, sich zurückzuhalten, und eilen vorschnell zur Rettung. Das Ergebnis ist immer dasselbe: Vater hat alles unter Kontrolle.)

Wenn Sie sich darüber im klaren sind, daß Ermutigung und Druck zwei völlig verschiedene Dinge sind, können Sie der Vater sein, der das Selbstvertrauen fördert, das Ihre Tochter braucht, um sich den Herausforderungen des Lebens zu stellen. Sie werden Ihre ermutigenden Worte nicht durch anhaltenden Druck zunichte machen, der ihr das Gefühl vermittelt, nicht gut genug zu sein, sondern ihr Selbstvertrauen und ihren Glauben an sich selbst stärken. Wenn sie irgendwann den Nobelpreis entgegennimmt, können Sie still vor sich hin lächeln und davon überzeugt sein, daß Sie einen wesentlichen Beitrag dazu geleistet haben. Wenn Sie zudem noch vom Glück begünstigt sind, wird Ihre Tochter Sie in ihrer Dankesrede erwähnen!

Kapitel 4
Leistungsschwache Mädchen
aus neuer Sicht

Ich möchte, bevor ich über die verschiedenen Masken spreche, hinter denen sich ein Mädchen verstecken kann, das von seinen Altersgenossen angenommen werden will, einige Punkte klären.

Ich verwende die Begriffe »leistungsstark« und »begabt«. Sie sind nicht austauschbar. Natürlich kann ein Mensch leistungsstark *und* begabt sein, aber es gibt auch leistungsstarke Menschen, die *nicht* begabt sind. Ebenso kann ein Mensch begabt und leistungsschwach sein. Für die Leser, die keine pädagogischen Vorkenntnisse besitzen, klingt dies vielleicht verwirrend, ist es aber nicht.

Der Unterschied zwischen dem begabten Teil der Bevölkerung und dem Rest besteht darin, daß die ersteren zu *neuen* Erkenntnissen gelangen, neue Technologien und Werkzeuge entwickeln. Die anderen mögen anspruchsvolle Konsumenten sein, die eine Symphonie von Beethoven oder eine Orchidee von Georgia O'Keefe sehr wohl zu schätzen wissen, doch sie bleiben Konsumenten.

Desgleichen bedeutet begabt sein nicht automatisch auch erfolgreich sein. Ich habe viele begabte Schüler – darunter viele Mädchen – kennengelernt, die keine großen Leistungen zeigten, während die sogenannten durchschnittlichen Schüler es mit sehr viel Anstrengung weit gebracht haben. »Leistungsstark«, »leistungsschwach« und »begabt« sind also drei verschiedene Dinge.

Zum Schluß möchte ich darauf hinweisen, daß ich dem begabten Mädchen und seinen speziellen Problemen ein gesondertes Kapitel gewidmet habe, denn das bisher Gesagte gilt sowohl für begabte als auch leistungsstarke Mädchen.

Weibliche Leistung:
Gut verpackt

Maske Nr. 1
Der Teenager
Das Mädchen, das nur Zweier und Dreier schreibt, gleichzeitig aber den Familienhaushalt führt (einschließlich Finanzplanung, Einkaufen, Putzen, Kochen) sowie einen Lokalpolitiker bei seiner Wahlkampagne unterstützt, Vorsitzende eines Sportvereins ist, an Wochenenden ehrenamtlich im Altersheim arbeitet, die Spendenaktionen für die Schule organisiert, Schülersprecherin ist, die Hauptrolle in der Schulaufführung spielt, und trotzdem noch Zeit findet, mit Jungs auszugehen und ihre Freunde zu besuchen.
Ich hatte ein solches Mädchen in meiner Klasse. Als seine Mutter starb, führte es seinem Vater und Brüdern den Haushalt und tat nebenbei all das, was ich oben beschrieben habe. In der achten Klasse schlug ich es für die Förderklasse vor. Einige Mitglieder des Auswahlausschusses protestierten, da die Schülerin im Durchschnitt nur eine 2,5 vorweisen konnte. Als ich von ihren anderen Aktivitäten berichtete, wurden sie hellhörig. Obwohl ihre Freizeitbeschäftigungen weiblicher Art waren, ließen sie doch ein hohes Maß an sozialer Verantwortung, Motivation, Verantwortungsgefühl und Organisationsfähigkeit erkennen.
Ein zweites Mädchen war dem ersten ähnlich. Es war samstags für das Büro seines Vaters verantwortlich; es beantwortete das Telefon, führte die Bücher, machte Termine, nahm

die Bestellungen der Kunden entgegen und sorgte für Abhilfe, wenn sie sich beschwerten, sprach mit den Geschäftspartnern seines Vaters und gab Bestellungen in Auftrag. Wenn man mit ihm sprach, hatte man das Gefühl, mit einer erwachsenen Frau zu sprechen. Auch in diesem Fall waren die schulischen Leistungen des Mädchens durchschnittlich, doch seine außerschulischen Aktivitäten waren alles andere als das.

Maske Nr. 2
Die Komikerin, Possenreißerin oder Neunmalkluge

Das kluge Mädchen, das sich versteckt, erkennt man auch an seinem feinen und ausgeprägten Sinn für Humor.

Die meisten meiner Siebtkläßler, mit denen ich Mark Twain las, amüsierten sich köstlich über die Flußfahrt von Tom und Huck und waren begeistert von ihren Abenteuern auf dem Floß. Sie waren jedoch nicht in der Lage, über den Witz und Geist Twains zu lachen. Ihnen fehlte ganz einfach die Reife, um seinen bedeutungsvollen und scharfsinnigen Humor zu verstehen. Die begabten Kinder allerdings brüllten vor Lachen, wenn sie einen besonders gut gelungenen Satz oder ein ironisches Wortspiel lasen. Wenn Ihre Tochter den Humor versteht, der für sie eigentlich noch unverständlich sein sollte, wenn sie ein Witzbold, eine Spaßmacherin oder eine Komikerin ist und wenn sie in der Lage ist, Ironie und Sarkasmus bereits als Kind wahrzunehmen, ist sie höchstwahrscheinlich begabt.

Vielleicht erkennt man sie auch daran, daß sie Anführerin einer Clique ist. Das, was es zu erkennen gilt, sind die Anlagen und Eigenschaften, die einen Führer ausmachen – Organisationsvermögen, Entscheidungsfreudigkeit, Bereitschaft zum Lösen von Problemen und Mut, neue Wege zu beschreiten und Autorität zu hinterfragen.

Maske Nr. 3
Der Wildfang

Obwohl diese Rolle keine typisch weibliche ist, möchte ich sie dennoch anfügen. Der Wildfang wird möglicherweise, ähnlich der rebellischen Cliquenanführerin, mit seiner Rolle als Frau und der dahinter verborgenen Botschaft, sich als »liebes Mädchen« zu präsentieren, unzufrieden sein. Er sucht das Abenteuer, die Aufregung, die Spannung. Er bevorzugt männliche Spielkameraden, weil er einen natürlichen Hang zu Abenteuer, Risikobereitschaft und körperlicher Anstrengung hat.

Maske Nr. 4
Faulenzerin oder strebsame Schülerin?

Auch das Mädchen, dessen schulische Leistungen stark schwanken und das deshalb immer am Rand des schulischen Abgrunds zu stehen scheint, das jedoch in allerletzter Minute durch eine Eins in der Lage ist, das Unheil abzuwenden, ist eine mögliche Kandidatin. In ihrem Zeugnis werden letztendlich nur Dreier und Vierer stehen und nicht die Eins, die sie noch schnell geschrieben hat, um das Klassenziel zu erreichen. Dieses Verhalten ist das Anzeichen eines schulischen Konflikts oder des Gelangweiltseins mit dem traditionellen Lehrplan.

Maske Nr. 5
Die Tagträumerin

Möglicherweise ist das Mädchen, das nur in seiner Phantasiewelt zu leben scheint, eine potentielle Kandidatin. Sie hat festgestellt, daß sie mit Hilfe von Büchern ihren Geist anregen und der langweiligen Realität entfliehen kann. Wenn Ihre Tochter über einen reichhaltigen Wortschatz verfügt und Bücher liest, die ansonsten nur von älteren Kindern gelesen werden, sollten Sie diesem Umstand besondere Aufmerksamkeit schenken.

Maske Nr. 6
Die heranwachsende Sozialarbeiterin

Eine weitere traditionell weibliche Rolle, in der sich ein Mädchen hervortun kann, ist die der Retterin und Pflegerin: Dieses Mädchen wird von allen, die ein Problem haben, um Hilfe gebeten. Seine Altersgenossen spüren, daß es über ein ungewöhnlich hohes Maß an Verständnis und Reife verfügt. Diese Rolle wird im traditionellen Schulsystem häufig mißverstanden und selten geschätzt, und doch kommt durch sie eine emotionale Tiefe und Klugheit oder Reife zum Vorschein, die nur wenige besitzen.

Die beschriebenen Verhaltensweisen führen uns deutlich vor Augen, daß leistungsstarke Mädchen oftmals versuchen, ihre Begabungen und Fähigkeiten auf altbewährte weibliche Art und Weise zu zeigen, um so für die Altersgenossen »akzeptabel« zu sein. Wenn man sich jedoch die Mühe macht, genau hinzuschauen, wird man die dahinter verborgenen Fähigkeiten entdecken.

Als Vater haben Sie die Aufgabe, hinter die Maske, die Ihre Tochter möglicherweise trägt, und hinter die mittelmäßigen Noten zu schauen, um sich ein genaueres Bild von den schlummernden Fähigkeiten Ihrer Tochter zu verschaffen.

Die schulische Seite des Problems

In der Fachliteratur ist wiederholt darauf hingewiesen worden, daß begabte Jungen und begabte Mädchen immer noch unterschiedlich behandelt werden (lesen Sie dazu bitte die Liste der empfohlenen Literatur), und daß es noch viele voreingenommene Lehrer gibt, die Mädchen auf subtile Art und Weise verunglimpfen und ihr Selbstbewußtsein untergraben. Sprechen Sie mit Ihrer Tochter über das Verhalten der Lehrer an ihrer Schule.*

Eines Tages stürmte ein begabtes Mädchen in meine Klasse und warf seine Bücher auf mein Pult. »Was ist los?« fragte ich.

»Ich hasse Herrn Norlund«, erwiderte es. »Er ist ein furchtbarer Chauvi.«

»Tatsächlich?« Ich runzelte die Stirn und war gespannt auf das, was es sagen würde. »Was war denn los?«

»Er zeigte uns einen Film über Dinosaurier. Sie wissen schon, die Fleischfresser, die auf zwei Beinen standen und furchtbar große Zähne hatten. Ich glaube Tyrannosaurus Rex oder so. Na ja, der Dinosaurier stand also mit weit aufgerissenem Maul da und wollte gerade ein armes Ding verschlingen. Da sagte Herr Norlund: ›Es ist unschwer zu erkennen, daß dies ein weiblicher Dinosaurier ist. Sein Maul ist offen.‹ Dann lachte er lauthals los, und alle lachten mit, als sei dies der beste Witz, den sie jemals gehört hätten.«

Leider wird diese Art von Witzen immer wieder gemacht, und nicht nur von Männern. Eines Tages kam eine Schulberaterin in meine Klasse, um eine Berufsberatung bei meinen Neuntkläßlern durchzuführen. Sie sagte: »Mädchen können Werken und Kfz-Mechanik wählen, doch die meisten Mädchen mögen diese Fächer nicht. Sie wählen sie meistens nur, um mit den Jungs zusammenzusein.«

Stellen Sie sich die Wirkung dieser Aussage auf die Mädchen vor, die diese Fächer tatsächlich belegen wollen. Nicht nur, daß sich das Gesagte hemmend auf ihren Forscherdrang und

* »Sprechen Sie mit Ihrer Tochter« heißt nicht, daß Sie sie ins Kreuzverhör nehmen oder ihr etwas einreden sollen. Leider passiert jedoch gerade das immer wieder, wenn Eltern mit dem Schulsystem nicht zufrieden sind. Ich meine damit, daß Sie, *sofern* Sie mit Ihrer Tochter offen über Dinge reden und sich die Zeit nehmen, ihr *zuzuhören*, erfahren werden, was in der Schule vor sich geht.

ihre Risikobereitschaft auswirkt, sondern alle Schüler werden glauben, daß die Mädchen diese Fächer nur belegen, um leichter flirten zu können. Ganz plötzlich hat sich das, was als Verheißung einer neuen Herausforderung oder als Gelegenheit, praktische Fähigkeiten zu erlernen, begonnen hat, in eine Männerjagd verwandelt. Jedes Mädchen, das zu diesem Zeitpunkt noch diese Fächer belegt, müßte viel Mut aufbringen, um den Hohn und Spott zu ertragen.

Ich würde als Vater oder Mutter dieses Mädchens ein derartiges Verhalten beim nächsten Elternabend zur Sprache bringen.

Es ist nicht notwendig, daß Sie sich einem solchen Pädagogen gegenüber gehässig oder drohend verhalten. Sagen Sie schlicht und einfach Ihre Meinung. Lassen Sie ihn wissen, daß in Ihrem Heim sexistische Bemerkungen nicht gestattet sind, weil Sie Ihre Kinder nicht zu negativen Verhaltens- und Denkmustern erziehen wollen. Teilen Sie dem Lehrer mit, daß sich Ihre Tochter geschlechtsspezifischer Vorurteile sehr wohl bewußt ist.

Das Letzte, was sich ein Lehrer wünscht, sind gereizte Eltern; Sie können deshalb ziemlich sicher sein, daß die meisten Lehrer danach Bemerkungen dieser Art vermeiden werden. Sie tun damit, daß Sie Ihre Meinung äußern, nicht nur Ihrer eigenen Tochter einen Gefallen, sondern auch allen anderen Kindern, die mit diesen Vorurteilen im Klassenzimmer konfrontiert werden.

Begabung erkennen

Als Lehrerin begabter Kinder hat mich die Tatsache immer ganz besonders beunruhigt, daß Väter im allgemeinen sehr viel mehr zögern als Mütter, die Begabung ihrer Kinder anzuerkennen. Als ich dies mit meiner Kollegin Dr. Linda Silverman, die seit mehr als 25 Jahren Lehrerin und Leiterin des Gifted Child Development Centers ist, erörterte, erklärte sie: »Väter vertreten den männlichen Standpunkt, daß sich die Genialität eines Menschen an der Quantität und der Qualität seiner Macht zeigt. Eltern und Lehrer können damit jedoch wenig anfangen.

Mütter sind durch das tägliche Zusammensein mit den Kindern Zeuge ihrer Fortschritte und entwickeln dadurch ein Bewußtsein für ihre geistigen Bedürfnisse und versuchen diesen nachzukommen.

Der männliche Standpunkt betont *zukünftige* Leistungen und Produktivität, wogegen der weibliche Standpunkt betont, daß die Bedürfnisse eines Kindes von seinem individuellen Entwicklungsstand abhängen.«

Ich konnte dies nur bekräftigen: »Mir ist klargeworden, daß ein Vater, der seine Tochter für begabt hält, und der gleichzeitig weiß, daß das bestehende System weibliche Begabung nicht fördert, seine Tochter wahrscheinlich beschützen will und sie damit in ihrer Entwicklung behindert.« Dr. Silverman stimmte dieser Aussage zu.

»Als Folge davon«, sagte sie, »vereitelt die männliche Vorstellung von Begabung in Verbindung mit dem Beschützerinstinkt des Vaters die Anerkennung von begabten Mädchen.«[1]

Frühe Anzeichen

Ob ein Kind begabt ist oder nicht, stellt sich meistens bereits im Vorschulalter heraus. Untersuchungen haben gezeigt, daß, entgegen der landläufigen Meinung, nicht alle Eltern ihre Kinder für begabt halten; in Wirklichkeit haben viele Eltern eine ziemlich genaue Vorstellung von der tatsächlichen Begabung ihres Kindes. Es besteht deshalb kein Grund für Sie, zaghaft zu sein. Wenn Sie glauben, daß Ihre Tochter begabt ist, ist sie es höchstwahrscheinlich auch.

Um die Begabung zu erkennen, sollten Sie zunächst eine genaue Vorstellung davon haben, was mit Begabung gemeint ist. Ich folge hier einem Konzept von Joseph Renzulli[2].

Intelligenz, Kreativität und Verantwortungsbewußtsein machen Begabung aus. Dort, wo sich die Kreise überschneiden, sind die begabten Menschen zu finden. Alle drei Eigenschaften müssen gleichermaßen vorhanden sein, eine allein reicht nicht aus. Ich kenne Kinder, die zwar kreativ sind, aber kein Verantwortungsbewußtsein haben; und andere, die hochintelligent sind, denen jedoch die Kreavitität fehlt; und Kinder, die Verantwortungsgefühl besitzen, und entweder nicht kreativ oder nicht hochintelligent sind.

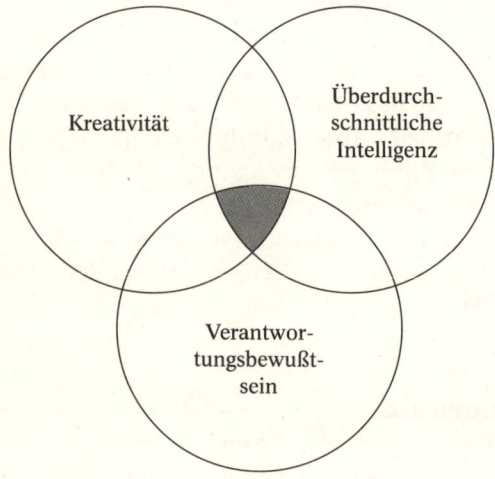

Ich möchte an dieser Stelle über Verantwortungsgefühl sprechen. Ich meine nicht das Verantwortungsgefühl gegenüber einer Aufgabe, die vom Lehrer oder den Eltern vorgegeben ist. Auch wenn Ihre Tochter begabt ist, zeigt sie möglicherweise überhaupt kein Interesse an der Bewältigung einer Aufgabe, die ein anderer vorgegeben hat. Wenn jedoch eine Aufgabe, die sie sich selbst gestellt hat, ihr Interesse weckt, wird sie deren Bewältigung trotz möglicher Hindernisse beharrlich verfolgen.

Begabte Kinder formulieren oftmals von Anfang an vollständige Sätze, anstatt wie andere Kinder einzelne Wörter hervorzubringen. Eine Mutter berichtete, daß die ersten Worte ihrer Tochter waren: »Mama, der Hund will die Katze fressen.« Der Satz war nicht nur vollständig, sondern zeigte zudem eine relativ komplexe Reihe von Interaktionen, die die Tochter ohne Hilfe ableitete.

Begabte Kinder sind früher als andere in der Lage, abstrakt zu denken und logisch zu argumentieren. Sie können mit abstrakten Begriffen wie Zeit, Vergangenheit, Gegenwart und Zukunft vor ihren Altersgenossen umgehen.

Viele begabte Kinder können lesen, bevor sie zur Schule gehen. Ganz besonders erstaunlich ist die Tatsache, daß sich diese Kinder das Lesen selbst beibringen und ihre Eltern damit überraschen.

Diese Kinder sind sensibel für die Bedürfnisse und Gefühle anderer Menschen, und zwar lange vor ihren weniger reifen und deshalb egoistischeren Altersgenossen. Sie erkennen früher als die meisten Kinder, daß sie nicht der Mittelpunkt der Welt sind und daß auch andere Lebewesen Gefühle, Gedanken und Rechte haben. Eine Mutter hat mir dazu die folgende Geschichte erzählt.

»Als meiner fünfjährigen Tochter bewußt wurde, daß Fleisch von geschlachteten Tieren stammt, wurde sie unverzüglich zur strengen Vegetarierin.

Dies wiederum beunruhigte ihren Vater, der der Meinung ist, daß der Mensch ohne Fleisch nicht leben kann. Er täuschte sie also eine Zeitlang, indem er sie glauben machte, daß ein Hamburger nicht wirklich aus Fleisch besteht. Eines Tages fragte sie mich dann: ›Mami, hat Papi mir wirklich die Wahrheit über Hamburger gesagt?‹

Natürlich mußte ich ihr die Wahrheit sagen, da sie ja bereits Verdacht geschöpft hatte«, rechtfertigte sich ihre Mutter.

»Als mein Mann dann am Abend nach Hause kam, stellte sie ihn zur Rede. Er schämte sich und versprach, sie in Zukunft nie mehr hinters Licht zu führen. Sie hielt ihrem Vater einen wohl durchdachten philosophischen Vortrag über die Unmoral des Fleischessens.

Sie nennt ihren Vater nun scherzhaft ›Fleischfresser‹. Sie selbst ißt nach wie vor kein Fleisch.«

Die folgenden stichpunktartigen Richtlinien sollen Ihnen helfen zu erkennen, ob Ihre Tochter begabt ist, noch bevor sie das Schulalter erreicht hat:

1. Sie ist kreativ, intelligent und verantwortungsbewußt.
2. Sie spricht von Anfang an in vollständigen (oder fast vollständigen) Sätzen.
3. Sie ist bereits früh in der Lage, abstrakt zu denken.
4. Sie kann bereits im Kindergartenalter lesen.
5. Sie zeigt eine Sensibilität gegenüber den Bedürfnissen anderer und ist sich der Unverletzlichkeit des Lebens bewußt.

Wenn Sie eine begabte Tochter haben, die bereits zur Schule geht und ihre Fähigkeiten zu verbergen sucht oder kurz davor steht, benötigen Sie Hilfe.

Da begabte Mädchen, deren Begabung bis zur fünften Klasse noch nicht erkannt wurde und die deshalb noch nicht an besonderen Förderprogrammen teilnehmen, gefährdet sind, sollten Lehrer in den Klassen eins bis vier eine Schulung zur Erkennung begabter Kinder, unter besonderer Berücksichtigung begabter Mädchen, mitmachen. Wenn es uns gelingt, die Begabung eines Mädchens zu erkennen, bevor es sich gezwungen sieht, seine Begabung zu verstecken, haben wir vielleicht die Möglichkeit, einen Einfluß auf seine spätere Leistungsfähigkeit zu nehmen.

Zweitens haben Untersuchungen gezeigt, daß Leistungsschwäche bis zu einem gewissen Grad zu umgehen ist, wenn ein Kind sich mit einem starken Rollenmodell identifiziert.

Dies geht aus einer an der University of Southern California abgeschlossenen Untersuchung zum Thema begabte Frauen und Leistung hervor.[3]

In der Untersuchung von Dr. Walker äußerten fast 75% der Frauen, daß sie sich selbst als nicht begabt ansahen, obwohl ihr Intelligenzquotient bei 130 und darüber lag!

Frauen müssen immer noch oft mit der Einstellung der Menschen leben, die der weiblichen Intelligenz an sich skeptisch gegenüberstehen, sowie derer, die zwar glauben, daß Frauen intelligent sein können, es aber für besser halten, wenn Frauen ihre Intelligenz zu »ihrem eigenen Besten« unterdrücken.

Begabung, die ständig unterdrückt wird, wird sich auf irgendeine Art und Weise immer wieder bemerkbar machen. Aus diesem Grund sollten Sie Ihrer Tochter helfen, sich selbst anzunehmen und ihre Begabung zu schätzen, anstatt sie zu verstecken. Wenn sie ihr ganzes Leben oder auch nur einen Teil ihres Lebens damit verbringt, ihre Fähigkeiten zu verbergen, wird sie sowohl auf der geistigen, seelischen und Gefühlsebene wie auch auf der finanziellen und beruflichen Ebene darunter leiden müssen. Sie sind in der Lage, ihr zu helfen, eine harmonische und erfüllte Persönlichkeit zu werden.

Mädchen als Retter in der Not

Die weibliche Erkenntnis und Sensibilität gegenüber den Bedürfnissen anderer ist ein wichtiges Merkmal, das besonderer Betrachtung bedarf.

Die frühe Sensibilität gegenüber den Bedürfnissen anderer in Verbindung mit der Entwicklung des eigenen sozialen Verantwortungsgefühls ist im wahrsten Sinne des Wortes ein doppelseitiges Schwert. Der polnische Psychologe Kasi-

mierz Dabrowski hat die These von der »positiven Zerstö-
rung«[4] aufgestellt. Er setzt bei Menschen, die sich auf einer
höheren Entwicklungsstufe befinden, eine besondere emotionale Sensibilität voraus. In diesem Sinne entwickeln
Mädchen, die über eine emotionale Sensibilität verfügen,
eine »Selbstlosigkeit«.

Andererseits kann ein hohes Maß an emotionaler Sensibilität ein altruistisches Verhalten fördern, das wiederum in der
Selbstaufopferung für andere gipfelt. Unsere Gesellschaft
legt zwar Wert auf Opferbereitschaft, aber belohnt sie nicht.
Sobald nur ein Teil unserer Gesellschaft diese Opferbereitschaft zeigt, wird eine ungerechte und unausgeglichene Situation geschaffen.

Dr. Walkers Untersuchung macht auf ein Haupthindernis
im Berufsleben von begabten Frauen aufmerksam, das sie
mit den weniger begabten Frauen teilen: den Konflikt zwischen Berufsleben und Mutterschaft.

»Zuweilen halten sich begabte Frauen zurück, bevor sie den
entscheidenden Schritt tun; sie glauben nach wie vor, sie
seien nur dazu da, Mann und Kinder zu versorgen, und stellen deshalb ihre Interessen hinten an«, führt Dr. Walker
aus.

Dr. Carol Gilligan, Erziehungswissenschaftlerin an der
Harvard University, analysiert genau diesen Umstand, die
unterschiedliche Entwicklung des männlichen und weiblichen moralischen Verhaltens, in ihrem Buch »Die andere
Stimme«.

In der Vergangenheit haben viele Erziehungswissenschaft-
ler, unter ihnen Jean Piaget, Lawrence Kohlberg und Janet
Lever, Frauen immer wieder herabgesetzt, indem sie ihnen
ein unterentwickeltes moralisches Wertbewußtsein unter-
stellt haben. In Wirklichkeit haben Frauen ganz einfach ein
anderes Bewußtsein und Verständnis von moralischen Wer-
ten.

Dr. Gilligan beschreibt den Unterschied folgendermaßen:

Männer definieren einen moralischen Sachverhalt primär anhand von Rechten, während Frauen ihn primär anhand von Verantwortung definieren. Männer fragen in erster Linie danach, wessen Rechte verletzt oder welches Gesetz übertreten wurde, während sich Frauen die Frage nach der Verantwortlichkeit stellen und wissen wollen, wie die betroffenen Menschen davon berührt werden. Der Mann neigt dazu, sich von der Auslegung der Gesetze beeinflussen zu lassen, während die Frau eher bereit ist, die persönlichen Umstände und die Notwendigkeit, Ausnahmen zu machen, in Betracht zu ziehen. Keiner von beiden ist deswegen weniger moralisch; man kann allerdings sagen, daß sie die Dinge aus einem anderen Blickwinkel sehen.

Dr. Gilligan sagt dazu: »Die Annahme ... daß das männliche Modell das bessere ist, wird allgemein akzeptiert, da es mit den Anforderungen an den beruflichen Erfolg übereinstimmt. Im Gegensatz dazu haben die Sensibilität und die Sorge um die Gefühle der anderen nur geringen Marktwert und können beruflichen Erfolg sogar verhindern.«[5]

Dies wiederum hat negative Auswirkungen auf Mädchen. Wir müssen sie deshalb lehren, ihre Neigung, die Bedürfnisse anderer zu befriedigen, mit ihrem eigenen Leistungspotential in Einklang zu bringen. Wir müssen sie lehren, daß man anderen auch auf unterschiedliche Art und Weise helfen kann als durch die traditionellen Berufe der Lehrerin und Krankenschwester. Es gibt Alternativen.

Alternativen schaffen

Denken Sie daran, daß es für Ihre Tochter einfacher ist, ihre Fähigkeiten auf traditionelle Art und Weise zu zeigen, insbesondere, wenn ihr weibliches Selbstbild damit verbunden ist. Es ist deshalb sehr wichtig, daß Sie einem Mädchen, das seine Fähigkeiten versteckt oder sie auf traditionelle Art und Weise zum Ausdruck bringt, Verständnis entgegenbringen und auch weiterhin versuchen, seine Risikobereitschaft zu fördern.

Säen Sie progressive Ideen aus, und ermutigen Sie sie in ihren Bestrebungen, indem Sie ihr Alternativen zu den begrenzten Zukunftsmöglichkeiten aufzeigen, die sie als traditionsgebundene Frau erwarten.

Teil 2
Die richtige Botschaft

Kapitel 5
Selbstverständnis und die Bedeutung des Vaters

Da sich in der Vergangenheit in erster Linie die Mütter um die Erziehung der Kinder gekümmert haben, glauben manche Menschen, daß es auch heute noch so sein sollte. Also wenden sich Erziehungsratgeber primär an Mütter, und die Väter müssen sehen, wo sie bleiben.

Obwohl viele Väter heute aktiv an der Erziehung ihrer Kinder beteiligt sind, existierte der Mythos weiter, daß ein Vater nicht in der Lage ist, seinen weiblichen Nachwuchs zu verstehen. Eine meiner Interviewpartnerinnen sagte dazu: »Ich kann mich erinnern, daß mein Vater immer gesagt hat, daß er nichts lieber wollte als Mädchen. Aber er war auch davon überzeugt, daß er uns nicht verstehen könne, und überließ es deshalb unserer Mutter, mit uns zu reden. Er tat so, als würden ihn seine Töchter verwirren.«

Seien Sie nicht mehr verwirrt! Untersuchungen zu väterlichen Erziehungsstilen werfen Licht auf Vater-Tochter-Beziehungen und zeigen, daß sich sogar ein bewußter Vater unabsichtlich der sexistischen Erziehung schuldig machen kann.

Um Ihrer Aufgabe als Vater gerecht zu werden, müssen Sie sich darüber im klaren sein, wie sich das Selbstverständnis eines Kindes bildet und wie Sie diesen wichtigen Prozeß fördern oder unterminieren.

Das Selbstverständnis eines Menschen ist einem ständigen Wandel unterworfen; es hängt von den Umständen ab, in denen ein Mensch sich befindet, von der Arbeit, die der

Mensch verrichtet, und vom gegenwärtigen Ausmaß seiner Leistung und Belohnung. Gleichzeitig jedoch kann man sagen, daß die ersten Eindrücke eines Menschen von sich selbst bereits zu einem außerordentlich frühen Zeitpunkt im Leben erworben werden und zu dem Selbstbild beitragen, das dann im Laufe der Zeit und mit zunehmenden Informationen selbständig modifiziert wird.

Frauen beginnen mit einem guten Selbstverständnis, das sich mit dem Eintritt in die Pubertät verschlechtert. Viele erwachsene Frauen erholen sich davon nie vollständig und leben ihr Leben in ständigem Zögern und Selbstzweifel. Ihr Ziel muß es deshalb sein, Ihrer Tochter dabei zu helfen, ihr erstes Selbstbild in leuchtenden, starken und selbstvertrauenden Farben mit kräftigen Charakterstrichen zu malen, das den Verwüstungen der Zeit und des Wandels widerstehen kann, damit ihr Selbstverständnis, den mit dem Erfolg verbundenen Prüfungen und dem Leid standhalten kann. Es ist zu schaffen.

Geschlechtsidentifikation

Ein Aspekt in der Herausbildung des Selbstverständnisses, auf den ich besonders eingehen möchte, ist die Geschlechtsidentifikation. Damit wird der Entwicklungsprozeß bezeichnet, in dem junge Menschen lernen, welche Arten von Verhalten für ihr Geschlecht angemessen sind.

Bereits im Alter von drei Jahren wissen Kinder, ob sie Jungen oder Mädchen sind, und legen ein Verhalten an den Tag, das dem von der Gesellschaft sanktionierten Verhalten ansatzweise entspricht. Unsere kleinen schwangeren Ärzte in Kapitel 1 haben uns deutlich vor Augen geführt, daß das Dasein als erfolgreicher Arzt die Erwartungen, die von der Gesellschaft an Frauen gestellt werden, nicht ausreichend erfüllt. Sie haben sich bereits stark mit ihrem eigenen Geschlecht identifiziert. Mit Hilfe der Schwangerschaft gelang es den Mädchen, die voneinander abweichenden Rollenerwartungen zu verschmelzen, die Erwartungen der Gesellschaft zu erfüllen und sich ihr eigenes psychisches Wohlbefinden zu erhalten.

Wenn die Mädchen lernen, welches Verhalten ihrem Geschlecht angemessen ist (das heißt, wenn sie sich mit ihrem eigenen Geschlecht identifizieren), erhalten sie viele weitere Botschaften bezüglich ihrer Weiblichkeit. Blättern Sie zur Liste der Adjektive in Kapitel 2 zurück, in der Väter die Eigenschaften angegeben haben, die ihrer Meinung nach ausgesprochen weiblich sind. Machen Sie sich immer wieder klar, daß Weiblichkeit nicht nur ein Rollenverhalten definiert, sondern auch zu einem großen Teil mit der äußeren Erscheinung zu tun hat, worauf ich an anderer Stelle in diesem Kapiel eingehen werde, wenn ich erläutere, wie sich das Selbstverständnis Ihrer Tochter bildet.

Ein Tag im Leben

Das folgende kleine Szenario beschreibt einen Tag im Leben eines durchschnittlichen kleinen Mädchens und zeigt, auf welche verschiedenen Weisen es lernt, sich mit seinem Geschlecht zu identifizieren und wie viele geschlechtsspezifische Botschaften es tagtäglich in sein Bewußtsein aufnimmt. Ich habe mir große Mühe gegeben, ein möglichst genaues Bild einer Familie zu zeichnen unter Berücksichtigung der Tatsache, daß die Eltern sowohl einander als auch ihre Tochter lieben. Das kleine Mädchen fühlt sich sicher und ist zufrieden. Meine Informationen beruhen auf Aussagen sowohl weiblicher wie auch männlicher Teilnehmer meiner Workshops.

Unsere kleine Geschichte beginnt an einem strahlenden Montag morgen; die süße vierjährige Shelley liegt friedlich schlafend im Bett. Sie hat rotes Haar und Sommersprossen und ein aufgeschürftes Knie.

Ihr Tag beginnt damit, daß ihre Mutti sie mit einem Kuß und lieben Worten aufweckt. Mutti trägt Shelley in die Küche, wo sie gerade das Frühstück zubereitet und sich für die Arbeit fertigmacht. Während ihre Mutter das Frühstück und ihr Mittagessen vorbereitet, schaut Shelley auf die Cornflakeschachtel, die vor ihr auf dem Tisch steht. Sie sieht darauf eine typische amerikanische Familie. Vater sitzt mit seinen Kindern am Frühstückstisch, und die Mutter bedient mit umgebundener Schürze ihre Lieben.

Shelley sieht morgens nicht viel von ihrem Vater. Er hat nur Zeit für ein kurzes »Liebe dich, mein Kleines«, bevor er das Haus verläßt. Als sie das Frühstück beendet haben, bringt die Mutter Shelley zur Tagesmutter, einer mütterlichen Frau, die von allen Tante Jenny genannt wird. Die Grants vertrauen ihr. Und auch Shelley liebt sie sehr. Die Grants sind glücklich, daß sie sie gefunden haben, vor allem nach all den Horrorgeschichten, die sie von ihren Freunden gehört haben.

Shelley verbringt ihren Tag zusammen mit drei anderen Kindern, zwei Jungen und einem Mädchen. Sie spielen die üblichen Kinderspiele, sie sind manchmal scheinbar grausam zueinander und tauschen in der nächsten Minute wieder Geheimnisse aus. Heute fordert einer der Jungen die Mädchen heraus; er sagt: »Jeder weiß doch, daß Mädchen nicht schnell rennen können.«

Um die Mittagszeit kommt Mr. Healey, Tante Jennys Mann, nach Hause. Er begrüßt die Kinder und setzt sich dann an den Tisch und wird von seiner Frau bedient. Sie setzt sich erst zu ihm, als er versorgt ist. Sie versuchen sich trotz des Kindergeschreis zu unterhalten. Glücklicherweise ist Mr. Healey ein gutmütiger Mann, und das Toben der Kinder scheint ihn nicht weiter zu stören.

Nach der Arbeit holt Shelleys Mutter Shelley ab. Auf dem Weg nach Hause halten die beiden noch beim Postamt an, denn Shelleys Mutter hat dort einiges zu erledigen. An der Wand des Postamtes hängt ein Poster, auf dem vier Personen zu sehen sind – drei Männer und eine Frau. Jeder der vier trägt einen anderen Gesichtsausdruck, mit dem er oder sie seine oder ihre Einstellung zur Post ausdrückt. In der Sprechblase über dem ersten Mann steht »Ideen?«; er runzelt die Stirn, und über ihm leuchtet ein kleines Lämpchen auf. Der zweite Mann sagt: »Beschwerden?«; er steht mit erhobener Faust da und blickt finster drein. Der dritte Mann fragt: »Fragen?«; er schaut ziemlich verwirrt drein und stützt sein Kinn mit seinem Zeigefinger. Die Frau aber lächelt den Betrachtenden an und sagt: »Komplimente?« Die Mutter der kleinen Shelley hat jetzt alles erledigt, und die beiden machen sich auf den Heimweg.

Kurz nachdem sie zu Hause angekommen sind, kommt auch Vati. Shelley freut sich riesig darüber, ihn zu sehen. Er küßt sie, nimmt sie auf den Schoß und betrachtet ihre Bilder, die sie im Laufe des Tages bei Mrs. Healey gemalt hat. Die Mutter bereitet währenddessen das Abendessen zu und belädt die Waschmaschine.

Beim gemeinsamen Abendessen unterhalten sie sich in angenehmer Atmosphäre und sind glücklich, zusammen zu sein. Mutti und Vati scheinen einander sehr zu mögen. Sie lächeln einander zu und lachen über die Witze des anderen. Shelley fühlt sich sehr wohl. Vati umarmt Mutti. Er räumt den Tisch ab, und Mutti spült das Geschirr kurz ab, bevor sie es dann in die Spülmaschine stellt.

Das Fernsehprogramm ist an diesem Abend langweilig. Während sie alle drei fernsehen, steht Mutti dreimal auf, um die Waschmaschine neu zu beladen und die trockene Wäsche aus dem Trockner zu nehmen. Sie legt die Wäsche zusammen, während sie fernsieht. Sie freuen sich alle darüber, den Abend miteinander zu verbringen, und unterhalten sich, während sie ab und zu einen Blick auf den Fernseher werfen.

Shelley sieht an diesem Abend drei Reklamespots. Der erste handelt von Zähnen. Das kleine Mädchen in der Werbung kommt gerade vom Zahnarzt, der festgestellt hat, daß sie mehrere Löcher hat. Ihre Mutter teilt ihr mit, daß sie ihrem Vater davon erzählen müsse. Sie sitzt in ihrem Bett und hört, wie die Wohnungstür auf- und zugeht, und sie weiß, daß Vati nach Hause gekommen ist. Sie spricht mit ihrem treuen Hund: »Oh, Wally, Vati ist da«, und wartet darauf, daß ihr Vater nach oben kommt, um mit ihr über ihren Zahnarztbesuch zu sprechen.

In der nächsten Werbung wird gezeigt, wie Eltern mehr über Computer erfahren – von ihren Söhnen! Shelley mag diesen Spot. Mitten in der Nacht stehlen sich die Eltern in das Zimmer ihres Sohnes, um seinen Apple 2C auszuprobieren. Der Sohn wacht auf und sieht seinen Vater am Computer. Der Vater scheint verlegen zu sein.

Die dritte Werbung handelt von einem Mittel gegen Magensäure. Shelley weiß nicht genau, was das ist. Drei Leute spielen in der Werbesendung mit – zwei Männer und eine Frau. Der erste Mann ist ein Trainer und scheint ziemlich wütend zu sein. Er sagt: »Du wirst ausgetauscht. Deine Leistung kommt nicht an die von Tempo heran.« Der nächste Mann ist ein Chef. Auch er ist zornig. Er schreit: »Du bist gefeuert. Du bist längst nicht so gut wie Tempo.« Dann kommt die Frau zu Wort. Sie scheint weniger ärgerlich zu sein als die Männer. Sie spricht leise und mit angenehmer Stimme. Fast entschuldigend sagt sie: »Ich habe einen Neuen gefunden.« Sie erscheint am Ende noch einmal auf dem Bildschirm. Sie liegt bereits im Bett, und bevor sie das Licht ausmacht, haucht sie mit süßer Stimme: »Ich bin so glücklich, daß ich dich gefunden habe, Tempo.«

Für Shelley ist es Zeit, schlafen zu gehen. Sie gibt Vati einen Gutenachtkuß, und Mami bringt sie nach oben und wickelt sie gut ein. Shelley fällt bald in einen süßen Schlaf; sie fühlt sich sicher eingehüllt in Liebe und Beständigkeit.

Sich mit der eigenen Rolle zu identifizieren, bedeutet zu lernen, welches Verhalten dem eigenen Geschlecht angemessen ist. Dieser Prozeß findet in jedem Zuhause statt, sei es sicher und liebevoll oder unsicher und feindlich. Lassen Sie uns hier die Vielzahl der Mittel unter die Lupe nehmen, anhand derer Shelley lernt, sich zu identifizieren. Wir wollen zu diesem Zweck noch einen Blick auf die verschiedenen versteckten Botschaften werfen, die ihr im Laufe des Tages übermittelt wurden.

Wir werden zuerst ermitteln, was sie über Frauen gelernt hat:

1. Frauen sind diejenigen, die sich in erster Linie um Kinder kümmern.

   Mutti weckt sie morgens auf. Mutti bringt sie zum Babysitter. Mutti holt sie vom Babysitter ab. Mutti bringt sie zu Bett. Der Babysitter ist ebenfalls eine Frau.

2. Frauen sind in erster Linie für die Hausarbeit verantwortlich.

   Mutti macht Frühstück und Mittagessen, bevor sie zur Arbeit geht. Mutti macht Abendessen. Mutti wäscht die Wäsche und legt sie zusammen, während sie sich am Abend mit ihrem Mann »ausruht«. Mutti spült das Geschirr ab und füllt die Geschirrspülmaschine.

3. Frauen sind lieb zu anderen und bedienen sie.

   Auf der Cornflakeschachtel wird eine Mutter gezeigt, die ihren Mann und ihre Kinder bedient. Auf dem Plakat im Postamt wird nur die Frau in einer gefälligen Rolle gezeigt. Die Babysitterin serviert ihrem Mann das Mittagessen und setzt sich erst hin, als er versorgt ist. (Er kann eine Pause machen, sie jedoch nicht, obwohl auch sie arbeitet.)

4. Frauen sind Männern unterlegen.

   Väter lernen von ihren Söhnen, wie man mit dem Computer umgeht (eine zweifache Benachteiligung, da beide Teilnehmer männlich sind). »Jeder weiß, daß Mädchen nicht schnell rennen können«, sagt ihr Spielkamerad. Auf dem Plakat im Postamt haben Männer die Ideen, und

Frauen erwarten die Komplimente. In der Werbesendung für das Mittel gegen Magensäure werden Männer als die Beurteiler einer Leistung dargestellt, und die Frau als Mensch, der nur um seine Beziehungen besorgt ist.

Wir wollen unsere Aufmerksamkeit nun der tückischen Botschaft zuwenden, die Shelley in Bezug auf Männer, und demzufolge auch bezüglich ihres Vaters erhalten hat.

1. Männer machen ihrem Ärger Luft und sind die Bestrafenden.

   Ein Mann auf dem Plakat (er erhebt seine Faust) und zwei Männer im Fernsehen (der Trainer und der Chef) machen ihrem Ärger Luft. In der Werbesendung über Zähne fürchtet sich das kleine Mädchen vor dem Moment, wenn ihr Vater von ihren Zahnlöchern erfährt. Keine einzige Frau verleiht ihrem Ärger Ausdruck.

   Durch eine im Jahre 1984 durchgeführte Untersuchung wurde bewiesen, daß bereits Kinder im Kindergartenalter (das heißt zwischen zwei und sechs) sich in ihren Gefühlsäußerungen geschlechtsspezifisch verhalten. Bereits für die Kleinen ist Zorn eine männliche Eigenschaft, wogegen Angst, Trauer und Glück typisch weibliche Eigenschaften sind.[1] Wenn ich Vater wäre, würde mich diese Untersuchung sehr beunruhigen. Ich würde nicht wollen, daß ich als derjenige erlebt werde, der zornig ist, der sich gehenläßt.

2. Männer haben keine häuslichen Pflichten.

   Vati hat den Tisch abgeräumt, und damit hat es sich.

3. Männer haben erst in zweiter Linie die Verantwortung für die Erziehung der Kinder.

4. Männer begreifen die Technik, wie zum Beispiel Computer.

Bevor Sie mir Voreingenommenheit vorwerfen können, möchte ich anfügen, daß *alle* hier angeführten Beispiele entweder von Vätern selbst stammen oder von mir beobachtet wurden, oder, im Fall der Fernsehwerbesendungen, wörtlich wiedergegeben sind. Worum es hier geht, ist das Ausmaß einer Sache und nicht deren Wahrscheinlichkeit.

Ich bin mir darüber im klaren, daß Kinder sehr wohl auch Männer bei der Hausarbeit etc. beobachten; *trotzdem* ist es sehr viel wahrscheinlicher, daß sie eine Botschaft erhalten, die den oben geschilderten ähnlich ist. Es ist möglich, daß Ihre Tochter zu Hause mit sehr viel weniger traditionellem Rollenverhalten in Berührung kommt als im oben angeführten Beispiel; es kann aber auch sein, daß sie traditionelles Rollenverhalten in größerem Ausmaß erfährt.

Ich habe diese Beispiele hier angeführt, um Ihnen zu zeigen, auf welche subtile Art Kinder in ihrer Geschlechtsidentifikation beeinflußt werden. Wären diese Ereignisse isoliert oder selten und wäre ihre Botschaft weniger überzeugend, hätten sie einen viel geringeren Einfluß. Bedauerlicherweise ist genau dies nicht der Fall. Sie und Ihre Kinder werden mit diesen Botschaften geradezu bombardiert, und zwar tagtäglich. Es ist ganz einfach, sich an diese Art der Darstellung zu gewöhnen, so daß uns nur noch die ganz dreisten Beispiele der sexistischen Darstellung, wenn beispielsweise ein nackter Frauenkörper benutzt wird, um Produkte besser zu verkaufen, ins Auge springen. Versuchen Sie, auch die subtileren Beispiele wahrzunehmen und Ihre Tochter darauf aufmerksam zu machen.

Natürlich ist ein einmaliges Ereignis nicht in der Lage, das Rollenverhalten der Kinder gänzlich zu prägen. Es ist vielmehr die kumulierte Wirkung, der subtile und zugleich immerwährende Anstoß über Jahre hinweg in eine Richtung, die dieses Ziel der Geschlechtsidentifikation anstreben: Kinder zu lehren, sich entsprechend der Normen der Gesellschaft zu verhalten und den Status quo zu erhalten. Denken Sie in Zukunft an die folgende Metapher: Wenn Sie die Zahnstellung Ihres Kindes berichtigen wollten, würden Sie nie auf die Idee kommen, die Zähne mit dem Hammer in die richtige Position zu bringen; Sie würden Ihrem Kind vielmehr eine Zahnspange anpassen lassen, um so durch den ständigen Druck die Zahnstellung zu korrigieren. Mit dem Druck der Gesellschaft auf jedes einzelne Mitglied verhält es sich ähnlich.

Bis zu einem gewissen Grad werden Ihre Tochter (oder Ihr Sohn) mehr oder weniger regelmäßig den »Geschlechtsdruck« zu spüren bekommen. Es ist unmöglich, ihn abzuwenden. Ob Ihre Kinder diesem Druck nachgeben, hängt jedoch von Ihnen und dem Ausmaß Ihrer Verstärkung dieses Drucks ab.

Ich möchte an dieser Stelle weitere gebräuchliche Gewohnheiten, wie sie in jedem Haushalt vorkommen können, aufzählen und Sie dazu auffordern, darüber nachzudenken. Seien Sie auch diesmal auf der Hut vor den versteckten Botschaften, denen die Kinder dabei ausgesetzt sind.

1. Das traditionelle Festtagsessen, das von den Frauen zubereitet und von den Männern gegessen wird. In vielen Fällen ziehen sich die Männer nach der Mahlzeit zurück. Die Frauen räumen ab und kümmern sich um das Geschirr.

2. Elternabende in der Schule werden in der Hauptsache von Müttern besucht. Während meiner Unterrichtsjahre (1974 bis 1985) führten alle Lehrer auf Wunsch des Schulleiters Buch darüber, wie viele Väter und wie viele Mütter an den Elternabenden teilnahmen. Das Verhältnis war neun zu eins für die Mütter. Diejenigen Väter, die teilnahmen, kamen immer zusammen mit ihren Frauen.

3. Mehrere Untersuchungen haben gezeigt, daß Männer Frauen häufig unterbrechen. Ich möchte hier allerdings anfügen, daß Frauen sich unterbrechen *lassen*.

4. Wenn die ganze Familie mit dem Auto fährt, sitzt normalerweise der Vater am Steuer. (Ich werde darauf später noch zurückkommen, wenn es um Entscheidungen und Führungsverhalten geht.)

5. In vielen Haushalten sind die Aufgaben der einzelnen Familienmitglieder nach ihrem Geschlecht festgelegt. Mut-

ter ist in der Regel für die Hausarbeit wie z. B. Kochen und Putzen zuständig, während Vater sich um das Auto, um Reparaturen im Haushalt und um schwere Gartenarbeit kümmert. (Ich weiß, daß diese Aufgaben oftmals deshalb so verteilt sind, weil die Ehepartner die jeweilige Aufgabe am besten ausführen können, d. h. Mutter kann kochen, Vater jedoch nicht, und Vater kann einen Ölwechsel vornehmen, und Mutter nicht. Es könnte jedoch nichts schaden, wenn die Ehepartner die jeweils anderen Fertigkeiten erlernen würden.)

Die Entwicklung des Selbstverständnisses

Der Prozeß, durch den das weibliche Geschlecht sich identifiziert und gleichzeitig lernt, sich furchtsam und leistungsschwach zu verhalten, beinhaltet eine Reihe von komplexen und voneinander unabhängigen Kräften. Die meisten Experten sind sich darin einig, daß das Selbstverständnis eines Menschen durch mindestens vier nachweisbare Kräfte geformt wird:[2]

1. Jeder Mensch bestimmt seinen eigenen Wert, indem er sich mit anderen vergleicht.
2. Jeder Mensch lernt, sich so zu sehen, wie *andere* ihn sehen.
3. Jeder Mensch gibt seinen persönlichen Eigenschaften den Vorrang, und damit werden für die Selbstachtung bestimmte Eigenschaften wichtiger als andere.
4. Jeder Mensch beschreibt sich selbst, indem er sein Verhalten, dessen Konsequenzen und Ergebnisse beobachtet.

Wenn Sie verstehen lernen, wie diese Kräfte das Selbstverständnis Ihrer Tochter beeinflussen, werden Sie erkennen, daß die Verhaltensweisen des Vaters verändert werden müssen, die zu einem geringen Selbstwertgefühl bei Mädchen beitragen.

Sich selbst mit anderen vergleichen

Unter »anderen« kann man sowohl einen einzelnen Menschen als auch eine Gruppe verstehen. Der Einfachheit halber spreche ich hier von »Bezugsgruppen«. Eine der Hauptbezugsgruppen, mit denen sich Mädchen vergleichen, sind Jungen. Laut einer Studie, auf die ich eingehen werde, ist die zugrundeliegende Einstellung, die sich wiederum auf die Einstellung beider Geschlechter auswirkt, folgende: Es ist besser ein Mann zu sein als eine Frau.

Dr. Alice Baumgartner Papageorgiou befragte 1982 per Fragebogen ungefähr 2000 Jungen und Mädchen aus den Klassen drei bis zwölf, und zwar sowohl in ländlichen Gebieten wie in Großstädten. Die Jungen und Mädchen wurden als letztes gebeten, die folgende Frage zu beantworten: Wenn du morgens als (Junge), (Mädchen) aufwachen würdest, was würde sich für dich verändern?[3] Die Ergebnisse waren erschreckend. Die Mehrheit der Schüler gab an, daß sich ihr Leben ganz drastisch ändern würde, wenn sie dem anderen Geschlecht angehörten. Diese Aussagen bestätigen, daß die geschlechtsspezifische Sozialisation typisch ist und weiterhin ihren unerbittlichen und unnachgiebigen Einfluß auf die Wahrnehmung unserer Kinder bezüglich ihrer Möglichkeiten und Fähigkeiten geltend macht.

Wenn Du morgen aufwachen und feststellen würdest, Du wärst ein Junge, wie würde sich Dein Leben dann verändern?

»Ich könnte vieles besser als ich es jetzt kann.« (Mädchen der dritten Klasse).

»Wenn ich ein Junge wäre, würden mich die anderen besser behandeln.« (Mädchen der vierten Klasse)

»Meine Großeltern wären ganz besonders lieb zu mir.« (Mädchen der vierten Klasse)

»Wenn ich ein Junge wäre, wäre wahrscheinlich mein ganzes Leben einfacher.« (Mädchen der sechsten Klasse)

»Ich glaube, ich würde meine Meinung freier äußern und hätte mehr Selbstvertrauen; ich weiß jedoch nicht genau warum.« (Mädchen der zehnten Klasse)

»Es wäre mir egal, wie ich aussehe.« (Mädchen der sechsten Klasse)

»Ich müßte nicht mehr lieb und nett sein.« (Mädchen der vierten Klasse)

»Ich würde alle Mädchen schlechtmachen.« (Mädchen der sechsten Klasse)

»Es ist ganz offensichtlich, daß Männer mehr machen können als Frauen.« (Mädchen der vierten Klasse)

»Das Leben zu Hause wäre viel einfacher. Ich bin mir dessen ganz sicher, weil ich einen Bruder habe.« (Mädchen der vierten Klasse)

»Ich hätte mehr Stellenangebote.« (Mädchen der achten Klasse)

»Ich möchte gern Krankenschwester werden, aber wenn ich ein Junge wäre, würde ich wahrscheinlich Architekt werden.« (Mädchen der vierten Klasse)

»Ich könnte Präsident werden.« (Mädchen der zehnten Klasse)

»Ich würde später Mathematiker oder Wissenschaftler werden.« (Mädchen der zehnten Klasse)

»Wenn ich ein Junge wäre, würde ich ab sofort nicht mehr Schreibmaschinenschreiben lernen, sondern ernsthafte Fächer belegen, denn mein Vater würde mich dann studieren lassen, und jetzt darf ich nicht studieren.« (Mädchen in der elften Klasse)

»Ich müßte nicht mehr Babysitten.« (Mädchen der sechsten Klasse)

»Ich müßte mich nicht mehr mit kleinen Kindern abgeben.« (Mädchen der sechsten Klasse)

»Mein Ziel als Mädchen ist es, nichts zu sein.« (Mädchen der vierten Klasse)

Die folgenden Antworten enthielten keine Altersangabe:

»Ich könnte mehr machen. Ich wäre unabhängiger.«

»Ich könnte Baseballspielen und auf die Jagd gehen, ohne deswegen aufgezogen zu werden.«

»Ich könnte am Werkunterricht teilnehmen, ohne mich fehl am Platz zu fühlen.«

»Ich könnte Gewichte heben, ohne mich lächerlich zu machen.«

»Ich könnte Fußballspielen, ohne ausgelacht zu werden.«

»Ich könnte abends länger wegbleiben.«

»Es gäbe weniger Gebote und Verbote.«

Wenn Sie immer noch nicht glauben wollen, welch wichtige Rolle Sie im Leben Ihrer Tochter spielen, werden vielleicht die nächsten Antworten Sie überzeugen.

»Wenn ich ein Junge wäre, könnte ich mit meinem Vater Jagen und Fischen gehen.« (Mädchen der sechsten Klasse)

»Mein Vater würde mich mehr achten, weil ich ja ein Junge wäre.« (Mädchen der vierten Klasse)

»Wenn ich ein Junge wäre, würde mein Vater mir beibringen, wie man Holz bearbeitet.« (Mädchen der sechsten Klasse)

»Wenn ich ein Junge wäre, hätten mein Vater und ich eine engere Beziehung, weil ich der Sohn wäre, den er sich immer gewünscht hat.« (Mädchen der sechsten Klasse)

»Wenn ich ein Junge wäre, würde mein Vater mich lieben.« (Mädchen der dritten Klasse)

Diese Antworten zeigen ganz deutlich, daß Mädchen, wenn sie sich mit Jungen vergleichen, davon überzeugt sind, daß es besser ist, ein Mann zu sein.

Ich möchte, bevor ich zu den Antworten der Jungen komme, Dr. Papageorgiou zitieren: Das erschreckendste Thema, das in allen Antworten immer wieder auftauchte, war die stillschweigende Folgerung, daß Männer von Geburt an mehr Wert haben als Frauen.

Obwohl gelegentlich Mädchen zum Ausdruck brachten, daß sie kein Junge sein wollten, oder daß sie als Mädchen »mehr Spaß« hätten, wurden bei weitem die meisten Antworten, die das andere Geschlecht verunglimpften, von Jungen geschrieben. Jungen in der Grundschule überschrieben ihre Antworten oft mit Titeln wie »Eine Katastrophe« oder »Ein Alptraum«.[4]

Wenn Du morgen aufwachen und feststellen würdest, Du wärst ein Mädchen, wie würde Dein Leben sich dann verändern?

Wenn Sie im folgenden die Antworten der Jungen lesen, sollten Sie immer den Aspekt der Selbsteinschätzung berücksichtigen, daß sich jeder Mensch so sieht, wie andere ihn sehen. Wenn Sie die Antworten der Jungen lesen und die damit verbundene Einschätzung von Frauen, werden Sie ganz klar erkennen, warum es außerordentlich wichtig ist, daß Sie Ihre männliche Wertschätzung kundtun.

»Wenn ich ein Mädchen wäre, müßte ich dumm und schwach sein.« (Junge der sechsten Klasse)

»Ich würde mich weigern, als Sekretärin zu arbeiten oder eine andere blöde Arbeit zu verrichten.« (Junge der elften Klasse)

»Wenn ich ein Mädchen wäre, würde ich mich erschießen.« (Ohne Altersangabe)

»Wenn ich aufwachen und feststellen würde, ich wäre ein Mädchen, würde ich sofort wieder die Augen zumachen und hoffen, daß alles nur ein böser Traum war.« (Junge der sechsten Klasse)

»Wenn ich ein Mädchen wäre, würde ich ein Junge sein wollen.« (Junge der vierten Klasse)

»Mädchen können nichts tun, was Spaß macht. Sie wissen nur, wie man mit Puppen spielt.« (Junge der vierten Klasse)

»Ich müßte dann meine Berufspläne ändern. Ich würde wahrscheinlich Hausfrau werden.« (Ohne Altersangabe)

»Ich würde mir sofort nach der Schule einen Mann suchen.« (Ohne Altersangabe)

»Ich könnte nicht Automechaniker werden.« (Junge der achten Klasse)

»Ich müßte gut riechen.« (Junge der achten Klasse)

»Als Mädchen würde ich viel Make-up benutzen und versuchen, gut und schön auszusehen, weil ich wüßte, daß die wenigsten Menschen an mir als Mensch interessiert wären, sondern daß die meisten in mir nur ein Sexobjekt sehen.« (Junge der zwölften Klasse)

»Ich müßte mich aus Sicherheitsgründen immer in der Nähe von anderen Mädchen aufhalten.« (Junge der elften Klasse)

»Ich würde zum Schutz immer eine Pistole mit mir herumtragen.« (Junge der vierten Klasse)

»Anstatt mit meinen Freunden zu ringen, müßte ich still dasitzen und mit den anderen tratschen.«(Ohne Altersangabe)

»Ich wäre weniger vorlaut und höflicher. Ich würde wahrscheinlich schüchtern werden und von den anderen als zerbrechliche Glaspuppe angesehen werden.« (Ohne Altersangabe)

»Ich könnte nicht mehr so häufig weggehen.« (Ohne Altersangabe)

»Ich müßte früher zu Hause sein.« (Ohne Altersangabe)

»Ich könnte kein Taschenmesser bei mir tragen.« (Ohne Altersangabe)

»Wenn ich eine Sportlerin wäre, würden weniger Menschen meinen Wettkämpfen zusehen.« (Junge der zwölften Klasse)

»Als Mädchen kann man beim Sport nur zuschauen, anstatt mitzumachen.« (Junge der vierten Klasse)

»Das Leben wäre schrecklich.« (Ohne Altersangabe)

»Ich müßte hübsch, nett und niedlich sein.« (Ohne Altersangabe)

»Ich müßte warten, bis mich jemand anspricht.« (Junge der zehnten Klasse)

Dies sind die Einstellungen heranwachsender Männer gegenüber Frauen. Es ist schwierig, genau abzuschätzen, wie schädlich diese vorwiegend arrogante Einstellung junger Männer ist, die sich durch die bloße Tatsache, daß sie Männer sind, überlegen fühlen.

Wenn Sie dieser Einstellung nichts entgegensetzen, wenn Sie Ihre Anerkennung und Bewunderung für Frauen nicht zum Ausdruck bringen, wird Ihre Tochter ihre Minderwertigkeit höchstwahrscheinlich anstandslos akzeptieren. Ich möchte hier allerdings noch einmal betonen, wie wichtig es ist, wie Sie weibliche Leistung loben. Sie sollten beispielsweise vermeiden, darauf hinzuweisen, daß weibliche Leistung atypisch ist, denn damit verstärken Sie nur deren Einzigartigkeit und vermitteln Ihrer Tochter das Gefühl, anders zu sein. Wenn Sie das Pubertätsalter erreicht, und »anders sein« im gleichen Atemzug mit »komisch sein« benutzt, könnte für Sie der Schuß nach hinten losgehen.

Bestärken Sie Ihre Tochter mit gezielt gewählten Worten:

1. Vermeiden Sie geschlechtsspezifische Aussagen, wenn Sie über Frauen in ungewohnten Berufen sprechen. Gebrauchen Sie einfach nur ihren Namen. Sagen Sie also beispielsweise: »Amalia Earhart war ein mutiger Flugpionier«, anstatt: »Amalia Earhart war eine großartige Pilotin.«

2. Vermeiden Sie geschlechtsspezifische Aussagen, wenn Sie über Individuen und deren Leistungen sprechen. Sagen sie nicht: »Eleanor Roosevelt war eine bewunderungswürdige Frau«, oder »Albert Schweitzer war ein großer Mann«, sondern »Eleanor Roosevelt und Albert Schweitzer waren außergewöhnliche Menschen, die uns allen als Vorbild dienen sollten.«

3. Wenn Sie über Gebiete sprechen, die in der Regel Männern vorbehalten sind, wie zum Beispiel Mathematik und Wissenschaft, sollten Sie auf jeden Fall die Namen berühmter Frauen in Ihre Diskussion über die Errungenschaften auf diesen Gebieten einfließen lassen. Sagen Sie beispielsweise: »Im Jahre 1948 hat Maria Mayer für ihre Entdeckung der Struktur des Atomkerns den Nobelpreis für Physik erhalten.«

4. Wenn Ihre Tochter darauf hinweist, daß Männer Frauen überlegen sind, wie beispielweise im Laufen, sollten Sie ihr nicht widersprechen (denn sie hat ja recht), aber nicht versäumen, sie gleichzeitig darauf hinzuweisen, daß Frauen beispielsweise mehr Ausdauer haben. Sie sollten mit ihr darüber sprechen, daß es manchmal auf Schnelligkeit ankommt und manchmal auf Ausdauer; Ihre Tochter wird dann nicht zu dem Schluß gelangen, daß Männer notwendigerweise besser sind als Frauen. Weisen Sie auch immer wieder darauf hin, daß Körpergröße nichts mit geistiger Größe zu tun hat.

Geschwister vergleichen die väterliche Liebe

Erinnern Sie sich an das Mädchen aus der dritten Klasse, das gesagt hat: »Wenn ich ein Junge wäre, hätte mein Vati mich vielleicht lieb!«? Ich wünschte, diese Aussage wäre ein Einzelfall, doch viele Frauen, die ich interviewt habe, haben ähnliches zum Ausdruck gebracht. Ich will damit nicht sagen, daß sie sich *ungeliebt* gefühlt hätten, sondern daß sie sich *weniger geliebt und geschätzt* fühlten als ihre Brüder.

Was mich während meiner Untersuchungen ganz besonders traurig gemacht hat, war, wie sehr viele Mädchen ihren Vater vermissen und wünschen, sie wären ihm näher. Sie erleben, daß ihre Väter ihren Söhnen oft sehr viel mehr Zeit und Aufmerksamkeit schenken. Viele Mädchen fühlen sich dadurch verletzt und zurückgestoßen. Manche grollen, andere werden zornig. Die Mädchen, die spüren, daß der Vater ihnen nur die Zeit widmet, die absolut notwendig ist, werden sich irgendwann nach seiner Liebe, seiner Aufmerksamkeit und seiner Anerkennung sehnen.

Wenn ein Mädchen erkennt, daß der Vater ihm nicht die gleiche Aufmerksamkeit zukommen läßt wie dem Bruder, wird es anfangen, an seiner Wichtigkeit in seinem Leben zu zweifeln.

Eine Frau sagte dazu: »Ich kann mich gut daran erinnern, daß ich mir immer gewünscht habe, daß mein Vater mich genau wie meine Brüder überallhin mitnimmt. Ich habe nie verstanden, warum er mich nicht mitgenommen hat.«

Eine im Jahre 1978 durchgeführte Untersuchung hat ergeben, daß sich dreimal soviel Männer einen Sohn wünschten als eine Tochter. Diese Einstellung wird auf subtile und unvermeidbare Art und Weise vermittelt. Des weiteren beobachteten zwei Wissenschaftler Väter mit ihren neugeborenen Babies im Alter von drei Wochen bis drei Monaten.[5] Sie kamen zu dem Ergebnis, daß sich die Väter sehr viel mehr mit ihren Söhnen als mit ihren Töchtern beschäftigten. Sie nahmen sie öfter auf den Arm und zeigten ihnen öfter Spielzeuge. Sie sahen ihre Söhne sogar häufiger an als ihre Töchter.

Mehrere kürzlich in den Vereinigten Staaten und Schweden durchgeführte Studien belegten, daß Männer mehr Bereitschaft und Ausdauer zeigten, sich mit »schwierigen« männlichen Babies zu beschäftigen als mit »schwierigen« weiblichen Babies.[6]

Es gibt allerdings auch Untersuchungen, die beweisen, daß, wenn sich Väter in erster Linie um ihre Töchter kümmern, diese davon profitieren.[7] Diese Väter haben sich im Gegensatz zu den traditionellen Vätern ihren Kindern sehr viel mehr gewidmet und sehr viel mehr Zeit mit ihnen verbracht. Eine Studie hat gezeigt, daß sowohl die Söhne als auch die Töchter dieser nichttraditionellen Väter mehr »innere Zuversicht« erlangen, daß sie auf ihre Fähigkeit vertrauen, ihr

Schicksal und die äußeren Einflüsse in ihrem Leben bestimmen zu können. Wie wir später noch sehen werden, ist diese Zuversicht im Leben eines Menschen von entscheidender Bedeutung.

Schauen Sie in Ihr Herz, und seien Sie ehrlich mit sich selbst. Wenn Sie erkennen, daß Sie Jungen tatsächlich den Vorzug geben, müssen Sie sich fragen, *warum* Sie Jungen für wertvoller halten als Mädchen. Denken Sie an Ihre eigene Kindheit zurück und versuchen Sie herauszufinden, wann und wie diese Lüge Gestalt angenommen hat. Das Wichtigste ist jedoch, daß Sie versuchen, sich davon zu befreien, damit sich diese Einstellung nicht auf Ihre Tochter überträgt. Obwohl einige von Ihnen es bereits wissen und auch verinnerlicht haben, möchte ich einen wichtigen Punkt hier noch einmal wiederholen: Ihre Tochter braucht das Gefühl, wertvoll zu sein und geliebt zu werden. Wenn Sie ihr dieses Gefühl vorenthalten, kann dies genau die gleichen verheerenden Folgen auf ihre psychische Gesundheit und ihr Selbstwertgefühl haben wie ganz offensichtliche Formen der Vernachlässigung und des Mißbrauchs.

Wenn der Vater des Mädchens aus der dritten Klasse, das sich ungeliebt fühlte, darum wüßte, wäre er wahrscheinlich traurig und würde sich schuldig fühlen. Wir können nur hoffen, daß er alles in seiner Macht Stehende tun würde, um ihr seine Liebe zu beweisen. Aber unglücklicherweise wird sie ihm wahrscheinlich nie davon erzählen. Sie wird statt dessen mit ihrer heimlichen Einsamkeit und ihrem ungestillten Bedürfnis, geliebt zu werden, ihr Leben lang leben müssen, und keiner der vielleicht zahlreichen späteren Bewunderer wird in der Lage sein, diese Lücke zu füllen, die ihr Vater hinterlassen hat.

Sich selbst mit den Augen der anderen sehen

Menschen denken über sich selbst so wie andere über sie denken. Der Einfachheit halber nennen wir diese Gedanken

»verborgene Botschaften«, da sie sowohl gelebt als auch gesprochen werden. Auch verbale Aussagen enthalten verborgene Botschaften, die zwischen den Zeilen zu lesen sind. Wir beginnen mit den verbalen Botschaften.

Das Prinzip scheint einfach: Äußern Sie sich Ihrer Tochter gegenüber positiv, wird sie sich selbst schätzen. Doch wir alle kennen Eltern, die sich ihren Kindern gegenüber nur »positiv« äußern; ihre Kinder entwickeln sich entweder zu abscheulichen kleinen Monstern, die sich nichts sagen lassen, oder aber die Kinder halten ihre Eltern für dumm und oberflächlich.

In Wirklichkeit ist es äußerst schwierig und komplex, dem Kind die Botschaft zu vermitteln »Du bist okay«. Das reine Lippenbekenntnis, das nicht durch das Verhalten der Eltern gestützt wird, hat herzlich wenig Auswirkungen auf das Selbstwertgefühl des Kindes. Es kann in Verbindung mit unterschwellig negativem Verhalten zu einer insgesamt negativen Botschaft für das Kind werden. Außerdem gibt es Zeiten, in denen ein Kind mit der Wahrheit konfrontiert werden muß, auch wenn sie nicht angenehm ist.

Ich möchte Ihnen hier an einem Beispiel demonstrieren, wie das Verhalten der Eltern die Unzulänglichkeitsgefühle des Kindes verstärken kann. Sie werden daran erkennen, daß Taten beredter sind als Worte. Die Väter, die darin vorkommen, handeln aus dem Gefühl der Liebe heraus und begehen gleichzeitig schwerwiegende Fehler.

Jean Block beobachtete Eltern die versuchten, ihren Kindern bei der Zusammensetzung eines schwierigen Puzzles zu helfen.[8] Ihre Interaktion mit ihren Sprößlingen wurde mit einer Videokamera aufgezeichnet. Unter dem prüfenden Blick der Untersuchenden stellte sich heraus, daß die Väter (mehr als die Mütter) dazu neigten, ihre Sprößlinge entsprechend ihres Geschlechts zu behandeln. Im Umgang mit ihren Söhnen ging es den Vätern in erster Linie um Problemlösung und Aufgabenbewältigung. Gegenüber ihren Töchtern legten sie mehr Wert auf persönliche Beziehungen und Spaß an der Tätigkeit. Bei Jungen zählte die Leistung, bei den Mädchen der Spaß an der Arbeit. Die Väter beantworteten die aufgabenorientierten Fragen der Jungen, wogegen sie bei ihren Töchtern in erster Linie um deren emotionales Wohlbefinden besorgt waren. Die Väter setzten ihren Söhnen nicht zuletzt höhere Ziele.

Die wichtigste Aussage der Studie bezog sich jedoch, und ich möchte dies hier in aller Deutlichkeit betonen, auf das »Retten«. Im Umgang mit ihren Töchtern zeigten die Väter ein eingreifendes Verhalten, das im Umgang mit ihren Söhnen völlig fehlte. Sie legten einen Teil des Puzzles an die richtige Stelle, als *ihre Töchter noch gar nicht um Hilfe gebeten* hatten. Diese Verhaltensweise, die ganz offensichtlich Ausdruck ihrer Liebe und ihres Wunsches zu beschützen ist, hat verheerende Folgen. Sie führt letztendlich zu einem Verhalten, das »erlernte Hilflosigkeit« genannt wird.[9]

Die Theorie der erlernten Hilflosigkeit erklärt sich ausreichend durch den Ausdruck selbst. Sie besagt, daß Menschen unter den richtigen Voraussetzungen lernen, hilflos zu sein. Anders ausgedrückt heißt das, daß die Hilflosigkeit, die von vielen Frauen an den Tag gelegt wird, keine weibliche Eigenschaft an sich ist, sondern daß sie gelehrt und immer wieder verstärkt worden ist. Ein Mittel, um die Hilflosigkeit zu lehren, besteht in der *vorzeitigen* Rettung.

Wenn Sie auch nur einen Augenblick lang darüber nachdenken, welche Botschaft durch die vorzeitige Rettung vermittelt wird, werden Sie erkennen, wie heimtückisch sie ist. Im Grunde besagt sie: »Du bist nicht in der Lage, allein damit fertig zu werden. Du brauchts Hilfe.« Frauen erhalten diese Botschaft sehr viel häufiger als Männer. Männern gestatten wir Experimente, um ihre Persönlichkeit zu entwikkeln und ihre Grenzen zu erproben. Frauen wird dieser Luxus nicht gewährt. Wir retten sie und machen sie dadurch zu Krüppeln.

Unglücklicherweise teilt der Vater, der das Verlangen spürt, sein kleines Mädchen vor Gefahren zu beschützen und sie von den angstauslösenden Situationen fernzuhalten, seiner Tochter mit, daß sie unfähig und inkompetent ist und seine Hilfe dringend benötigt. Durch sein Verhalten teilt er ihr seine Meinung über sie mit, und über kurz oder lang wird sie sich diese Meinung zu eigen machen.

Viele Väter in meinen Seminaren geraten an dieser Stelle in hellen Aufruhr, weil sie sich zum einen in der Vergangenheit genauso verhalten haben, und zum anderen, weil sie erkennen, wieviel Macht diese unterschwellige Botschaft ausübt.

Andere Untersuchungen machen deutlich, daß das rollenspezifische Verhalten der Eltern in manchen Fällen bereits am Tage der Geburt des Kindes einsetzt. So wurden Neugeborene nach Gewicht und Körpergröße geordnet. Anschließend wurden sie in zwei Gruppen unterteilt – beide Gruppen bestanden sowohl aus männlichen wie aus weiblichen Babies. Die eine Gruppe wurde in Blau gekleidet, die andere in Rosa. Anschließend wurden Väter gebeten, jede Gruppe zu beschreiben. Die blaue Gruppe wurde als gesund, robust, stark und aufmerksam beschrieben, die rosa Gruppe als zerbrechlich, süß, hübsch und niedlich.[10] Auch wenn Väter noch keinen körperlichen Kontakt mit ihren Neugeborenen gehabt hatten, bezeichneten sie Jungen als harmonischer in ihren Bewegungen, aufmerksamer, stärker, widerstandsfähiger und stabiler, während sie Töchter als weicher, schwächer, weniger aufmerksam und zarter bezeichneten.

Diese Wahrnehmungen, die keineswegs auf Fakten, sondern auf Einstellungen und Erwartungen der Väter beruhen, werden im elterlichen Verhalten gegenüber einem Sohn und einer Tochter sichtbar. Ein Vater, der seine Tochter für schwächer und weniger leistungsfähig hält, glaubt auch, daß sie beschützt werden muß. Der Vater wird dadurch dazu verleitet, seine Tochter vorzeitig zu retten, und in der Folge eine unangebrachte Abhängigkeit erzeugen – ein endloser Kreislauf also.

Eine andere Untersuchung hat ergeben, daß Väter mit ihren neugeborenen Söhnen sehr viel mehr spielen als mit ihren Töchtern.[11] Väter haben mehr Körperkontakt mit ihren Söhnen; sie heben sie öfters hoch und wirbeln sie in der Luft herum. Mit ihren Töchtern legen sie mehr Wert auf verbale Interaktion und bekräftigen damit die Zerbrechlichkeit von Frauen.

Die große Ironie liegt darin, daß weibliche Neugeborene und Kleinkinder im allgemeinen gesünder und widerstandsfähiger sind als männliche Neugeborene. Die Sterblichkeitsrate bei Jungen liegt höher als bei Mädchen, männliche Neugeborene sind anfälliger für Krankheiten, wiegen bei der Geburt im allgemeinen weniger und haben zartere Knochen als weibliche Neugeborene.

Doch schon nach kürzester Zeit greift die Gesellschaft ein und lehrt Hilflosigkeit. Lehrer bitten in der Regel eher männliche Grundschüler, schwere Bücher zu tragen, auch wenn die gleichaltrigen Mädchen in diesem Alter reifer und stärker sind. Später eilt immer irgend jemand zu Hilfe, wenn es darum geht, einen Reifen zu wechseln oder eine Maschine wieder in Gang zu setzen. Ehemänner »bewahren« ihre Frauen vor der Beschäftigung mit Zahlungen und Rechnungen. In den meisten Familien ist der Vater derjenige, der das Geld verdient und die Verantwortung trägt. Jungen werden häufiger als Mädchen ermutigt, sich mit Computern zu beschäftigen. Jungen dürfen ihre Umgebung erkunden. Jungen werden ermutigt, Risiken einzugehen, usw. usw. Die Liste ließe sich noch endlos fortsetzen. Auf diese Weise wird Mädchen beigebracht, abhängig und hilflos zu sein. Genau dieses Verhalten wird anschließend von der Gesellschaft als weiblich bezeichnet.

Stellen Sie sich die Verwirrung eines Mädchens vor, wenn es einerseits verbal aufgefordert wird, Risiken einzugehen und seine Kräfte zu erproben, und ihm andererseits die heimtükkische Botschaft von seiner eigenen Hilflosigkeit vermittelt wird, indem man ihm frühzeitig zu Hilfe eilt! Es erhält also eine doppelte Botschaft. Die verbale Ermutigung wird ganz offensichtlich durch die verborgenen Botschaften zunichte gemacht.

Wenn Sie sich noch einmal die Regel Nr. 1 ins Gedächtnis zurückrufen – Taten sprechen lauter als Worte –, werden Sie in Zukunft keine zweideutigen Botschaften mehr übermitteln, wie beispielsweise jener Vater, der sich weigerte, seiner Tochter ein neues Kleid für einen Ball zu kaufen, der aber ohne mit der Wimper zu zucken 175 Dollar auf den Tisch legte, um ihr eine neue »cheerleading«*-Uniform zu kaufen. Sie werden sich bemühen, Ihrer mündlichen Ermutigung Taten folgen zu lassen und so Ihrer Tochter folgendes mitteilen:

Ich glaube und vertraue darauf, daß du in der Lage bist, jede Situation zu meistern. Ich bin immer da, wenn du mich brauchst, aber ich werde es ganz allein dir überlassen, darüber zu entscheiden, ob und wann du meine Hilfe in Anspruch nehmen willst. Ich werde mich nicht vordrängen und deine Leistung dadurch zunichte machen.

Ich weiß, daß es Zeiten geben wird, in denen du dich frustriert und verwirrt, einsam und ängstlich fühlen wirst, wenn du mit der rauhen Wirklichkeit Bekanntschaft machst. Ich werde dich lieben und unterstützen auf deinem Weg, aber ich werde dir deine eigenen Erfahrungen nicht vorenthalten. Und ich werde dein Recht, zu wachsen und Fehler zu machen und die damit verbundenen Lektionen, nicht beschneiden. Ich werde dir dein Recht auf Unabhängigkeit nicht streitig machen.

---

* (Uniform, die die Mädchen tragen, die zum Anfeuerungsteam bei sportlichen Wettkämpfen gehören. – A.d.Ü.).

Noch eine Form der frühzeitigen Rettung ist vermutlich so alt wie die Welt. Die Situation könnte sich folgendermaßen zutragen: Ein Vater wird ungeduldig, wenn er seinem Kind zuschaut, wie es versucht, eine Aufgabe zu bewältigen, sei es nun, daß das Kind versucht, die Schuhe zuzubinden oder einen Reißverschluß hochzuziehen. Seine Ungeduld wächst, bis er sich schließlich aus lauter Verzweiflung einmischt und das Kind ›rettet‹. Er sagt vielleicht noch: »Komm, laß mich das für dich machen.« Egal, ob er dem Kind geholfen hat, weil er glaubt, daß es nicht allein zurechtkommt, oder weil er es eilig hat und ungeduldig ist, bleibt die Botschaft die gleiche. Sie lautet: »Du bist nicht in der Lage, allein damit fertig zu werden. Du brauchst meine Hilfe.«

Warten Sie deshalb immer, bis Ihre Tochter Sie tatsächlich um Hilfe bittet. Und auch dann könnte es unter Umständen angebracht sein, Ihren Beistand im Interesse des Kindes noch etwas hinauszuzögern. (Übertreiben Sie es jedoch nicht. Denken Sie daran, daß sie immer noch ein Kind ist und daß sie vielleicht wenigstens einen Rat braucht. Aber ihr einen Rat zu geben und etwas für sie zu tun, sind zwei grundverschiedene Dinge.) Eilen Sie ihr niemals, und ich meine niemals, zu Hilfe, bevor sie um Hilfe bittet. Halten Sie inne und überlegen Sie: »Wie viele Male wollte mir schon jemand helfen, noch bevor ich um Hilfe gebeten habe?« und »Wie viele Male bin ich gerettet worden, *nachdem* ich darum gebeten hatte?« Die Antwort spricht für sich selbst.

Sofern es sich nicht um eine Notfallsituation handelt, müssen Sie sich immer vorher fragen: »Würde ich ihr zu Hilfe eilen, wenn sie ein Junge wäre? Würde ich dasselbe für meinen Sohn tun?« Wenn Sie die Fragen mit ja beantworten, dann können Sie ihr getrost helfen. Sie sind höchstwahrscheinlich ein besorgter Vater. Wenn Sie allerdings einem Sohn in ähnlicher Situation nicht helfen würden, dürfen Sie auch Ihrer Tochter nicht helfen.

Wenn Sie sich dann noch sagen hören: »Komm, laß mich das für dich machen«, sollten Sie, bevor Sie auch nur einen weiteren Schritt tun, darüber nachdenken, was Sie und warum Sie dies tun.

Wenn Sie erkennen, daß Sie zu voreilig waren, sagen Sie einfach: »Mein Kind, ich habe mich geirrt. Ich weiß, daß du das ganz allein kannst. Es tut mir leid, daß ich mich eingemischt habe.«

Barbara Grogan erzählt, wie ihr das Ausmaß ihrer erlernten Hilflosigkeit bewußt geworden ist, und daß sie erst in der Lage wer, davon Abstand zu nehmen, als sie die Tatsache akzeptiert hatte, daß sie sich selbst helfen mußte.

»Nach meiner Scheidung gab es Zeiten, in denen ich davon überzeugt war, daß mich niemand lieben und mich vor all den Dingen, mit denen ich fertig werden mußte, bewahren würde.

Eines Nachts schrieb ich den Scheck für das Schulgeld meiner Kinder aus und dachte im stillen: ›Ich werde einen vermögenden Mann heiraten, weil ich möchte, daß meine Kinder auch weiterhin diese Schule besuchen. Sie haben schon genug gelitten, und ich möchte ihnen nicht auch noch einen Schulwechsel zumuten.‹

Als ich mich so sprechen hörte, machte es plötzlich klick. Ich dachte: ›Das ist geplante Unterwürfigkeit.‹ Bereits in der darauffolgenden Woche gründete ich meine eigene Firma.

Wenn ich mich entschließen sollte, wieder zu heiraten, dann nur deshalb, weil ich einen Mann liebe und er mich liebt. Ich werde mir schon etwas einfallen lassen, um meine Kinder auch weiterhin auf die gleiche Schule schicken zu können. Es war eine ganz klare Entscheidung, und sie hat mich wieder auf den rechten Weg geführt.«

Wir sprachen darüber, warum nicht alle Frauen lernen, so zu denken, und warum sich so viele immer noch von Männern abhängig machen, nur um versorgt zu sein.

Sie antwortete: »Ich leide mit diesen Menschen. Ich halte

oft Vorträge vor Frauen, und ich bin der Meinung, daß sie wissen müssen, daß ich keine ›Superfrau‹ bin. Auch ich lebe mit Ängsten und verbringe schlaflose Nächte.«

»Und trotzdem«, fuhr ich fort, »haben Sie der Versuchung widerstanden und haben sich nicht hilflos verhalten.« Ihre Antwort war interessant. »Ich durfte einfach nicht hilflos sein«, lachte sie, »ich hatte gar keine Zeit. Ich hatte mein Haus verpfändet, ja, ich hatte sogar meine Seele verpfändet, und ich konnte mir den Luxus nicht erlauben, zu Hause zu sitzen und darauf zu warten, daß etwas schiefgehen würde. Ich mußte es einfach schaffen.

Die Dinge änderten sich«, fuhr sie fort, »als ich erkannte, daß ich die alleinige Verantwortung für mein Leben hatte. Während ich auf meinen Ritter auf dem weißen Pferd wartete und mein Leben haßte, hat mir keiner die Verantwortung abgenommen. Ich wußte, daß ich, sobald ich einem anderen Menschen die Verantwortung übergäbe, immer abhängig sein würde. Und *ich* wollte es allein schaffen und unabhängig sein.«

Genau diese Einstellung gilt es in Ihrer Tochter zu fördern. Es handelt sich eigentlich um viel mehr als nur eine Einstellung, es ist die Vorbedingung für das Vertrauen und die Bereitschaft, sein Leben selbst in die Hand zu nehmen; wenn beides vorhanden ist, braucht man nicht länger auf einen anderen Menschen zu warten, der die Verantwortung übernimmt.

Dr. Resnick sagt dazu: »Ich habe Judy beigebracht, daß sie für ihre Erfolge hart arbeiten muß, daß ihr nichts auf einem silbernen Tablett serviert wird und daß sie nicht erwarten kann, daß ihr irgend jemand irgend etwas schenkt.«

Eine Geschäftsfrau sagt dazu: »Mein Vater hat mir immer zu verstehen gegeben, daß ein Mädchen für sich selbst sorgen muß. Er sagte: ›Meine Süße, das Leben ist ein harter Kampf. Du machst dich am besten gleich mit diesem Gedanken vertraut.‹«

Eine andere verborgene Botschaft verbirgt sich hinter dem Verhalten, das Väter an den Tag legen, wenn sie ihre Kinder zurechtweisen. Bedauerlicherweise verwechseln manche Väter Strafe mit Disziplin, genauso wie andere Druck mit Ermutigung verwechseln (Kapitel 3).

Das Wort »Disziplin« geht auf das lateinische Wort »disciplina« zurück; es bedeutet »Unterricht« und »Wissen«. Wir wollen deshalb im folgenden das Wort in diesem Sinne gebrauchen, damit wir unsere Töchter nicht entmutigen, wenn wir sie eigentlich disziplinieren, das heißt lehren oder unterrichten sollten. Disziplin bedeutet also unterrichten, Charakterstärke fördern und Verantwortung lehren, und keineswegs bestrafen, entmutigen und das Selbstwertgefühl eines Kindes zerstören.

Jeder Mensch macht Fehler. Wenn Ihre Tochter Fehler macht, sich unmöglich aufführt, Dinge zerstört, Ihnen auf die Nerven geht, launisch oder aufsässig ist, müssen Sie als Elternteil aufzeigen, wie sie sich verantwortlicher und intelligenter verhalten kann. Durch Beschimpfungen erreichen Sie nur, daß sich Ihre Tochter gedemütigt und klein fühlt. Beschimpfungen sind grausam.

Eigentlich versteht sich all das von selbst, und trotzdem habe ich unzählige Male Eltern sagen hören: »Was ist bloß los mit dir?«, oder »Kannst du überhaupt nichts richtig machen?«, oder »Wie kann man bloß so dumm sein?«

Als Vater, der seine Tochter liebt und ihr helfen will, können Sie sich solche Aussagen nicht erlauben, denn Sie würden damit zum Ausdruck bringen, daß irgend etwas mir ihr nicht stimmt, daß sie nicht in der Lage ist, sich angemessen zu verhalten, oder daß sie einen Makel hat. Wenn Sie dann davon ausgehen, daß jeder Mensch seine Meinung über sich selbst vom Urteil anderer abhängig macht, können Sie unschwer erkennen, daß diese Art von Disziplinierung mit großen Risiken behaftet ist.

Sie sollten diesen Rat natürlich auch bei der Erziehung Ihres Sohnes beherzigen.

In den Kapiteln 7 und 8 gebe ich Dialoge wieder, die Ihnen zeigen sollen, wie Sie sich diesen lehrenden Ansatz zunutze machen können. Ich könnte mir vorstellen, daß sich viele Eltern ganz konkrete Hilfe wünschen, wenn ihr kleiner Liebling beispielsweise roten Traubensaft auf die cremefarbenen neuen Autositze gißt. Diese Beispiele werden Ihnen helfen, cool zu bleiben, auch wenn Sie sich vor lauter Zorn selbst nicht mehr kennen. Viel Glück!

Die Bevorzugung bestimmter Eigenschaften

Wenn Kinder begreifen, daß Mann und Frau sich anders verhalten (Geschlechtsidentifikation), erfahren sie gleichzeitig, daß sowohl Weiblichkeit als auch Männlichkeit durch strikte Verhaltensregeln definiert werden. Das junge Mädchen wird natürlich versuchen, dem Verhalten nachzueifern, das von der Gesellschaft als weibliches Verhalten gebilligt wird. Es wird zusätzlich diese weiblichen Eigenschaften, gemessen an ihrer Bedeutung, hierarchisch ordnen, so daß manche wichtiger werden als andere.

Wenn Sie die Liste der weiblichen Adjektive in Kapitel 3 genau studieren, werden Sie feststellen, daß sie das weibliche Verhalten in folgende Kategorien einteilen: in Dienen und Bedienen, in Entwicklung eines nicht bedrohlichen Verhaltens und in Schönheit und Sexappeal. Ihre Tochter wird ihre Eigenschaften genau in diese drei Kategorien einteilen, sobald ihre Weiblichkeit Bestandteil ihres Selbstbildes wird. Beide Elternteile, im besonderen jedoch der Vater, fördern, wie Sie anhand der folgenden Untersuchung sehen können, diese Einteilung.

Im Laufe einer Untersuchung wurden 2000 Mütter und Väter gefragt: »Was für ein Mensch soll Ihre Tochter bzw. Ihr Sohn werden?«[12] Obwohl die Antworten beider Elternteile den Schluß zuließen, daß die Eltern für ihre Söhne größere

Pläne hegten als für ihre Töchter, zeigten Väter diese Einstellung häufiger als Mütter. Doppelt so viele Eltern wünschten sich für ihre Söhne Eigenschaften wie Eifer und Ehrgeiz. Weitere Eigenschaften, die Eltern ihren Söhnen wünschten, waren Unabhängigkeit, Verantwortlichkeit, Intelligenz und Willensstärke. Für ihre Töchter wünschten sie sich Anziehungskraft, Liebenswürdigkeit, gute Manieren, Liebe und Selbstlosigkeit (sie hielten es unter anderem für wichtig, daß ihre Töchter eine gute Ehe führen und gute Mütter sind). Obwohl die Antworten beider Elternteile geschlechtsspezifisch geprägt waren, setzten die der Väter diese deutlichen Akzente häufiger als die der Mütter.

Ich handere hier nicht mit dem dienenden Aspekt der weiblichen Eigenschaften. Ich glaube jedoch, daß das Fehlen der dienenden Eigenschaften auf der männlichen Seite keineswegs für unsere Vorstellungen von Männlichkeit spricht. Das einzige Adjektiv auf der männlichen Seite, das den dienenden Aspekt betont, ist »beschützend«, wogegen auf der weiblichen Seite mindestens zehn zu finden sind: pflegend, gebend, empfindsam, süß, verstehend, flexibel, mitfühlend, aufopfernd, lieb und warmherzig.

Im Grunde sind es jedoch die anderen beiden Kategorien, die zu Selbstwert- und Leistungsproblemen führen. Nehmen wir zum Beispiel Schönheit: Viele Frauen sind der Meinung, daß ihr Wert davon abhängt, ob sie auf Männer anziehend wirken. Manche Frauen machen ihre Schönheit deshalb zu ihrem Lebensinhalt. Ich möchte Ihnen und Ihrer Tochter helfen, daß sie später nicht zu diesen Frauen gehört. Zweitens steht ein passives, nicht bedrohliches (weibliches) Verhalten der Leistung oft im Weg. Wir werden auf jeden einzelnen Aspekt im folgenden näher eingehen und darüber sprechen, welche Möglichkeiten Väter haben, um den Einfluß dieser Anforderungen an die Weiblichkeit zu minimieren.

Die Schönheit, das Biest

»Wer schön sein will, muß leiden«, sagte meine Mutter, als ich während meiner ersten Dauerwelle stöhnte und klagte. Ich kann mir kaum vorstellen, daß ich mir im Alter von fünf Jahren viel Gedanken darüber machte, ob ich schön war, aber es schien wichtig, daß ich lernte, mir Sorgen darüber zu machen. Meine Mutter hat deshalb, genau wie Millionen anderer Frauen auch, ihr Bestes getan, um mich von ihrer Meinung zu überzeugen; sie lautete: »Eine schöne Frau hat es einfacher im Leben«. Ich habe diese Predigt über Leiden und Schönheit oft über mich ergehen lassen müssen, und ich weiß, daß es anderen Frauen nicht anders ergangen ist. (Haben Sie als Mann jemals solche oder ähnliche Ratschläge erhalten?)

Ich erinnere mich ganz besonders gut an meine schöne Tante. Sie war eigentlich nicht wirklich schön, doch sie war in der Kunst der Täuschung sehr geschickt und es gelang ihr stets, die Illusion von Schönheit aufrechtzuerhalten. Jeder Makel wurde mit Hilfe von Schminke unsichtbar gemacht. Ich erinnere mich daran, wie ich sie an ihrem Schminktisch beobachtete, wo sie oft mehrere Stunden zubrachte (ich übertreibe nicht) und mit Grundierungsmake-up, Puder, Lidschatten und Cremes hantierte. Es schien alles *sehr* wichtig, denn sie brachte ja Stunden damit zu. Der Zauber wurde noch dadurch verstärkt, daß meine Tante all das, was das Leben zu bieten hatte, zu haben schien: wunderbare Kleider, glanzvolle Abende und Nächte in der Stadt und männliche Freunde!

Jahre später – in der Schule – habe ich dann festgestellt, daß das beliebteste Mädchen gleichzeitig das hübscheste war. Es dauerte gar nicht lange, bis der Samen, den meine Mutter und meine Tante gesät hatten, Wurzeln schlug und wuchs und gedieh. Und leider ergeht es den meisten Frauen genauso.

Auch wenn wir heute viel über die Bedeutung der inneren

Qualitäten eines Menschen, über eine gleichberechtigte Gesellschaft und über die Beseitigung der Barrieren für Frauen reden, sind und bleiben doch Zeit, Geld und Selbstwert für viele Frauen unabdingbar mit Schönheit und Sexappeal verbunden. Unglücklicherweise beurteilen viele Männer eine Frau immer noch nach ihrem Aussehen. Und *junge* Männer erst recht. Ihrer Tochter wird dies nicht verborgen bleiben.

Die Bedeutung des Aussehens eines Menschen hat sogar noch zugenommen, seit das Fernsehen in unseren Haushalten Einzug gehalten hat. Wenn jemand beispielsweise in Nordamerika Nachrichtensprecher werden will, genügt es nicht, wenn er gebildet, erfahren, sprachgewandt, einsichtig, weiß und männlich ist. Nein, auch die *Männer* müssen inzwischen gut aussehen! Dazu kommt, daß unsere Vorstellung von Schönheit immer gleichförmiger wird: kleine Nase, gerade Zähne, blondes Haar und Schlanksein gehören zu den Anforderungen an Schönheit in diesem unserem Land, und leider auch immer häufiger in anderen Ländern.

Sie werden bemerken, daß sich Ihre Tochter bereits in sehr jungen Jahren dieses Umstandes bewußt wird. Väter in meinen Seminaren haben immer wieder davon berichtet, daß bereits Mädchen im zarten Alter von vier und fünf Jahren ärgerlich werden, wenn ihre Frisur »komisch ist« oder wenn ihre Kleidung farblich nicht aufeinander abgestimmt ist.

Es besteht kein Zweifel daran, daß Frauen ihrem Aussehen mehr Bedeutung beimessen als Männer. Obwohl sich auch Männer scheinbar immer mehr um ihr Äußeres bemühen, müssen sie, um als männlich zu gelten, keineswegs schön und sexy sein. Wie viele Männer glauben beispielsweise (mit Ausnahme derer, die in den Medien tätig sein wollen), daß sie gut aussehen müssen, um ihre Ziele zu erreichen? In Bezug auf Männer scheint uns die Frage lächerlich, doch Frauen werden auch weiterhin dazu gezwungen, sowohl schön als auch gebildet und kompetent zu sein.

Die Aussagen der Kinder, die Sie bereits gelesen haben, bestätigen dies. Dr. Papageorgiou führt dazu aus:

»Die Aussagen lassen die Schlußfolgerung zu, daß sowohl Jungen wie Mädchen die Meinung vertreten, daß Frauen alles tun sollten, um anziehend zu wirken ... Sowohl Jungen als auch Mädchen erkennen, daß das Aussehen eines Mannes hingegen relativ unwichtig ist. Einige der Jungen glauben, ein Leben als Frau nur dann ertragen zu können, wenn sie ausgesprochen schön wären. Kein einziges Mädchen hat dagegen zum Ausdruck gebracht, daß es, wenn es ein Mann sein müßte, gut aussehen wollte.«[13]

Wenn wir uns vor Augen halten, welche Bedeutung unsere Gesellschaft dem guten Aussehen beimißt, wird es uns nicht leichtfallen, unsere Töchter davon zu überzeugen, daß es Wichtigeres gibt als das äußere Erscheinungsbild eines Menschen. Wie können wir ihr klarmachen, daß eine angenehme Erscheinung zwar wichtig ist und ein gepflegtes Äußeres unserer Rücksichtnahme auf andere Ausdruck verleiht, daß jedoch die endlosen Stunden vor dem Spiegel und das Geld, das manche Frauen für Kosmetika, Kleidung und Fitneßgeräte ausgeben, in keinem Verhältnis dazu stehen?[14]

Das Ganze wird dadurch kompliziert, daß Sie Ihre Tochter, wie Sie bereits wissen, in ihrer Anziehungskraft und in ihrem Aussehen bestätigen müssen, damit sie sich so annehmen kann, wie sie ist. Wie kann ein Vater dies bewerkstelligen, ohne daß er scheinbar mehr Wert auf das Aussehen legt als auf die Leistung?

Es ist wichtig, daß er sie liebt und anerkennt, *so wie sie ist,* auch wenn sie seinem eigenen Schönheitsideal nicht entspricht. Dies bedeutet, daß er ihr bedingungslos Komplimente macht, ohne vorher darauf hinzuweisen, daß sie sich eine schickere Figur zulegen oder abnehmen sollte. Dies ist ganz besonders wichtig, wenn ihre Mutter schön ist und die Tochter die Schönheit ihrer Mutter nicht geerbt hat.

Vermeiden Sie des weiteren die Art von Bemerkungen, die ich unten zusammengestellt und aus dem Munde meiner Interviewpartnerinnen vernommen habe.

»Mit deinem Aussehen wirst du dir nie einen Freund angeln.« »Wenn du willst, daß dich ein Junge ausführt, mußt du dich zuerst herrichten.«

»Wenn du willst, daß Jungs dich mögen, mußt du abnehmen.«

»Du willst doch, daß Jungs dich mögen, oder nicht?«

Mit diesen Aussagen bestätigen Sie nur das männliche Recht, über Ihre Tochter zu urteilen und zu entscheiden, ob sie *seinen* Vorstellungen entspricht. Sie sollten es sich aber zum Ziel machen, das Selbstwertgefühl Ihrer Tochter so sehr zu stärken, daß sie künftig mehr Wert darauf legt, ob er *ihren* eigenen Vorstellungen entspricht.

Sie sollten zwar auf Körperpflege und Sauberkeit hinweisen, aber auf jeden Fall Bemerkungen über das Gewicht Ihrer Tochter vermeiden.

Versuchen Sie außerdem zu ergründen, ob Sie Ihre Tochter für ihre Leistung, ihr Verhalten oder ihr Aussehen loben. Wenn Sie sie in erster Linie für ihre Leistungen und ihre Taten loben, werden Sie dazu beitragen, daß sie dem Äußeren nicht mehr Bedeutung zumißt als ihm tatsächlich zukommt.

Das Letzte, das ich hier anfügen möchte, mag nach dem bisher Gesagten vielleicht ironisch klingen. Ich spreche von dem Mädchen, das sich einer natürlichen Schönheit erfreut und das seinem Aussehen deshalb keine große Bedeutung beimißt. Es kann es sich leisten. Aber möglicherweise hat es gerade Minderwertigkeitsgefühle bezüglich seiner Person und seines Intellekts. Andererseits braucht das weniger attraktive Mädchen in Bezug auf sein Aussehen mehr Bestätigung. Wichtig ist, daß Sie auf die individuellen Bedürfnisse Ihrer Tochter eingehen.

Ein »liebes Mädchen« sein

Etwas, worauf Ihre Tochter Wert legen wird, sobald sie Weiblichkeit zum Teil ihres Selbstbildes macht, ist das Bestreben, süß und höflich, aber nicht aggressiv und bedrohlich zu wirken. Wenn Sie noch einmal einen Blick auf die Liste der weiblichen Eigenschaften werfen, werden Sie sehen, daß mindestens vierzehn Eigenschaften aufgeführt sind, die Nachgiebigkeit gegenüber anderen, Rücksichtnahme auf deren Gefühle und Erfüllung ihrer Wünsche zum Ausdruck bringen: verständnisvoll, gebend, sensibel, pflegend, süß, gepflegt, flexibel, mitfühlend, lieb, warmherzig, feinfühlig, aufopfernd, passiv und unterwürfig! (Die männliche Liste, die das selbstbehauptende und damit leistungsgerechte Verhalten betont, enthält keines dieser Adjektive.)

Ein »liebes Mädchen« sein bedeutet deshalb in vielen Fällen, Anweisungen entgegenzunehmen, sich den Wünschen der anderen gegenüber nachgiebig zu zeigen und ein nicht bedrohliches Verhalten zu entwickeln, auch wenn all dies nur auf Kosten der eigenen Integrität und des eigenen Selbstwertgefühls möglich ist. Wie Sie bereits wissen, entspricht dies nicht dem Verhalten, das notwendig ist, um Leistungsanforderungen gerecht zu werden und der rauhen Wirklichkeit der Geschäftswelt zu begegnen.

Das Verlangen danach, anderen zu gefallen und andere zufriedenzustellen, höflich und harmlos (weiblich) zu sein, kann als die Wurzel vieler Probleme angesehen werden, weil unsere Gesellschaft erwartet, daß Vorgesetzte, Geschäftsleute und Unternehmer aus anderem Holz geschnitzt sind. Viele Frauen zögern, Härte zu zeigen, und zwar entweder aus Angst, als männervernichtendes Biest angesehen zu werden, oder aus einer echten Unfähigkeit heraus, andere zu verletzen. Ich kann mir die Entrüstung jener sanften Gemüter vorstellen, die sich dagegen wehren, daß Frauen die Taktik »Erfolg durch Einschüchterung« anwenden. Sie vertreten die Auffassung, daß die sogenannten weiblichen Eigenschaften wie Nachgiebigkeit und Rücksichtnahme unser letzter Hoffnungsschimmer für eine Gesellschaft ist, die sich um die Rechte und Gefühle anderer kümmert. Ich kann dem nur zustimmen, und aus diesem Grund möchte ich alle Menschen, weiblich wie männlich, dazu auffordern, ihre meditativen Fähigkeiten, ihre Kompromißbereitschaft, ihre Toleranz und ihr Mitgefühl zu entwickeln – jene Eigenschaften, für die Frauen so berühmt sind.

Das Problem besteht darin, daß Nachgiebigkeit und Rücksichtnahme nicht von allen Mitgliedern unserer Gesellschaft als moralische Werte anerkannt werden; damit wird, sobald sich ein Teil der Bevölkerung nachgiebig verhält, dem anderen Teil Gelegenheit gegeben, auszubeuten – und die Ungerechtigkeit setzt sich endlos fort. (Lösen können wir das Problem nur, wenn wir auch unseren Jungen beibringen, sich rücksichtsvoll, gebend und respektvoll zu verhalten. Darüber müßte ich allerdings ein zweites Buch schreiben.) In Anbetracht der gesellschaftlichen Realität würden Sie Ihrer Tochter wenig Gutes tun, wenn Sie aus Angst, sie könnte aggressiv und bedrohlich wirken, ihr Selbstbewußtsein nicht förderten und zögerten, ihre Entscheidungsfähigkeit zu stärken.

Das Thema Frauen und aggressives Verhalten kommt in all meinen Seminaren immer wieder zur Sprache, und ich möchte deshalb an dieser Stelle darauf eingehen. Die unvermeidliche Frage taucht immer wieder auf: »Kann man nicht sagen, daß Männer von Natur aus aggressiver sind als Frauen? Macht Testosteron Männer aggressiver?«

Dies ist nur eine andere Form der Theorie vom angeborenen Verhalten. Die meisten Experten auf dem Gebiet der Geschlechterrollen und Verhaltensforscher scheuen davor zurück, einen Entweder-oder-Standpunkt einzunehmen, aus Angst vor der Vereinfachung dieses komplexen Sachverhalts. Zwei Dinge dürfen dabei nicht außer acht gelassen werden.

Erstens hängt das Argument, daß Männer von Natur aus aggressiver sind, davon ab, wie Aggression definiert wird. Wenn man Aggression als *körperlichen* Akt definiert, lautet die Antwort auf die oben gestellte Frage: Ja, Männer verhalten sich tatsächlich aggressiver als Frauen. Definiert man jedoch Aggression als »ein Verhalten, das die Absicht verfolgt, einem anderen Schaden zuzufügen« (eine erweiterte Definition), sind die Grenzen längst nicht mehr so klar.

Werfen wir beispielweise einen Blick auf ganz normale Kinder in der vierten Klasse, wenn sie in der Pause auf dem Schulhof spielen. Die Jungen dieses Alters messen ihre Kraft, sie raufen und balgen sich. Sie »tragen alles mit den Fäusten aus«, wie ein Junge es nannte. Und was machen die Mädchen? Sie sind damit beschäftigt, ein Gruppenmitglied, weil es geringfügig gegen die Regeln der Gruppe verstoßen hat, auszustoßen. Diese Gruppen oder Cliquen legen sich strikte Verhaltensregeln auf. Jedes Mitglied, das auch nur der kleinsten Übertretung für schuldig befunden wird, wird schnell und auf brutale Weise geächtet. Mitglieder werden nicht selten durch bösartige Verleumdung aus der Gruppe ausgestoßen oder von ihr bestraft. Gerüchte, Lügen und Unterstellungen sind an der Tagesordnung.

Legt man diesem Verhalten die zweite Definition von Aggression zugrunde (ein Verhalten mit der Absicht, einem anderen Schaden zuzufügen), besteht kein Zweifel mehr daran, daß die Mädchen ebenso feindselig und aggressiv sind wie die Jungen. Der Unterschied besteht darin, daß die Gesellschaft den offenen Kampf zwischen Mädchen und Frauen nicht billigt, weil ein solches Verhalten nicht weiblich wäre. Es verwundert deshalb nicht, daß Mädchen ihre Aggressionen verstecken und sie auf eine Art und Weise ausleben, die von der Gesellschaft gebilligt wird.

Zweitens ist es äußerst schwierig, Menschen auf »angeborenes« Verhalten festzulegen; man kann sagen, daß, je höher der Organismus entwickelt ist, desto größer wird der Einfluß der Umwelt und des Lernens und desto geringer wird die Bedeutung des Instinkts. Viele Wissenschaftler vertreten sogar die Meinung, daß im menschlichen Wesen *kein* Instinkt mehr vorhanden ist. (Auch der Saugreflex des Säuglings ist ein Reflex und kein Instinkt.) Trägt man also der Lernfähigkeit des Menschen ausreichend Rechnung, begäbe man sich auf dünnes Eis, wollte man das aggressive Verhalten als natürliches Verhalten rechtfertigen.

Der Konflikt, der dadurch ausgelöst wird, daß Frauen sich einerseits den Wünschen anderer beugen müssen, um als weiblich zu gelten, und sie andererseits aufgabenorientiert sein müssen, um erfolgreich zu sein, wird durch die sich widersprechenden elterlichen Ratschläge für Clé Cervi ausreichend demonstriert. Clé Cervi ist Herausgeberin des *Cervi Journal,* einer wöchentlichen Fachzeitschrift, die von ihrem Vater, Eugene Cervi, gegründet wurde. Clé ist außerdem Cheflektorin der Zeitschrift *Parents.*

»Während meiner Schulzeit pflegte meine Mutter zu sagen: ›Würdest du bitte nicht immer so vorlaut sein? Kein Junge wird dich mögen, wenn du so viel redest und ständig klüger scheinst[*] als sie.‹ Andererseits erhielt ich von meinem Vater die entgegengesetzte Botschaft. Er sagte immer: ›Was soll's? Dann bist du eben klüger als sie. Laß es dabei, und sei klüger als sie.‹ Daß ich mich dazu entschloß, seinem Rat und nicht ihrem zu folgen, hing wahrscheinlich damit zusammen, daß ich mich immer mit ihm identifizierte.

Ich weiß heute, daß er eine sehr große Rolle in meinem Leben gespielt hat. Er war Schriftsteller, Gelehrter und Philosoph und hat mein Denken entscheidend geprägt.

---

[*] Ich finde es interessant, daß die Mutter das Verb »scheint« benutzt. Aller Wahrscheinlichkeit nach war Clé tatsächlich klüger als ihre Klassenkameraden, und trotzdem versuchte ihre Mutter auf sehr subtile Art, ihr Selbstwertgefühl zu untergraben. Die Mutter ließ Clé außerdem wissen, daß Frauen, die viel reden und eine eigene Meinung vertreten, bei Männern nicht sehr beliebt sind.

Ich habe mein Leben – und ganz besonders die entscheidenden Jahre, aber eigentlich auch noch später – nie an dem ausgerichtet, was meine Mutter mich gelehrt hat. Im Grunde genommen habe ich mich sogar dagegen aufgelehnt, weil mein Vater mir eine aufregendere Alternative bot.«

Clés Mutter, die um Clés Weiblichkeit und ihre Wirkung auf andere besorgt war, trug in keiner Weise dazu bei, das Führungspotential, das der Vater in Clé entdeckt hat, zu fördern.

»Ich war zehn Jahre lang in New York und hatte eigentlich nichts anderes getan, als von einer Party zur anderen zu ziehen.« Sie lacht. »Ich muß gestehen, daß mir dieses Leben viel Spaß gemacht hat. Ich reiste viel, ging oft zum Friseur, verbrachte die Sommer in Southampton, an der Küste von New Jersey, auf Fire Island, eine Party nach der anderen, immer gebräunt…

Mein Vater regte sich furchtbar darüber auf, daß ich es nie lange an einem Arbeitsplatz aushielt und daß mir die Arbeit völlig gleichgültig war. Er teilte mir deshalb eines Tages folgendes mit: ›Clé, du bist nicht verheiratet. Du hat keine Kinder. Ich kann mir nicht vorstellen, was einmal aus dir werden soll. Du wirst höchstwahrscheinlich dein Leben in New York bleiben und es zu nichts bringen. Ich habe mich deshalb entschlossen, dir eine Zeitung zu geben.‹ Stellen Sie sich vor, mir eine Zeitung geben!

Als ich mich mit der Zeit immer mehr um die Zeitung kümmerte, sagte ich manchmal zu ihm: ›Vati, ich glaube, wir sollten dies oder jenes tun‹, und er antwortete jedesmal: ›Wenn du es für richtig hältst, dann mach es.‹«

Hätte Clé auf ihre Mutter gehört und sich, um geliebt zu werden, den Wünschen anderer untergeordnet und ihren Mund gehalten, hätte sie höchstwahrscheinlich nie das tun können, was von einen Menschen verlangt wird, der eine erfolgreiche Zeitung leitet. Ihr Vater hat jedoch ihr selbstbewußtes Verhalten zu allen Zeiten unterstützt.

»Als er sich einmal dazu entschlossen hatte, mir die Verantwortung für die Zeitung zu übertragen, hat er mich schalten und walten lassen. Wir hatten beispielsweise diesen ausgezeichneten Reporter, der nicht bereit war, mich als Vorgesetzte zu akzeptieren.

Mein Vater riet mir: ›Entweder bist du der Chef, oder du bist es nicht. Du wirst ihn halt entlassen müssen.‹

Ich glaube, meine Mutter hatte einen ziemlich begrenzten Horizont. Mein Vater war dagegen ein Freidenker. Für mich repräsentierte er Abenteuer und Herausforderung.«

Viele Frauen überwinden mit der Zeit ihren Hang, zu »lieb« zu sein, aber warum sollten Sie etwas fördern, das Ihre Tochter später überwinden muß? Warum die Erwartung, daß sie typisch weiblich, gefügig und nachgiebig wird, erst aufkommen lassen? Ohne die männliche Unterstützung, die Ihre Tochter darin bestärkt, ihren Begabungen und Zielen nachzueifern und auf positive Weise egoistisch zu sein, wird sie es aber vielleicht nie tun und nie werden. Es liegt an Ihnen.

Wenn Sie Ihre Tochter lehren, höflich und rücksichtsvoll zu sein, vergessen Sie nicht, ihr beizubringen, wann und wie sie selbstsicher sein und ihre Rechte verteidigen kann. Machen Sie ihr den Unterschied klar zwischen Flexibilität und Unterwürfigkeit, zwischen Kompromißbereitschaft und Selbstaufopferung.

Sie können damit anfangen, daß Sie ihr gestatten, Ihnen gegenüber selbstsicher aufzutreten. Sie sollten nicht weiter darauf bestehen, daß sie Vati zufriedenstellt. Sie können ihr helfen zu erkennen, wann es angebracht und zweckmäßig ist, Autorität zu hinterfragen. Sie können ihr erlauben, *Ihre* Autorität zu hinterfragen.

Clé Cervis Vater ist das beste Beispiel für einen dominanten Menschen, der seiner Tochter das Recht zugestand, seine Autorität in Frage zu stellen.

Clé sagt dazu: »Durch sein Verhalten und seine Worte

strahlte er Autorität aus, aber er war kein autoritärer Typ. Er sagte kein einziges Mal: ›Mein liebes Kind, in diesem Haus gibt es einen, der das Sagen hat, und deshalb tust du das, was ich will.‹ Überhaupt nicht. Er war viel zu offen für neue Ideen, als daß er sich so verhalten hätte. Er war ein Mensch, der ständig auf der Suche war, der immer neuen Gedanken nachhing und der mich ermutigt hat, *meinen eigenen* Verstand zu gebrauchen. Er war eine Autorität, aber kein autoritärer Typ.«

Sie können Ihre Tochter, sobald sie sich unnötig aufopfert, darauf aufmerksam machen. Wenn Ihre Frau sich ähnlich verhält, das heißt, wenn sie sich entgegen ihren eigenen Interessen für andere aufopfert, weil sie davon überzeugt ist, weiblich zu handeln, müssen Sie auch sie darauf hinweisen, denn sie ist ein Rollenvorbild für Ihre Tochter.

Jetzt kommt der schwierige Teil des Ganzen: Sie müssen bereit sein, die Folgen Ihres Handelns zu tragen. Möglicherweise werden Ihnen künftig die Frauen im Haus widersprechen, sich ihre Meinung selbst bilden und diese auch vertreten.

Sind Sie jetzt schon weniger motiviert? Als Mann wissen Sie natürlich genausogut wie ich, daß Ihr Leben viel einfacher und unkomplizierter verläuft, wenn die Frauen in Ihrem Leben (Ehefrauen, Töchter, Sekretärinnen, Mütter etc.) sich den Wünschen anderer, das heißt auch Ihren, unterordnen.

Wenn Sie zu den Männern gehören, die am liebsten alles beim alten lassen würden, ist es mit Ihrer Bereitschaft und Ihrer Fähigkeit, aus Ihrer Tochter eine erfolgreiche Frau zu machen, leider nicht weit her. (Sie müssen sich nun mal für eine Sache entscheiden!) Wenn Sie erkannt haben, wie ungerecht die bisherige Situation war, kann ich Ihnen nur gratulieren! Wenn Sie des weiteren erkannt haben, daß unabhängige Frauen (Ehefrauen, Töchter, Sekretärinnen, Mütter etc.) interessantere und bessere Partner abgeben, gratuliere ich Ihnen noch einmal! Wenn Sie praktische Hilfe wollen, lesen Sie ganz einfach weiter.

Erstens müssen Sie es zulassen, daß Ihre Tochter Ihre Autorität in Frage stellt. Zweitens dürfen Sie sie nicht schelten und auf Nachgiebigkeit und Unterwürfigkeit bestehen, wenn sie sich nicht typisch weiblich verhält. Wenn Ihre Tochter mit einem Problem nach Hause kommt, dürfen Sie ihr drittens nicht raten, sich mit der Situation abzufinden. Sie müssen sich statt dessen fragen: »Wenn sie ein Junge wäre, würde ich ihr dann raten, sich zu wehren?«

Natürlich ist dies leichter gesagt als getan, auch wenn man der Meinung ist, bereits über den Dingen zu stehen. Ich möchte Ihnen dazu von einer meiner ehemaligen Schülerinnen erzählen. Eines Tages hatte sie von dem abscheulichen Verhalten des Klassenstärksten endlich die Nase voll. Er hatte zum tausendsten Mal ihre Bücher auf den Boden geworfen. Sie schlenderte also zu seinem Platz hinüber (er saß), packte ihn am Hemdkragen, beugte sich über ihn und sagte so laut, daß alle in der Klasse es hören konnten: »Hör auf damit.« Sie blieb noch eine Weile so stehen und starrte ihn nur an. Dann ließ sie ihn mit verächtlicher Miene los und ging langsam wieder zu ihrem Platz zurück.

Meine erste Reaktion (die ich Gott sei Dank noch rechtzeitig unterdrücken konnte) war, zu sagen: »Aber Kathy, das ist nicht sehr nett. Warum bittest du ihn nicht einfach ganz freundlich?« Ich mache keine Witze. Beinahe wäre es mir über die Lippen gekommen. Zum Glück erkannte ich noch rechtzeitig, daß sie mit ihm in der Sprache gesprochen hatte, die er verstand. Sie erkennen an meiner spontanen Reaktion, daß keiner davor gefeit ist, in die alten Verhaltensmuster und Gewohnheiten zurückzufallen, auch wenn er sich des geschlechtsspezifischen Verhaltens bewußt und darauf bedacht ist, Kindern beizubringen, sich unabhängig von ihrem Geschlecht zu verhalten.

Übertragen Sie Ihrer Tochter deshalb Aufgaben und Herausforderungen, die ihr Entscheidungen, *selbständiges Arbeiten und Verantwortung abverlangen.* Nur so kann sie lernen, sich entsprechend zu verhalten. Nur durch ›learning by doing‹ kann der Lernende die daraus gewonnene Erfahrung verinnerlichen und somit die Integration vollziehen, die zu der gewünschten Verhaltensänderung führt (Definition von Lernen).

Verhalten, Konsequenzen und Ergebnisse beobachten

Dies ist der einzige Aspekt bei der Bildung des Selbstverständnisses (das eigene Verhalten und die Ergebnisse beobachten), der bis zu einem gewissen Grad von äußeren Einflüssen unabhängig ist. Ihre Tochter, die in Mathe nur gute Noten schreibt, wird sich selbst als einen Menschen erleben, der Mathematik versteht, und zwar ungeachtet der Meinung der anderen. Wenn sie schneller rennen kann als der kleine Nachbarsjunge, wird sie ganz einfach wissen, daß sie schneller rennen kann als manche Jungen.

Die Gefahr liegt darin, daß der betreffende Mensch aus diesem Aspekt des Selbstverständnisses eine trügerische Sicherheit ableitet. Denken Sie daran, daß die Neigung, bestimmte Eigenschaften höher zu bewerten, Ihre Tochter dazu veranlassen kann, ihre weiblichen Eigenschaften vor ihre mathematischen oder sportlichen Fähigkeiten zu stellen. Zweitens kann die Beobachtung des eigenen Verhaltens und seiner Ergebnisse unter gewissen Umständen schiefgehen, wie wir im nächsten Beispiel sehen werden.

Judy H., die ich vor gut einem Jahr während einer langen Bahnreise kennengelernt habe, ist eine kompetente und ehrgeizige Frau Anfang Dreißig. Als ich ihr von meinem Buchprojekt erzählte, wollte sie unbedingt ihre Geschichte erzählen, weil sie der Meinung war, daß andere daraus lernen könnten. Ihrer Ansicht nach hatte ihr Vater entscheidende Fehler begangen. Obwohl sie ihn liebte, waren ihre Gefühle ihm gegenüber ambivalent.

»Mein Vater war streng, anspruchsvoll und nur schwer zu-friedenzustellen. Er kritisierte mich auch dann, wenn ich nur Einser und Zweier nach Hause brachte. Er war der Mei-nung, ich sei eine ›Versagerin‹, weil ich nicht nur Einser hatte. Wie ich schon sagte, war er nur sehr schwer zufrie-denzustellen, und wenn er sich einmal etwas in den Kopf gesetzt hatte, war er unmöglich. Außerdem war er immer mit Arbeit überladen und hatte kaum Zeit für etwas anderes.

Es gab jedoch Zeiten, in denen er etwas umgänglicher war, meist dann, wenn meine Mutter das, was man gemeinhin weibliche List nennt, anwandte. Wenn sie die Hilflose spielte oder in Tränen ausbrach, konnte sie alles von ihm haben. Er schmolz förmlich dahin.«

Judy lernte schnell. Sie imitierte dieses Verhalten, weil es scheinbar immer funktionierte. Es wurde ihr von ihrer Mut-ter vorgelebt und von ihrem Vater verstärkt. Immer dann, wenn sie etwas von ihm wollte, spielte sie ihre Rolle und machte sie so im Lauf der Zeit zu einem Teil ihres Selbst. Sie verhielt sich auch als Erwachsene so, immer in der An-nahme, alle Männer würden darauf genauso reagieren wie ihr Vater. Der Schuß ging jedoch nach hinten los.

Ungefähr fünf Jahre lang hatte sie diese Taktik bei ihrem Chef angewandt und war mehr oder weniger erfolgreich da-mit gewesen. Immer wenn sie das liebe kleine Mädchen mimte oder die spröde junge Frau spielte, bedachte er sie mit Aufmerksamkeit. Beide wußten, daß es sich um ein harmlo-ses Spiel handelte. Judy hielt seine Aufmerksamkeit für An-erkennung.

»Nach vier Jahren war ich der Meinung, ich hätte eine Be-förderung und eine Gehaltserhöhung verdient. Ich hatte mir beides schwer erarbeitet. Ich wußte es, und mein Chef wußte es auch.«

Sie bereitete sich auf ihren Auftritt vor, betrat sein Büro und spielte die Rolle, in der sie jahrelang erfolgreich gewesen war. Es sollte ein rauhes Erwachen für sie werden.

»Er vertröstete mich zunächst ganz höflich auf einen späteren Zeitpunkt. Als ich ihn einige Wochen später noch einmal ansprach, teilte er mir mit, daß er der Meinung war, mein persönlicher Stil sei im Geschäftsleben nicht angebracht. Er sagte, ich müsse zuerst erwachsen und reifer werden, wenn ich respektiert und befördert werden wollte.

Als ich in Tränen ausbrach, tröstete er mich, aber er beförderte mich nicht. Als ich mit ihm flirtete, flirtete er mit mir, aber er beförderte mich nicht.

In gewisser Weise mache ich meinen Vater dafür verantwortlich, weil er mich glauben machte, daß dies die richtige Art sei, mit Männern umzugehen. Ich habe lange gebraucht, um zu erkennen, daß dieses Verhalten im Berufsleben nicht angebracht ist.

Erst Jahre später wurde mir klar, daß ich seine männliche Anerkennung mit seiner beruflichen Anerkennung verwechselt hatte. Ich habe mich an die falschen Regeln gehalten, doch ich kannte ja nur dieses eine ›Drehbuch‹. Wie sollte ich denn wissen, daß das, was jahrelang funktioniert hatte, auf einmal nicht mehr funktionieren würde?«

Die darin enthaltene Lektion ist so klar, daß es unnötig ist, näher darauf einzugehen. Es genügt, wenn ich hier anfüge, daß sich ähnliche Situationen in der Berufswelt tagtäglich abspielen.

Judys Verhalten beruhte auf dem vierten Aspekt des Selbstverständnisses. Sie hatte ihr weibliches Verhalten und dessen Ergebnisse viele Male sowohl im Umgang mit ihrem Vater als auch mit ihrem Chef beobachtet. Es hatte immer funktioniert. Obwohl ihr Selbstwertgefühl möglicherweise intakt gewesen war (zumindest bis zu dem genannten Vorfall), stand sie in Wirklichkeit jedoch ihrer eigenen Entwicklung im Wege.

Deshalb ist es so wichtig, daß Sie Ihr Verhalten überprüfen und feststellen, welches Verhalten und welche Ergebnisse Sie damit begünstigen. Wenn Ihre Tochter sieht, daß weibliches Verhalten (zum Beispiel weinen, sich zieren, hilflos sein) sie an ihr Ziel führt, wird sie sich in allen Situationen ähnlich verhalten. Wenn sie jedoch erfährt, daß sie mit selbstbewußtem Verhalten ihr Ziel *genauso* erreicht, wird sie über ein breiteres Verhaltensspektrum verfügen und eher gewillt sein, davon Gebrauch zu machen. Belohnen Sie also selbstwußtes Verhalten.

Rufen Sie sich doch einmal die Ratschläge aus Kapitel 2 ins Gedächtnis zurück, als wir über die verschiedenen Vatertypen gesprochen haben: den autoritären Vater, den beschützenden Vater, den weichen Vater und den Freund. Weiche und beschützende Väter fördern oftmals unangebrachtes weibliches Verhalten und errichten so unabsichtlich Hürden für ihre Tochter.

Der Vater, der der Freund seiner Tochter ist, wird sich nicht dagegen wehren, wenn seine Tochter ihn bezirzt, und er wird sie beschützen (denn beides gehört zur Freundschaft), doch er wird gleichzeitig offen für jede andere Verhaltensweise seiner Tochter sein. Er wird sich nicht unwohl fühlen, wenn er das selbstbewußte Verhalten seiner Tochter unterstützt, und wird sich nicht dagegen sträuben, wenn seine Tochter ihn mit logischen Argumenten überzeugt (auch wenn sie im Widerspruch zu seinen eigenen Ansichten stehen), oder sich durch die Unabhängigkeit seiner Tochter bedroht fühlen (auch wenn er dadurch das Gefühl hat, nicht länger gebraucht zu werden).

Er wird einsehen, daß es für das Selbstverständnis seiner Tochter von entscheidender Bedeutung ist, daß sie tatsächlich *erlebt,* daß sie mit dem unabhängigen und selbstbewußten Verhalten positive Ergebnisse erzielt, anstatt nur davon zu *hören.* Er wird dafür sorgen, daß er dieses Verhalten durch seine Reaktionen auf ihre Handlungen verstärkt und ihr Gelegenheit gibt, sich entsprechend zu verhalten.

Eine dieser kumpelhaften Vater-Tochter-Beziehungen ist geradezu vorbildlich – die Beziehung zwischen Barbara Grogan und ihrem Vater. Er scheint alles richtig gemacht zu haben, und Barbara liebt und bewundert ihn.

»Nachdem Sie anriefen«, sagt sie begeistert, »wurde mir klar, wie sehr ich mich darüber gefreut habe, über meinen Vater zu sprechen, weil ich damit meine Anerkennung für ihn zum Ausdruck bringen konnte.

Er ist mein erster Prinz und ein sehr wichtiger Mensch in meinem Leben. Ich habe mich stets mit ihm und mit dem, was er tat, identifiziert. Ich erinnere mich, wie ich sogar als ganz kleines Mädchen darauf gewartet habe, daß er nach Hause kam und mir aus der Zeitung vorlas.

Die Samstage verbrachte ich regelmäßig mit ihm; wir gingen entweder im Baumarkt einkaufen, oder ich sah ihm zu, wenn er im Keller bastelte. Er hatte eine Werkstatt und baute entweder Modellautos oder schreinerte irgend etwas fürs Haus. Ich war gern mit ihm zusammen und genoß es, ihm zuzuschauen. Ich saß meist zwischen Schrauben und Muttern ... Wissen Sie, ich hab nie mit Puppen gespielt, sondern bin immer meinem Vater hinterhergerannt.«

Sie lacht: »Er hätte sich wahrscheinlich nie träumen lassen, daß er so etwas wie eine nichttraditionelle Frau erzog, denn im Grunde seines Herzens war er, was Frauen und ihre Rolle betrifft, ziemlich konservativ. Ich glaube, es hängt damit zusammen, daß ich mich mit einem Mann identifizieren konnte ... und trotzdem hat er auch nie spüren lassen, daß Jungs sich anders verhalten als Mädchen. Wir hatten einen Go-Kart; ich rannte und schnappte mir den Go-Kart genauso schnell wie jeder Junge. Und es hieß nie: ›Nein, Barbara, das ist nichts für dich. Du wirst dir weh tun.‹ Nichts dergleichen. Ich setzte einfach meinen Helm auf und raste mit 100 Stundenkilometern den Berg hinunter.

Wenn ich jetzt daran zurückdenke«, sagt sie und schüttelt den Kopf, »frage ich mich, wie er das zulassen konnte. Aber es hieß niemals: ›Laß das, das ist zu gefährlich.‹«

Sie grübelt jetzt als Mutter darüber nach: »Als Mutter weiß

ich, daß es für Eltern schwer ist, sowohl Söhnen als auch Töchtern diese Art von Abenteuer zu erlauben. Aber ich weiß, daß diese Abenteuer notwendig sind, damit Kinder ihre Kraft erproben können.

Mein Vater war in meinem Leben ein ganz außergewöhnlicher Mensch, und ich versuchte natürlich, seinen Erwartungen gerecht zu werden, was darauf hinauslief, daß ich immer mein Bestes gab.

Wenn ich heute wählen könnte zwischen ein paar Tagen mit meinem Vater und 50 Jahren mit einem anderen Menschen, würde ich mich für die Tage mit meinem Vater entscheiden, weil er mir in den Jahren, die wir zusammen verbracht haben, viel gegeben hat. Er war mein bester Freund.«

Zusammenfassung

Ein bewußter Vater wird sein Wissen um die Bildung des Selbstverständnisses einsetzen und seine Tochter in ihrem Selbstvertrauen und Selbstbewußtsein sowohl verbal als auch durch Taten unterstützen und stärken. Die folgende Zusammenstellung soll auch Ihnen dabei helfen.

1. *Jeder Mensch bestimmt seinen Wert, indem er sich mit anderen vergleicht.*
Tragen Sie der Tatsache Rechnung, daß sich Ihre Tochter besonders mit der Gruppe ihrer männlichen Altersgenossen vergleichen wird. Rufen Sie sich noch einmal die Untersuchung ins Gedächtnis zurück, die gezeigt hat, daß die Jungen aller Wahrscheinlichkeit nach weibliche Aktivitäten herabwürdigen werden. Versuchen Sie deshalb, die starke männliche Gegenstimme zu dieser negativen Einschätzung zu sein. Sie müssen Ihre Tochter davon überzeugen, daß es keineswegs besser ist, ein Mann zu sein, und ihr die gleichen Möglichkeiten und Rechte, die gleiche Freiheit und die gleiche Ausbildung offenstehen wie einem Jungen.

2. *Jeder Mensch sieht sich so, wie andere ihn sehen.*
Beweisen Sie Ihrer Tochter durch Ihre mündliche Ermutigung und Ihr Verhalten, daß Sie sie für kompetent, intelligent und vertrauenswürdig halten. Denken Sie daran, daß reine Lippenbekenntnisse hohl und oberflächlich sind, und daß Ihr Verhalten Ihre wahren Überzeugungen widerspiegelt.

3. *Jeder Mensch bewertet bestimmte Eigenschaften höher als andere, was wiederum bedeutet, daß manche Eigenschaften für das Selbstwertgefühl von größerer Bedeutung sind.*
Helfen Sie Ihrer Tochter, Schönheit und Sexappeal richtig einzuschätzen. Versuchen Sie nicht, die Bedeutung dieser Aspekte zu leugnen, sondern betonen Sie (in Form von Komplimenten, Ermutigung und Belohnungen) ihre Anstrengungen, Erfolge und Leistungen.

4. *Jeder Mensch definiert sich selbst, indem er sein Verhalten, dessen Folgen und Ergebnisse beobachtet.*
Ermöglichen Sie Ihrer Tochter die Erfahrungen, die sie in die Lage versetzen, sich selbst als einen Menschen zu sehen, der risikobereit und aufgabenorientiert ist; verhalten Sie sich ihr gegenüber so wie Sie sich einem Sohn gegenüber verhalten würden. Helfen Sie ihr zu erkennen, daß ein Versagen ein Fehler und eine Lernerfahrung ist. Eilen Sie ihr nicht vorzeitig zu Hilfe.

Eine neue Definition des Selbstverständnisses

Wir haben bereits davon gesprochen, daß das Selbstverständnis eines Menschen einem ständigen Wandel unterworfen ist und daß es von den Lebensbedingungen des jeweiligen Menschen abhängt.

Eine kürzlich von Dr. Kristen Yount an der University of Kentucky durchgeführte Untersuchung mit Kohlebergwerksarbeiterinnen hat auf diesem Gebiet zu interessanten neuen Einsichten geführt. Die Arbeiterinnen beschrieben sich selbst mit den gleichen Adjektiven wie ihre männlichen Kollegen.[15] Gleicherweise beschrieben sich auch Männer, die im sozialen Bereich tätig sind, mit fast den gleichen Adjektiven wie ihre weiblichen Kolleginnen. Das heißt, daß das Selbstbild eines Menschen (einschließlich seines Bildes von seiner eigenen Männlichkeit oder Weiblichkeit) auch von seiner jeweiligen Berufstätigkeit abhängt.

Diese Erkenntnis ist deshalb provozierend, weil sie unsere alte Auffassung von Arbeit und Geschlecht buchstäblich auf den Kopf stellt. Sie ging davon aus, daß die geschlechtsspezifische Einteilung der Arbeit auf die angeborenen Eigenschaften von Männern und Frauen zurückzuführen sei, die nicht nur als Voraussetzung dienten, sondern die Arbeit an sich festlegten. Die neuen Erkenntnisse belegen das Gegenteil. Dr. Yount führt dazu aus: »Frauen gehen möglicherweise nicht deshalb Sozialberufen nach, weil sie von Natur aus warmherziger und gebender sind, sondern sie erleben sich als warmherzig und gebend, weil sie in diesen Berufen arbeiten. Weil sie durch ihre Gebährfähigkeit schon immer an die gebende Rolle gebunden waren, haben sie dieses Selbstverständnis entwickelt und arbeiten auch weiterhin in Sozialberufen.«

Für unsere Zwecke ist die Erkenntnis von Bedeutung, daß die Tätigkeiten, denen ein Mensch nachgeht, sein Selbstverständnis beeinflussen und prägen und daß sich das Selbstverständnis sehr wohl wandeln kann. Wenn Sie wollen, daß Ihre Tochter Selbstsicherheit und Selbstvertrauen entwickelt, müssen Sie ihr Gelegenheit geben, Tätigkeiten auszuüben, die strategisches Denken, Stärke, Selbstsicherheit, Klugheit und Mut erfordern – auf Bäume klettern, Lager bauen, Schach spielen, Modellflugzeuge bauen, Fahrradfahren und jede andere Art von sportlicher Betätigung bestärken Ihre Tochter in ihrem Glauben an ihren Mut, ihre Intelligenz, ihre Energie und ihre Kraft. Dagegen sind Babysitten, Essen kochen und sich hübsch zurechtmachen Tätigkeiten, die zum Selbstbild eines gebenden und nachgiebigen Menschen gehören.

Viele kleine Mädchen werden bereitwillig beide Arten von Tätigkeiten ausführen. Zwingen Sie Ihre Tochter nicht zu Aktivitäten, die sie nicht mag. Schreiben Sie ihr nicht vor, was sie in ihrer Freizeit zu tun hat. Wenn Ihre kleine Tochter sich jedoch scheinbar zu sehr den typisch weiblichen Tätigkeiten widmet, sollten Sie zusammen mit ihr Dinge tun, die ihren Mut und ihr strategisches Denken fördern, und ihr neue Fertigkeiten beibringen.

Kapitel 6
Mütter und Väter: ein erfolgreiches Team

Bisher habe ich mich darauf beschränkt, auf die Rolle des Vaters einzugehen, und ich kann hier nur noch einmal wiederholen, wie entscheidend sie ist; doch die Vorschläge, die ich Ihnen in diesem Buch unterbreite, richten sich nicht nur an Väter, sondern gleichermaßen an Mütter. Mütter können genauso wie Väter ihre Kinder vorzeitig »retten«; ein Mädchen kann sowohl durch eine überbeschützende Mutter wie durch einen überbeschützenden Vater zum emotionalen Krüppel gemacht werden. Eine Mutter kann ebenso wie ein Vater subtile und zerstörende Botschaften übermitteln, die das Selbstwertgefühl eines Mädchens unterminieren. Eine Mutter kann jedoch andererseits auch risikobereit sein und als Vorbild für mutiges und selbstbewußtes Verhalten dienen.

Kein Vater agiert im luftleeren Raum. Seine Bemühungen und die Wahrscheinlichkeit seines Erfolges müssen in einem ganz bestimmten Rahmen gesehen werden; das heißt, er ist Teil eines Teams. Wenn er und seine Frau nicht zusammenarbeiten, wird sich Verwirrung und Ärger breitmachen.

Beide Elternteile müssen sich über diesen Umstand im klaren sein. Dies ist die erste Erkenntnis, die zu einem erfolgreichen Team führt. Da kein Elternteil die Fähigkeit der Tochter willentlich schwächen würde, können wir darauf vertrauen, daß Eltern jeden Konflikt austragen und bereinigen werden, um zu einer gegenseitig annehmbaren Einstellung zu gelangen. Es erfordert manchmal nichts weiter als ein ganz simples Gespräch, in dem Meinungen ausgetauscht und Ziele geklärt werden, damit beide auf die gleiche Wellenlänge eingestimmt sind. Wenn sie einmal verstanden haben, wie ihr Verhalten (sowohl als Individuum als auch als Ehepaar) zum Vermögen oder Unvermögen ihrer Kinder beiträgt, können sie ihr Verhalten koordinieren und die Botschaften sowie ihre Erwartungen an ihre Tochter vereinheitlichen. Sie üben damit einen harmonischen Einfluß aus, der doppelt wirksam ist.

Ich habe das folgende Kapitel in drei Teile gegliedert. Der erste Teil beschäftigt sich mit dem Einfluß, den Ihre Beziehung zu Ihrer Frau auf Ihre Tochter hat. Der zweite Teil beschäftigt sich mit verschiedenen Muttertypen und damit, was Sie tun können, wenn Sie als Eltern Konflikte haben. Der letzte Teil enthält Vorschläge, wie Sie als Ehepaar vorgehen können. Aber zuerst...

Eine Geschichte von verworrenen Botschaften

Die Mutter der kleinen Ann Bernard war Jazzmusikerin. Bevor ihre Eltern geheiratet hatten, war ihr Vater von dem Können und der Berühmtheit ihrer Mutter hingerissen gewesen. Er sonnte sich sogar zuweilen gern in ihrem Ruhm. Jedesmal, wenn beide eingeladen waren, bestand er darauf, daß sie für die anwesenden Gäste Klavier spielte. Er ermutigte sie, in Nachtclubs vorzuspielen, und besuchte an jedem Wochenende ihre Auftritte. Gewöhnlich hörte man ihn sagen: »Meine Frau ist Pianistin. Los, Max, zeig ihnen, was du kannst.« Klingt ganz nach einem Mann, der seine Frau unterstützt, nicht wahr? Wo liegt also das Problem?

Bedauerlicherweise änderten sich die Dinge, nachdem sie geheiratet hatten. Die Eigenschaften, die seine Frau zu einer bemerkenswerten und gefragten Künstlerin und gutbezahlten Musikerin machten, gerade die Eigenschaften, die ihn zuerst angezogen hatten, konnte er an der Ehefrau nicht akzeptieren. Sie waren unvereinbar mit seinem Rollenverständnis. An den Wochenenden durfte und sollte sie aggressiv und unabhängig sein, um mit der frustrierenden Realität des Musikgeschäftes fertig zu werden, aber zu Hause sollte sie aufgedonnert staubsaugen und ihrem Mann jeden Wunsch von den Augen ablesen.

Diesen zwei grundverschiedenen Rollen konnte sie beim besten Willen nicht nachkommen, obwohl sie es ernsthaft versuchte. Sie war nicht die Frau, die ihre Bühnenpersönlichkeit nach einem Auftritt wieder ablegen konnte. Die Charakterzüge ihrer Bühnenpersönlichkeit – Perfektionismus, Selbstbewußtsein, Kreativität und ein individueller Lebensstil – waren zu Hause ebenso zu spüren wie auf der Bühne. Ihr Mann konnte sich damit nicht abfinden. Er lehnte sie als *Mensch* ab, da sie nicht dem stereotypen Frauenbild der Zeit entsprach.

Warum erzähle ich Ihnen diese Geschichte? Weil es die zentralen Themen dieses Kapitels verdeutlicht. Erstens verletzte Anns Vater die Regel Nr. 1 – er ermutigte mit Worten, doch nicht mit Taten. Zweitens hatte diese widersprüchliche Situation genau die vorhersehbaren Folgen, die wir bereits besprochen haben. Die kleine Ann Bernard lernte, daß es keineswegs okay war, wie ihre Mutter zu sein – unabhängig, kreativ und mutig. Das war unweiblich. Sie lernte, daß Männer diese Charakterzüge nicht schätzen, weil ihr Vater sie nicht schätzte – der einzige Mann, den sie aus der Nähe beobachten konnte. Sie unterdrückte aus diesem Grund diese Eigenschaften in sich und versuchte jahrelang, das passive und zurückhaltende Wesen zu sein, das ihr Vater in Frauen sehen wollte.

Die Lektion, die wir aus der Geschichte Bernard lernen können, ist wertvoll.

Der Einfluß Ihrer Beziehung zu Ihrer Frau auf Ihre Tochter

Ihre Tochter wird lernen, daß bestimmte Verhaltensweisen von Männern geschätzt, andere dagegen abgelehnt werden. Ihre Frau wird das Beispielverhalten liefern, und Ihre Tochter wird an Ihrer Reaktion darauf erkennen, ob Sie dieses Verhalten akzeptieren oder nicht.

Wenn Sie sich beispielweise negativ gegenüber der Unabhängigkeit, Selbstbehauptung oder dem Führungsanspruch Ihrer Frau verhalten, indem Sie sich entweder zurückziehen oder Ihre Wut offen zeigen, indem Sie sich über sie lustig machen oder sie heftig kritisieren, wird Ihre Tochter zu Recht annehmen, daß diese Art des weiblichen Verhaltens von Männern nicht geschätzt wird und ausgesprochen risikoreich ist. Wenn Sie Ihrer Anerkennung für selbstbewußtes Verhalten Ausdruck verleihen, indem Sie aufmerksam zuhören, Fragen stellen, neue Ideen diskutieren und unterstützen, zeigen sie Ihrer Tochter, daß sie mit den Menschen, die sie lieben, ehrlich sein kann.

Eine von Marjorie Honzik in Kalifornien durchgeführte Untersuchung zeigt, daß Väter, die ihren Frauen gegenüber eine gesunde Einstellung hatten, Töchter hatten, die sehr viel wahrscheinlicher als andere intellektuell erfolgreich waren.[1] Anders ausgedrückt heißt das, daß das Selbstwertgefühl Ihrer Tochter auch von *Ihrer* Einstellung gegenüber Ihrer Frau abhängt.

Die Vorstellung, daß Ihr Verhalten gegenüber Ihrer Frau eine unterschwellige Wirkung auf das Selbstwertgefühl Ihrer Tochter hat, ist Grund genug, sich eingehender damit zu beschäftigen. Die wirksamste Art und Weise, das Verhalten Ihrer Tochter zu formen (oder umzuformen), ist, durch Worte zu ermutigen, Ihre Liebe und Zuneigung zum Ausdruck zu bringen und das Gesagte dann durch Ihr *Verhalten* zu belegen.

Senden Sie keine widersprüchlichen Botschaften. Unterstützen Sie nicht auf der einen Seite die Unabhängigkeit und Risikobereitschaft Ihrer Tochter, um die gleichen Eigenschaften in Ihrer Frau zu bekämpfen. Merken können Sie sich dies am einfachsten so: Sie ermutigen Ihre Tochter nicht, indem Sie Ihre Frau entmutigen. Das verwirrt Ihre Tochter lediglich und zeigt ihr, daß männliche Unterstützung oberflächlich und ein reines Lippenbekenntnis ist. Es wird sie lehren, daß sie eines Tages, wenn sie sich dem Mann gegenüber, den sie liebt, unabhängig verhält, damit seine Anerkennung aufs Spiel setzt und möglicherweise sogar das Risiko eingeht, verlassen zu werden. Es wird aller Wahrscheinlichkeit nach ihren Konflikt während der Pubertät verstärken und dazu führen, daß sie ihr wahres Ich versteckt.

Wenn Sie jedoch Ihrer Tochter durch Ihr positives Verhalten Ihrer Frau gegenüber zeigen, daß selbstbewußtes weibliches Verhalten auf Männer sehr wohl anziehend sein kann, vermitteln Sie ihr damit, daß sie *erwarten* kann, von Männern positiv behandelt zu werden. Als erwachsene Frau wird sie dann wahrscheinlich nicht bereit sein, eine sexistische Einstellung zu tolerieren und wahrscheinlich keinen voreingenommenen Mann zum Lebenspartner wählen.

Lesen Sie die Aussagen auf Seite 142 und 143 sorgfältig durch. Sie verdeutlichen, wie sich das Verhalten eines Mannes gegenüber seiner Frau auf das Verhalten seiner Tochter auswirkt.

Die erste Aufstellung repräsentiert eine traditionelle, stereotype Rolle, mit dem Vater als Herrn des Hauses. Ich nenne sie »traditionelles, geringschätzendes Verhalten«, da der Wert einer Frau an ihrer Bereitschaft, Pflichten im Haushalt und in der Kindererziehung wahrzunehmen, gemessen wird.[2]

Die zweite Aufstellung repräsentiert eine demokratischere Beziehung zwischen Ehemann und Ehefrau, in der die Individualität, Talente, Meinungen, Einstellungen, Ziele und

Traditionelles, geringschätzendes Verhalten		
Verhalten des Ehemannes gegenüber seiner Frau	Unausgesprochene Botschaft an die Tochter	Späteres Verhalten der Tochter
Ehemann trifft alle wichtigen Entscheidungen, besonders in bezug auf Geld und Wohnort.	Frauen treffen schlechte Entscheidungen. Frauen sind unfähig, Entscheidungen zu treffen. Frauen müssen keine Verantwortung für ihre Handlungen übernehmen. Frauen sind machtlos.	Panik und starke Gefühle der Unzulänglichkeit. Geringes Selbstwertgefühl. Finanzielle Abhängigkeit. Emotionale Abhängigkeit.
Unterstützt die Zuteilung von Arbeiten nach Geschlecht: 1. Haushalt und Kinder sind Frauenpflichten. 2. Männliche Nachkommen werden nicht zur Hausarbeit herangezogen. Familien mit beschränkten Mitteln räumen in erster Linie männlichen Nachkommen eine gute Ausbildung ein.	Männerarbeit ist wichtiger als Frauenarbeit. Geistige und körperliche Leistungen sind ausschließlich Männern vorbehalten. Weibliche Arbeit ist nicht leistungsorientiert, noch wird sie belohnt. Es ist besser, ein Mann zu sein als eine Frau.	Mädchen entwickeln kein Vertrauen in ihre körperlichen und geistigen Fähigkeiten. Sie glauben, Leistung sei männlich, und geben deshalb ihr risikobereites Verhalten auf, das die Voraussetzung für Erfolg ist. Sie werden furchtsam und wagen nichts oder geben leicht auf. Sie haben keinen ernsthaften Berufswunsch. Geringes Selbstwertgefühl. Starke Abhängigkeit. Frühe Heirat. Frühe Schwangerschaft.
Sagt Dinge, die den Wert des Weiblichen herabsetzen. 1. Witze und kranker Humor, die sich über Frauen lustig machen, indem sie den Verstand, den Körper und die Rollen lächerlich machen. 2. Aussprüche wie »Das ist Frauenarbeit.«	Frauen sind Männern unterlegen. Es ist besser, ein Mann zu sein als eine Frau.	Geringes Selbstwertgefühl. Selbsthaß. Panik und Gefühle der Unzulänglichkeit. Frühe Schwangerschaft.

	Nichttraditionelles, würdigendes Verhalten	
Verhalten des Ehemannes gegenüber seiner Frau	Unausgesprochene Botschaft an die Tochter	Späteres Verhalten der Tochter
Trifft mit seiner Frau zusammen die Entscheidungen bezüglich der Geldausgaben.	Frauen können mit Geld umgehen. Frauen treffen gute Entscheidungen.	Hohes Selbstwertgefühl. Unabhängigkeit. Autonomie.
Erbittet die Meinung und den Rat seiner Frau und diskutiert sein Verhalten.	Frauen treffen gute Entscheidungen. Frauen können Probleme lösen. Die Ideen von Frauen sind wertvoll. Frauen sind für ihre Handlungen verantwortlich.	Unabhängigkeit. Autonomie. Selbstwertgefühl.
Unterstützt die Pläne und Ziele seiner Frau: 1. Ermutigt durch Worte. 2. Befreit seine Frau von Haushalts- und Erziehungspflichten, damit sie ihre Ziele verfolgen kann.	Das Leben beider Beziehungspartner ist gleich wichtig. Frauen haben Fähigkeiten. Frauen haben Rechte. Weibliche Beiträge sind lohnend.	Gesteigerte Leistungsorientierung und -motivation. Bewußtsein über Berufsplanung und berufsbezogene Fertigkeiten. Hohes Selbstwertgefühl.
Unterstützt nicht die Zuteilung von Arbeiten nach Geschlecht: Jeder nimmt Pflichten im Haushalt und in der Kindererziehung wahr.	Jede Arbeit wird gleich bewertet und ist gleich wertvoll.	Die Tochter sieht männliche und weibliche Beiträge gleichwertig als lohnend und verdienstvoll an. Selbstwertgefühl.

143

Problemlösefähigkeiten der Frau nicht nur geschätzt, sondern auch gefördert werden.

In der ersten männlichen Rolle (traditionell, geringschätzend) sagt ein Mann vielleicht, daß er die Meinung seiner Frau schätzt, doch wenn sich beide bezüglich einer Vorgehensweise oder Entscheidung nicht einig sind, behält er das letzte Wort. Er würde von ihr erwarten, daß sie freundlich nachgibt und ihn unterstützt, ungeachtet des Ausmaßes der Meinungsverschiedenheit. (Von ihr als Frau wird erwartet, daß sie ihren Mann unterstützt, doch umgekehrt verhält es sich keineswegs gleich.) Ihre Tochter wird, wenn sie die Situation miterlebt, annehmen, daß Männer die besseren Entscheidungen treffen.

Diese Einstellung wirkt besonders dann lächerlich, wenn die Ehefrau über ein besseres Urteilsvermögen verfügt als der Mann. Ich kenne ein Ehepaar, wo die Frau besser mit Geld umgehen kann als ihr Mann; da er jedoch der Überzeugung ist, daß der Mann in der Familie die finanziellen Entscheidungen treffen sollte, erwartet er von ihr, daß sie sich damit abfindet. Er hat bereits mehr als einmal die falsche Entscheidung getroffen und der Familie damit Leid und Verzicht aufgebürdet, während sich ihre Entscheidungen, die jedoch unbeachtet blieben, nachträglich als die vernünftigeren herausstellten.

In der zweiten männlichen Rolle (nichttraditionell, würdigend) ist ein Mann, der anderer Meinung ist als seine Frau, bemüht, einen Kompromiß zu schließen und eine für beide Seiten annehmbare Situation zu schaffen, in der keiner das Gefühl hat, »kapituliert« zu haben. Manchmal erfordert dies stunden- oder sogar wochenlange Gespräche, in denen beide darin übereinstimmen, so lange miteinander zu reden, bis sich ein Kompromiß ergibt, und zwar auf gleichberechtigte Art und Weise. Diese Art der Beziehung vermittelt der Tochter den nachvollziehbaren Beweis dafür, daß weibliche Ideen, Begabungen und Ziele respektiert werden.

In der Wirklichkeit stehen die meisten Ehen irgenwo zwischen den beiden Polen, oder sie wechseln ihren Standpunkt je nach Art der Meinungsverschiedenheit. Wichtig ist hier, wie häufig Ihre Tochter beobachtet, daß der weibliche Beitrag als etwas Wertvolles angesehen wird. Ihre Einstellung – entweder ständige Anerkennung oder Ablehnung – wird sie glauben lassen, daß Männer weibliche Selbständigkeit entweder annehmen oder ablehnen.

Muttertypen

Nachdem Sie jetzt wissen, wie sich die Beziehung zu Ihrer Frau auf die Einstellung Ihrer Tochter auswirkt, ist es an der Zeit, daß wir uns mit den Müttern beschäftigen.

Ihre Frau und Sie erziehen Ihre Tochter gemeinsam. Ihre Frau kann Ihre Beziehung zu Ihrer Tochter erleichtern und die Arbeit, die Sie zu leisten versuchen, unterstützen; sie kann sich weigern, in irgendeiner Art einzugreifen, so daß sie Sie in Ihrem Bemühen weder bestärkt noch davon abbringt; in ganz schwierigen Fällen kann sie Ihnen den Weg versperren und Ihre Bemühungen zunichte machen.

Manchmal kommt es vor, daß ein Vater während eines Seminars eine Frage stellt zu den unterschiedlichen Auffassungen, die er und seine Frau von Erziehung haben. Ich erinnere mich, daß ein Vater diesen Konflikt gut beschrieben hat.

»Was kann ich tun, wenn ich meine Tochter zu einer entscheidungsfreudigen und unabhängigen Frau erziehen will, aber ihre Mutter sich weigert, ihr eigenes Verhalten entsprechend zu verändern?«

Da mir klar war, daß sein Problem für alle Väter von Interesse war, bat ich ihn, ausführlicher darüber zu sprechen.

»Nun, meine Frau weigert sich strikt, auch nur irgendeine

Entscheidung zu treffen. Nicht einmal eine kleine. Ich sage zum Beispiel: ›Laß uns heute ins Kino gehen.‹ Wenn sie Lust hat, frage ich sie: ›Welchen Film möchtest zu gern sehen?‹ und sie antwortet jedesmal: ›Es ist mir egal. Entscheide du.‹ Manchmal möchte ich aber gar nicht entscheiden. Ich wünsche mir, daß sie entscheidet.

Nach dem, was ich bisher von Ihnen gehört habe, glaube ich allmählich, daß sie, wenn sie sich ständig weigert, eine Entscheidung zu treffen, kein gutes Beispiel für unsere Tochter ist.«

Seine Ehrlichkeit bewog einen anderen Vater, über seine Sorge zu sprechen.

»Mein Problem ist ähnlich. Ich glaube nicht, daß meine Frau wirklich will, daß unsere Tochter unabhängig wird. Sie hält ein solches Verhalten für unweiblich. Wenn ich beispielsweise meine Tochter ermutige, sich selbst ein Urteil zu bilden, anders zu sein oder nach ihren eigenen Entscheidungen zu handeln, antwortet meine Frau meistens: ›Denk daran, daß sie kein Junge ist.‹ Erwähnen möchte ich hier, daß meine Frau sehr gut aussieht und immer viele Verehrer hatte.«

Wir haben bereits davon gesprochen, daß einige Väter widersprüchliche Botschaften übermitteln, indem sie selbstbehauptendes Verhalten verbal unterstützen und es gleichzeitig durch frühzeitiges Erretten zunichtemachen, was wiederum die erlernte Hilflosigkeit verstärkt. Die Tochter erhält eine gleichermaßen chaotische Botschaft, wenn sie auf der einen Seite spürt, daß ihr Vater mutiges, unabhängiges und abenteuerlustiges Verhalten unterstützt, und sie auf der anderen Seite mitansieht, daß sich ihre eigene Mutter abhängig und hilflos verhält. Für die Tochter wird es ganz besonders verwirrend, wenn die Mutter diese Verhaltensweisen mit Nachdruck verteidigt oder ihre Tochter dazu ermutigt, sich selbst abhängig und hilflos zu verhalten.

Eine Mutter und ein Vater, die erkennen, daß sie unterschiedliche Ansichten vertreten, müssen in erster Linie bestrebt sein, ihre Meinungsverschiedenheiten auszutragen (unter vier Augen natürlich, so daß ihre Tochter dadurch nicht in einen Konflikt gerät). Solange sie ihre Gefühle und Überzeugungen hinsichtlich der weiblichen Leistung nicht offen zur Sprache gebracht haben, arbeiten sie möglicherweise auf gegensätzliche Ziele hin. Ich habe nachfolgend einige Fragen zusammengestellt, die dazu dienen, Ihre Diskussion in Gang zu bringen:

1. Wie definiert jeder von Ihnen Weiblichkeit?
2. Welche Zukunft wünschen Sie sich für Ihre Tochter?
3. Was glauben Sie, kann Ihre Tochter leisten?
4. Wie würden Sie sich fühlen, wenn Ihre Tochter die Ehe und/oder Mutterschaft zugunsten einer beruflichen Karriere möglicherweise für immer ablehnen würde? (Wenn Ihre Antworten negativ ausfallen, führen Sie bitte Gründe an.)
5. Wünschen Sie sich, daß Ihre Tochter ganz bestimmten Rollenvorbildern nacheifert, und wenn ja, warum?
6. Auf welche ihrer Eigenschaften ist die Mutter ganz besonders stolz und möchte sie an ihre Tochter weitergeben?
7. Auf welche seiner Eigenschaften ist der Vater ganz besonders stolz und möchte sie an seine Tochter weitergeben?

Wenn Sie diese Fragen als Anregung für eine Diskussion heranziehen, werden Einstellungen und Überzeugungen zum Vorschein kommen, die Sie bisher höchstwahrscheinlich noch nie gemeinsam erörtert haben. Wenn Sie einmal in der Lage sind, die damit verbundenen Themen und Ihre diesbezüglichen Gefühle offen zu erörtern, können Sie Ihre neuen Einsichten dazu nutzen, das Ausmaß des bestehenden Konfliktes zu bestimmen und entsprechende Maßnahmen zu ergreifen.

Die folgende Darstellung verschiedener Muttertypen soll Ihnen helfen, das Verhalten Ihrer Frau und die unausgesprochene Botschaft, die dieses Verhalten Ihrer Tochter und auch Ihnen vermittelt, besser zu verstehen. Wenn Sie die folgenden Beschreibungen und Einteilungen für zu eng halten, ignorieren Sie sie. Wenn Sie Ihnen jedoch helfen, die subtilen Zusammenhänge zu verstehen, arbeiten Sie damit.

Die Bärin

Besonders kritisch wird die Situation dann, wenn die Mutter nicht *möchte*, daß der Vater sich um die Kinder kümmert. In den meisten Fällen ist dies jedoch kein Problem, denn die meisten Mütter würden viel darum geben, wenn ihre Männer sich mehr an der Kindererziehung beteiligten. Für die wenigen Mütter, die sich durch die Einmischung des Vaters bedroht fühlen, kann das Engagement des Vaters zu einem Problem werden. Die Gründe dafür sind zahlreich.

Wenn Ihre Frau nur als Mutter Einfluß und Autorität ausüben kann, wird sie (verständlicherweise) zögern, ihre einzige Gelegenheit, dies zu tun, aufzugeben. Ihre Entscheidung, sich mehr um die Kindererziehung zu kümmern, stellt für Ihre Frau eine Bedrohung ihres schon begrenzten Einflusses, ihrer Wichtigkeit und ihres Bedürfnisses, gebraucht zu werden, dar. Wenn ihr ganzes Selbstbild auf ihrer Mutterrolle beruht, muß Ihr verstärktes Engagement für sie wie ein Angriff auf ihre Identität wirken. Bevor sie auf die Kontrolle als Mutter auch nur teilweise verzichten kann, muß sie sie durch etwas anderes ersetzen. Dies erfordert von ihr zweifellos Zeit und Selbstprüfung. Wenn dies das Problem sein sollte, ist Ihr *geduldiges* Verständnis von äußerster Wichtigkeit.

Sie sollten jedoch auch in Betracht ziehen, daß sie sich möglicherweise nicht verteidigt, sondern eine begründete Feststellung macht. Wenn der Vater für alles Verantwortung trägt, ist es nur zu verständlich, wenn sie sich ärgert, wenn er auch noch ihren letzten Einflußbereich einzugrenzen versucht. Sie ist und bleibt ein erwachsener Mensch und genießt wie alle anderen Erwachsenen die Möglichkeit, Autorität auszuüben und respektiert zu werden. Wenn eine Ehefrau wie ein Kind oder wie ein Mensch zweiter Klasse behandelt wird, hat sie nur als Mutter die Chance, sich wie ein erwachsener Mensch zu verhalten.

Sie sollten deshalb versuchen, Ihrer Frau mehr Entscheidungsmöglichkeiten einzuräumen, ihr die Freiheit zuzugestehen, ihre Verdienst- und Berufsmöglichkeiten zu erforschen, ihr mehr Respekt zollen für ihre Beiträge, die sie außerhalb ihrer Haushaltspflichten leistet. Wenn Sie sich so verhalten, werden Sie ihre Macht und Autorität auf Gebieten, die außerhalb ihrer Mutterrolle liegen, stärken und im gleichen Maße die Wahrscheinlichkeit verringern, daß sie sich in ihrem Einflußbereich zurückgedrängt fühlt.

Ich möchte hier noch auf zwei wichtige Dinge hinweisen. Erstens auf die offensichtliche Bedeutung des vorhergehenden Absatzes (offensichtlich für die Frauen, die dieses Kapitel lesen, aber weniger offensichtlich für die Männer), daß nämlich der Mann in der Lage ist, seiner Frau mehr Freiheit, Macht und Autorität zu verschaffen, was wiederum bedeutet, daß er darüber verfügt und sie nicht. Zweitens werden Sie, wenn Sie ein autoritärer Mann sind, gezwungen sein, mit einer Frau zu leben, die dadurch, daß sie mehr Macht und Autorität erlangt, Sie zwar bereitwilliger an der Erziehung Ihrer Tochter teilhaben läßt, aber gleichzeitig immer weniger gewillt sein wird, auf anderen Gebieten fügsam und gehorsam zu sein. Ich möchte hier noch einmal betonen, daß Sie, außer Sie möchten ein Tyrann sein (und ich bin davon überzeugt, daß Sie keiner sein wollen), nicht beides haben können.

Die Mutter als Tochter

Es gibt Frauen, die selbst gern Kind sind. In den meisten Fällen sind diese Frauen mit autoritären oder beschützenden Männern verheiratet. Es ist ganz natürlich, daß sich diese beiden Menschen anziehen. Ihr Verhalten ermöglicht es ihm, seiner männlichen Rolle des verantwortungsvollen, beschützenden und verteidigenden Mannes nachzukommen, während sein Verhalten ihr ermöglicht, sich der Verantwortung zu entziehen und für immer Kind zu bleiben.

Wenn Sie für Ihre Tochter große Pläne haben, müssen Sie solch eine Beziehung auf jeden Fall vermeiden, denn sie verstärkt genau die falschen Verhaltensmuster – die, die ihre Risikobereitschaft, die Verantwortlichkeit für ihre Handlungen und die Verwirklichung ihrer Ziele unterminieren. Wenn Sie in einer solchen Beziehung leben, müssen Sie versuchen, sie zu verändern.

Manche Mütter werden, sobald sie erkennen, welche Botschaft sie ihrer Tochter mit ihrem »kleinen Mädchen«-Verhalten übermitteln, versuchen, ihr Verhalten zu ändern. Anderen wiederum fällt es schwer, aus dieser Erkenntnis heraus zu handeln, ganz besonders, wenn ihnen dieses Verhalten in der Vergangenheit dienlich war oder dazu beigetragen hat, ihre Ziele zu erreichen.

Es kann natürlich sein, daß Ihre Frau unter einem geringen Selbstwertgefühl leidet. Denken Sie daran, daß auch Ihre Frau ein Produkt einer Gesellschaft ist, die Frauen dazu erzieht, hilflos und ohne Selbstbewußtsein oder mindestens zerbrechlich und auf Hilfe angewiesen zu sein. Vielleicht hat sie dies verinnerlicht und versteckt ihr wahres Ich.

Sie können Ihrer Tochter dies bewußtmachen, wenn Sie den richtigen warmen und nichtwertenden Ton finden. Es ist unnötig, Ihre Frau zu kritisieren oder sie als schlechtes Beispiel zu bezeichnen. Sie sollten vielmehr versuchen, in Ihrer Tochter Verständnis dafür zu erzeugen, daß das Potential ihrer Mutter in und durch die Zeit, in der sie großgeworden ist, verlorengegangen ist oder geschwächt wurde. Sie sollten Ihrer Tochter in diesem Fall klarmachen, daß *sie* in einer anderen Zeit lebt und daß ihr deshalb andere Möglichkeiten offenstehen. Weisen Sie darauf hin, daß es die Entscheidung der *Mutter* war, abhängig und hilflos zu sein, daß sie sich aber anders entscheiden kann. Auf diese Weise bestärken Sie Ihre Tochter in ihrem Gefühl ihrer eigenen Individualität und in ihrem Recht, ihre Rollen im Leben selbst zu wählen.

Wenn Sie sich angesichts dieser Vorschläge unwohl fühlen oder glauben, Ihrer Frau gegenüber zu kritisch zu sein, beschränken Sie Ihre Aussagen einfach auf sich selbst und wie *Sie* mit Furcht und Hilflosigkeit in Ihrem Leben umgegangen sind. Sie können ebenso darauf hinweisen, daß verschiedene Menschen (nicht nur Frauen) vor allen möglichen Dingen Angst haben und daß manche Menschen (nicht nur Männer) furchtloser sind als andere. Wenn Sie ihr von Ihren Erfahrungen mit Furcht und Hilflosigkeit erzählen, lassen Sie sie gleichzeitig wissen, daß diese Erfahrungen nicht auf das weibliche Geschlecht beschränkt sind. Dies schwächt den Glauben, daß nur Frauen sich fürchten und Männer furchtlos sind.

Betonen Sie, daß eine Änderung des furchtsamen und hilflosen Verhaltens keines Wunders bedarf, sondern nur eines Menschen, der sich neu entscheidet. Unterstreichen Sie, wie wichtig es ist, daß sich ein Mensch als Individuum und nicht als Angehöriger eines Geschlechts entscheidet, und erinnern Sie sie daran, daß Entscheidungen nicht gemäß den Rollenerwartungen der Gesellschaft gefällt werden müssen. Versichern Sie ihr, daß ihre Mutter sehr wohl in der Lage sein wird, ihr Verhalten zu ändern, wenn sie sich einmal dazu entschlossen hat.

Wenn Ihre Frau unter einem geringen Selbstwertgefühl leidet und dies auf Ihre Tochter zu übertragen versucht, müssen Sie möglicherweise zu einer List greifen. Machen Sie Ihre Tochter zu Ihrer Komplizin, und versuchen Sie dann gemeinsam, das Selbstverständnis Ihrer Frau zu verändern. Sie und Ihre Tochter können im Team arbeiten. Dies wird Ihre Tochter lehren, sich über die Konsequenzen eines negativen Selbstverständnisses bewußt zu werden, und gleichzeitig Ihrer Frau die Unterstützung geben, die sie braucht, um ihr Selbstbild zu ändern. Beides kann gleichzeitig erfolgen! Eine gute Sache.

Die Femme fatale und die schöne Mutter

Ich habe diese Kategorie hier aufgenommen, weil Ihre Tochter damit nur sehr schwer wird umgehen können. Das Verhalten dieser Mutter kann schwerwiegende Auswirkungen auf ihr Selbstwertgefühl haben, wenn Sie falsch damit umgehen. Sie werden sehr viel Einfühlungsvermögen brauchen.

Erstens: Wenn die Mutter eine schöne Femme fatale ist, muß sie nicht notwendigerweise unabhängiges und zuversichtliches Verhalten höher als Schönheit und Sexappeal bewerten. Sie sorgt sich höchstwahrscheinlich darum, ob ihre Tochter attraktiv ist. Wenn dem so ist, sollten Sie Ihrer Frau klarmachen, daß es Männer gibt, für die andere Qualitäten als Schönheit zählen. Lassen Sie sie wissen, daß Sie selbst zu diesen Männern gehören. (Gehören Sie wirklich dazu?) Machen Sie zudem darauf aufmerksam, daß die Unabhängigkeit Ihrer Tochter möglicherweise eine frühe Heirat verhindert, da besonders junge Männer den stereotypen Idealen Schönheit und Sexappeal zugetan sind.

Zweitens sollten Sie klar zu verstehen geben, daß Sie nicht beabsichtigen, Ihre Tochter in einen Pseudo-Mann zu verwandeln, sondern ihr die vielfältigen Verhaltensmöglichkeiten, die ihr zur Verfügung stehen, vor Augen führen und ihr zeigen wollen, wie sie sie einsetzen kann, um alle auftretenden Situationen zu meistern. Geben Sie ihr zu verstehen, daß es Ihnen darum geht, eine Balance zu schaffen zu dem Bestreben der Gesellschaft, Frauen zu hilflosen und abhängigen Wesen zu machen.

Erinnern Sie Ihre Frau an die unzähligen Situationen, mit denen Ihre Tochter konfrontiert werden kann und die es erfordern, daß sie selbstbewußt und selbständig handelt, wie der Verlust eines Partners und Versorgers durch Tod oder Scheidung. Was ist, wenn der Mann seine Arbeit verliert etc. Erörtern Sie die Tatsache, daß es unabhängigen Frauen besser ergeht.

Sprechen Sie über die zahlreichen Mittel, die die Gesellschaft bereithält, um ein Mädchen zur konventionellen Weiblichkeit zu erziehen. Vergessen Sie nicht, Ihrer Frau zu versichern, daß Ihre Tochter *ihrem* weiblichen Vorbild nacheifern wird. Erinnern Sie sie an ihren Einfluß als Rollenmodell, damit sie fühlt, daß Sie die Weiblichkeit ihrer Tochter nicht angreifen.

Ich möchte an dieser Stelle auf einen äußerst kritischen Sachverhalt zu sprechen kommen. Wenn eine Tochter nicht genauso schön ist wie ihre Mutter, fühlt sie sich vielleicht unzulänglich, wenn nicht gar häßlich! Es liegt an Ihnen, sie liebevoll zu unterstützen und ihr Komplimente zu machen, vorausgesetzt, Sie meinen sie ehrlich. Falsche Komplimente würde sie durchschauen. Wählen Sie die Kleinigkeiten im Aussehen und im Benehmen Ihrer Tochter, die Sie aus vollstem Herzen gutheißen können.

Die »nichttraditionelle, traditionelle« Mutter

Dieser Typ von Mutter schafft nicht notwendigerweise Probleme, wird aber gelegentlich als problembeladen dargestellt. So haben beispielsweise manche Feministinnen die traditionelle Mutter als schlechtes Rollenvorbild für die Tochter bezeichnet.

Sie müssen nicht unbedingt Frau Fleißig oder Tante Biene sein, um eine gute traditionelle Mutter zu sein. Rückblickend erscheint es uns, als wären die Mütter, die wir in den Fernsehserien der 50er und 60er Jahre verehrt haben, selbst damals seltene Exemplare ihrer Gattung gewesen.

Frau Larson, an die ich mich noch aus meinen Kindertagen erinnere, ist das beste Beispiel einer nichttraditionellen, traditionellen Mutter. Sie war traditionell, denn sie war Hausfrau, machte das Essen für ihre Kinder und war immer zur Stelle, wenn Kinder und Mann nach Hause kamen; sie sorgte für alle. Soweit ging es, aber auch nicht weiter.

Im Alter von 46 Jahren fing sie an, Klavierstunden zu nehmen. Wenn sie nicht gerade auf dem Klavier übte, war sie mit ihrem alten Porzellangeschirr und mit ihrer alten Radiosammlung im Keller beschäftigt; sie hantierte mit ihren Töpfen auf der Töpferscheibe (das bedeutete meistens, daß das Geschirr unabgewaschen stehenblieb) oder steckte farbige Nadeln in ihre Weltkarte, die an der Wand hing (ich habe nie herausgefunden, warum sie dies tat).

Alle Kinder gingen sie furchtbar gern besuchen, weil sie nie schimpfte, wenn wir ein heilloses Durcheinander hinterließen.

Ihre beiden Töchter nahmen in der Schule Positionen ein, die üblicherweise von Jungen eingenommen werden; die älteste war Klassensprecherin, und die jüngste war der Klassenkasper. Die beispielhafte Intelligenz und die Beschäftigung der Mutter mit einer Reihe von nichttraditionellen Tätigkeiten und ihre freie, ungezwungene Einstellung zu ihrem Mutterdasein ließ Töchter heranwachsen, die ebenso intelligent, nichttraditionell und ungezwungen waren.

Die Lektion, die wir von Frau Larson lernen können, ist, daß man sehr wohl eine traditionelle Mutter sein kann. Es ist nicht zwingend notwendig, Vorsitzende eines großen Unternehmens oder Testpilotin für Boeing zu werden, um der Tochter als gutes Beispiel zu dienen. Es ist jedoch wichtig, sich darüber im klaren zu sein, daß eine Mutter, die den ganzen Tag zu Hause ist, eine traditionelle Rolle repräsentiert, die der überdurchschnittlich begabten Tochter ein begrenzteres Rollenvorbild bietet.

Ich möchte an dieser Stelle anfügen, daß die meisten Frauen, die ich interviewt habe, »traditionelle« Mütter hatten. Ich benutze hier Anführungszeichen, weil die Mütter ungefähr so traditionell waren wie Frau Larson – sie waren zu Hause und sorgten für die Familie. Allerdings gaben fast alle Frauen ohne Ausnahme an, daß ihre Mütter nicht die typischen Hausfrauen waren (aber wer ist das schon?); eine Mutter war halbtags als Schreinerin tätig, und eine andere hatte ihr eigenes Geschäft. Anders ausgedrückt heißt das, daß die Mütter auf ihre Art dem stereotypen Verhalten getrotzt haben und daß sich ihre Unabhängigkeit positiv auf ihre Töchter ausgewirkt hat.

Diese Aussage ist aus zwei Gründen besonders überzeugend. Erstens entlarvt sie den Mythos von der traditionellen Mutter, die für ihre begabte Tochter ein schlechtes Rollenvorbild ist. Sie stellt ihn zumindest in Frage. Man kann sagen, daß die Rolle als solche weniger ins Gewicht fällt als ihre Individualität, ihre Unerschrockenheit und die persönliche Interpretation ihrer Rolle.

Zweitens wird diese Aussage Müttern, die keinem Beruf nachgehen, nahelegen, sich auf eine Weise nichtstereotyp zu verhalten, die für sie natürlich und angenehm ist. So können Mütter die Gelegenheit ergreifen, ihren Töchtern ein vollständigeres und abgerundetes Bild von den Fähigkeiten einer Frau zu vermitteln.

Perfekte Eltern: Kreative Teamarbeit

Partner und Projekte

Eine erfolgreiche Frau, die ich interviewte (alleinerziehende Mutter, Universitätsprofessorin, Fallschirmspringerin), erinnert sich, wie ihre Mutter mit ihrem Vater zusammen alte Häuser wieder instandsetzte, um sie mit Gewinn zu verkaufen.

»Ich habe sie dabei beobachtet, wie sie Wände niederriß, Fußböden kachelte und elektrische Leitungen legte. Ich habe meine Mutter nie als Helferin meines Vaters gesehen. Genausogut könnte er ihr geholfen haben! Ich habe sie immer nur als gleichwertige Partner erlebt.«

Meine eigenen Eltern besaßen einen Nachtclub. Meine Mutter war nicht nur für alle geschäftlichen Dinge, sondern auch für Erfolg oder Mißerfolg mitverantwortlich.

Ich möchte damit ausdrücken, daß Sie ihren Kindern, wenn Sie gemeinsam an einem Projekt arbeiten, nicht den Eindruck vermitteln dürfen »Mutter hilft Vater«. Machen Sie es sich zur Aufgabe, gelegentlich auch die »andere« Seite zu zeigen: »Ich gehe nach unten, um Mutter beim Fliesenlegen zu helfen (oder zu helfen, eine Wand niederzureißen, oder elektrische Leitungen zu legen etc.).« Zeigen Sie Ihre Frau als diejenige, die verantwortlich ist und die Entscheidungen trifft.

Wenn dieser Gedanke Ihnen oder Ihrer Frau mißfällt, fragen Sie sich, warum. Fühlen Sie sich bedroht, wenn Ihre Frau die Verantwortung übernimmt? Wenn ja, leben Sie in einer unausgeglichenen Beziehung, in der Sie anscheinend (oder tatsächlich) alle Entscheidungen treffen. Zu guter Letzt sollten Sie sich bei jedem Projekt oder in jedem Bestreben als gleichwertige Partner bezeichnen. Zeigen Sie Ihrer Tochter, daß sowohl Väter als auch Mütter Anweisungen erteilen, Entscheidungen treffen und in allen Fragen und Arbeiten gleichberechtigte Partner sein können.

Alleinstehende Mütter und Väter

Alleinstehende Mütter

Ich habe ein ganzes Kapitel über alleinerziehende Mütter geschrieben, weil sie auf Probleme stoßen, die nur mit ihrer Situation zusammenhängen: Ihr Kind hat keinen Vater, der die notwendige männliche Anerkennung ausspricht. Ich hoffe, daß dieses Kapitel dazu beiträgt, daß Sie die Situation Ihrer geschiedenen Frau und den Einfluß auf Ihre Tochter besser verstehen. Ich möchte Ihnen zudem die Notwendigkeit bewußt machen, eine *beständige* und aktive Rolle im Leben Ihrer Tochter zu übernehmen.

Alleinerziehende Mütter wurden in der Vergangenheit, ähnlich den traditionellen Müttern, häufig in einem schlechten Licht dargestellt. Manche halten die alleinerziehenden Mütter für ein schlechtes Rollenvorbild. Ich hoffe, daß das Nachfolgende Sie vom Gegenteil überzeugen wird.

Bevor ich im Detail auf die Probleme einer alleinerziehenden Mutter eingehe, möchte ich noch einmal anhand einer Geschichte illustrieren, welch starken Einfluß das Rollenbeispiel der Mutter auf die Tochter hat.

Ich erfuhr erst in der siebten Klasse, daß es ungewöhnlich war, eine Mutter zu haben, die nachts arbeitete und erst um vier Uhr morgens nach Hause kam.

An einem Wochenende wollte ich mit einer Freundin etwas unternehmen. Wir verabredeten, daß sie am Sonntag morgen anrufen würde, um unsere Verabredung zu bestätigen. Ich sagte: »Okay, ruf aber nicht vor Mittag an, du weckst sonst meine Mutter auf.«

»Deine Mutter steht erst mittags auf?« fragte sie ungläubig.

»Natürlich«, antwortete ich, »sie geht ja erst um vier zu Bett.«

Ein Anflug des Schrecks zeigte sich auf dem Gesicht meiner Freundin: »Was *macht* denn deine Mutter?«

Erst da wurde mir klar, daß ich eine ungewöhnliche Mutter hatte. Sie war sogar in mehr als einer Hinsicht ungewöhnlich. Sie redete laut. Sie sagte, was sie dachte. Sie war, wenn es um Politik ging, oft anderer Meinung als mein Stiefvater und scheute sich nicht, ihre Meinung zu verteidigen. Sie hatte keine Angst davor, nachts allein auf der Straße zu sein oder vor vielen Menschen zu sprechen. Sie tat es im Gegenteil gern.

Aber es gab noch mehr. An jedem Sonntag nachmittag kamen ganze Horden von Musikern mit ihren Instrumenten in unser Haus und jamten. Im Sommer brachten die Nachbarn ihre Stühle auf unsere Terrasse und genossen ein Freikonzert.

Meine Mutter mochte Rock 'n' Roll. Sie mochte fast alles, was neu und innovativ war, solang es gut war. Die Eltern meiner Freunde (und mein Stiefvater) konnten die Beatles nicht leiden, doch meine Mutter war begeistert.

Sie lachte furchtbar gern, lang und laut. Sie hielt sich nie die Hand vor den Mund, um so zurückhaltend zu lachen wie viele andere Frauen es taten. Wenn sie lachte, konnte jeder sie hören.

Sie tanzte gern und brachte mir bei, wie man führte und wie man dem Partner folgte. »Der Trick beim Führen«, pflegte meine Mutter zu sagen, »liegt darin, daß man weiß, wohin man sich bewegt. Das bedeutet ›Führen‹. Wie kann ein Mensch einem anderen folgen, wenn er nicht weiß, wo er hingeht?« Erst Jahre später begriff ich, daß dies eine Metapher für das Leben selbst war.

Sie konnte fluchen wie ein Stallknecht, und sie erzählte schreckliche Witze (sehr zum Entsetzen meines Stiefvaters). Als ich in den sechziger Jahren vom College nach Hause kam und meiner Mutter von Marihuana-Parties erzählte, war sie überhaupt nicht schockiert. Sie hatte in der Musikszene allerlei Drogen kennengelernt, obwohl sie selber immer clean geblieben ist.

Als sie noch eine junge Frau war, kaufte sie zusammen mit meinem »echten« Vater* eine kleine Bar irgendwo in der Prärie. In den vierziger Jahren wurde diese Bar dann der erste

---

* Ich beziehe mich hier auf meinen leiblichen Vater, der starb, als ich acht Monate alt war. Ich kannte also nur meinen Stiefvater und nannte ihn Vater und meinen leiblichen Vater »echten« Vater. Meine Mutter heiratete meinen Stiefvater, als ich zwei Jahre alt war.

Nachtclub von Denver, mit einer Bühne, einer großen Tanz-fläche und einer Bar, an der vier Barkeeper arbeiteten. Meine Mutter hatte eine Frauenband namens Maxine's Melodies.

Ich lauschte den aufregenden Nachtclubgeschichten, und meine Mutter erzählte mir, daß mein Vater nicht nur Klavier gespielt hatte, sondern sich auch um die Betrunkenen ge-kümmert, hinter der Bar bedient und sich der Kunden an-genommen hatte. Wenn meine Mutter nicht gerade die Gä-ste unterhielt, kümmerte sie sich um die Angestellten, hörte die Musiker an, die zum Vorspielen kamen, führte Buch, redete mit mürrischen Geldgebern, bestellte Vorräte und kochte, wenn Not am Mann war. Sie war ein vollwertiger Geschäftspartner, im wahrsten Sinne des Wortes.

Als mein Vater starb, war sie 40 Jahre alt, eine junge Mutter mit ihrem ersten Kind und einem Stapel Arztrechnungen, »an denen ein Pferd erstickt wäre«, wie sie immer sagte. Sie erzählte mir später, wie sie damals mit den Bauleuten fertig werden mußte, die das Traumhaus meiner Eltern bauen sollten, wie sie den Nachtclub verkaufte, um die Arztrech-nungen bezahlen zu können, wie sie Geschäfts- und Ver-tragsverhandlungen führte und mit Bankmanagern, Rechts-anwälten und Immobilienmaklern redete, wie sie die Geier abwehrte, die glaubten, eine Witwe mit ihrem kleinen Kind seien leichte Beute. In der Nacht schauckelte sie ihr Kind und weinte.

Aber sie überstand alles.

Eines Tages gratulierte ich ihr zu dieser Leistung. Barsch gab sie zurück: »Was blieb mir denn anderes übrig?«

»Nun, du hättest zusammenbrechen können«, antwortete ich.

»Und auf wen hätte ich fallen sollen?« fragte sie kühl. »Denk dran, daß ich ein Baby hatte, um das ich mich küm-mern mußte.« Sie machte eine kleine Pause, bevor sie fort-fuhr. »In gewisser Weise bin ich auch zusammengebrochen. Ich war wie von Sinnen vor Angst und Schmerz. Ich habe manchmal die falschen Entscheidungen getroffen. Es war schon schlimm genug, meinen Mann und unser Geschäft verloren und schreckliche Schulden zu haben, und dann wußte ich nicht, wie ich meinem Kind eine gute Mutter sein konnte, ohne einen Menschen, der mir zur Seite stand.«

»Mutti«, bat ich sie, »du brauchst dich nicht zu entschuldigen. Ich weiß, daß du die tapferste und mutigste Frau bist, die es auf der ganzen Welt gibt.«

»Tja, das Leben läßt dir manchmal keine Wahl«, antwortete sie. »Du kannst dich nur auf dich selbst verlassen. Geld bedeutet keine Sicherheit. Nicht einmal ein Mann bedeutet Sicherheit. Wirkliche Sicherheit bedeutet, darauf zu vertrauen, daß man jede Situation meistern und überleben wird.«

Ja, sie war eine ungewöhnliche Mutter und ist es immer noch. Durch sie lernte ich, es als etwas Selbstverständliches anzusehen, daß sich Frauen um Geschäfte kümmern. Es kam mir nie in den Sinn, daß Frauen sich anders verhalten könnten als Männer, denn ich hatte ja zu Hause nie etwas anderes kennengelernt. Da meine Mutter mit ihrem Verhalten eine hohe Erwartungshaltung erzeugt hatte, erwartete ich auch viel von mir und anderen Mädchen.

Die Moral dieser Geschichte ist, daß eine Frau das Rollenvorbild ihrer Tochter ist, sie ist die wichtigste Akteurin im Leben der Tochter. Die Tochter lernt von ihrer Mutter, wozu Frauen in der Lage sind und was sie leisten können. Wenn eine Tochter die Mutter als starken Menschen erlebt, wird sie trotz der negativen Einflußnahme der Medien, der Verwandten und gedankenloser Freunde und Altersgenossen in dem Glauben aufwachsen, daß Frauen in der Lage sind, Außerordentliches zu leisten.

Eine Mutter muß nicht den Nobelpreis erhalten, Astronautin, Forschungsexpertin, Kohlebergarbeiterin, Rennfahrerin oder Vorsitzende eines Unternehmens sein, um als Beispiel für Stärke, Mut, Energie und Entschlossenheit zu dienen. Eine Tochter wird das Verhalten, das sie an ihrer Mutter ständig beobachtet, zum Maßstab nehmen, an dem sie die Fähigkeiten von Frauen mißt.

Von meiner Mutter lernte ich, daß Frauen Köpfchen und Verstand haben und mutig sind. Ich bin in den fünfziger Jahren großgeworden, doch die unerschrockene Entschlossenheit meiner Mutter, der Lebenskünstlerin, widerlegte sogar das starre Rollenmodell für Mütter in den fünfziger Jahren.

In den meisten Fällen leistet eine alleinstehende Mutter als verantwortlicher Mensch Außerordentliches, wenn man bedenkt, daß sie mindestens acht Stunden täglich arbeitet, nach Hause kommt und putzt und kocht, Rechnungen bezahlt, jeden Pfennig umdreht, um bis zum Monatsende durchzukommen, sich Sorgen um die Finanzen, die Erziehung der Kinder macht, mit dem Automechaniker streitet, weil er sie davon überzeugen will, daß sie einen neuen Motor braucht, mit Bankangestellten, Rechtsanwälten, Immobilienmaklern und Chefs verhandelt und ihnen gut zuredet, ihre Fensterläden streicht, mit ihrem geschiedenen Mann auskommen muß, ihre Kinder liebt und sich mit Männern verabredet (nicht zu vergessen die täglichen Komplotte und Intrigen in einem vornehmlich männlich orientierten System, das auf ihre Bedürfnisse und Werte wenig Rücksicht nimmt).

Eine alleinstehende Mutter kann darauf vertrauen (auch wenn ihre Tochter scheinbar nicht die leiseste Ahnung von ihren Opfern, ihrer Gemütsverfassung oder ihrer Erschöpfung hat), daß sie dadurch, daß sie für alles sorgt, ihre Tochter in ihrem Glauben an ein fähiges weibliches Wesen bestärkt. Sie wird dadurch einen unvergeßlichen Eindruck bei der Tochter hinterlassen, der weitaus stärker ist als die Meinung, von der die Gesellschaft sie zu überzeugen versucht. Wenn der Tochter irgendwann zu Ohren kommt, Frauen seien schwach und zerbrechlich oder bräuchten ständig Hilfe, wird sie gezwungen sein, diese Meinung an dem Verhalten ihrer eigenen Mutter zu messen.

Da die meisten alleinstehenden Mütter berufstätig sind (oder eine Berufstätigkeit anstreben), werden sie über die folgenden Daten erfreut sein. Einer anläßlich der Jahreskonferenz 1986 der Amerikanischen Gesellschaft für Psychologie veröffentlichten Untersuchung zufolge[3], sind die Kinder berufstätiger Mütter bessere Schüler als die Kinder nichtberufstätiger Mütter. Sie haben einen höheren Intelligenzquotienten und werden von ihren Lehrern als begabte Schüler bezeichnet. Sie verfügen über größere sprachliche Fähigkeiten und über mehr praktische Lebenserfahrung, zeigen ein besseres Benehmen und fehlen seltener im Unterricht. Die Untersuchung zeigte, daß Kinder aus intakten Familien mit berufstätigen Müttern die besten Schüler waren, aber sogar Kinder alleinerziehender berufstätiger Mütter sind bessere Schüler als Kinder nichtberufstätiger Mütter.

Frühere Untersuchungen haben gezeigt, daß die Berufstätigkeit der Mütter keine negativen Auswirkungen auf die Kinder hat. Die Studie geht jedoch noch einen Schritt weiter und beweist, daß die Berufstätigkeit der Mutter sich tatsächlich positiv auswirkt. Dr. Helen Cleminshaw, Professorin am Kind- und Familienzentrum der University of Ohio in Akron, sagt dazu: »Wir erkennen definitiv die positiven Auswirkungen der mütterlichen Berufstätigkeit.« Dr. Dominic Gullo von der Kent State University sagte bei der gleichen Gelegenheit: »Damit ist der Mythos von der schlechten berufstätigen Mutter hinfällig.«

Eine berufstätige Mutter muß und darf sich deshalb nicht länger schuldig fühlen. Die Schlußfolgerung, daß ihre Tochter, weil sie arbeitet, verwahrlost oder gar auf die schiefe Bahn kommt, wird damit entkräftet. Sie muß jedoch, genau wie alle anderen Eltern, ihrer Aufsichtspflicht nachkommen und dafür sorgen, daß eine erwachsene Person ihre Tochter während ihrer Abwesenheit beaufsichtigt.

Ich habe dieses Kapitel hier eingefügt, weil ich nicht die falsche Vorstellung vermitteln wollte, daß Töchter ohne Väter zum Versagen verurteilt sind. Es existieren dafür zu viele Gegenbeispiele: Eleanor Roosevelt, Geraldine Ferraro, Gloria Steinem, Anais Nin, George Sand, Susan Sontag, Anna Pavlova, Martina Navratilova, Sophia Loren und Barbara Streisand sind erfolgreiche, anerkannte Frauen, die ihren Vater vor ihrem achtzehnten Lebensjahr verloren haben. Es ist ganz offensichtlich, daß vaterlose Mädchen ebenso leistungsfähig sind wie alle anderen auch.

Eine Mutter muß sich, um die negativen Auswirkungen der Abwesenheit eines Vaters zu minimieren und das Leistungspotential zu maximieren, erstens ihrer eigenen Wichtigkeit als Rollenmodell bewußt sein und zweitens die Männer in ihrem Leben davon überzeugen, daß sie ihrer Tochter die männliche Aufmerksamkeit und Anerkennung schenken müssen, die sie braucht und ersehnt.

Elyce Wakerman beschäftigt sich in ihrem Buch »Father Loss« mit erfolgreichen Frauen, die ohne Vater aufgewachsen sind. Sie schreibt:

»Die ›erfolgreichen‹ Frauen in unserer Untersuchung – Frauen mit einem Jahreseinkommen von mehr als 25 000 Dollar und/oder einem Universitätsabschluß und/oder einer Ehe mit einem erfolgreichen Mann – hielten das Ansehen ihres abwesenden Vaters hoch und beschrieben ihn und ihre Beziehung zu ihm als ›etwas Besonderes‹. Diese ausgesprochen positiven Erinnerungen verstärken den signifikanten Zusammenhang zwischen dem Gefühl des Verlustes und dem Gefühl des Sehnens. Dieser Impuls, der den Ehrgeiz nährt, scheint dem Wunsch nach Wiederherstellung der Beziehung zu einem Vater, dessen Gegenwart eine Quelle der Bestätigung war oder als solche angesehen wurde, zu entspringen.«[4]

Lesen Sie bitte den letzten Satz des Zitates noch einmal. Ich halte die Aussage für provozierend, da ausgesagt wird, daß nicht nur der Leistungsimpuls dem Verlangen nach einer Vaterfigur entspringt, sondern daß in den meisten Fällen bereits die Vorstellung einer besonderen Beziehung zum Vater als Leistungsmotivation ausreicht. Anders ausgedrückt heißt das, daß eine imaginäre Quelle männlicher Bestätigung besser ist als keine männliche Bestätigung.

Im Vergleich mit den Töchtern, deren Väter lebendig und gegenwärtig sind, ihre Töchter aber ignorieren, ist die vaterlose Tochter, die die Möglichkeit hat, eine imaginäre Beziehung zum Vater aufzubauen, im Vorteil. Sie kann sich mit ihrem Vater zwar nicht in der Wirklichkeit, jedoch in ihrer Vorstellung identifizieren. Es scheint nicht ausschlaggebend, ob der Vater wirklich gegenwärtig war, sondern daß sie davon überzeugt ist, daß er sie lieben und unterstüzen würde, wenn er bei ihr wäre.

Meine Mutter hat bis zu einem gewissen Grad versucht, mir die Identifikation mit meinem echten Vater zu ermöglichen. Sie wollte, daß ich ihn kannte – daß ich wußte, wie er war, was er über mich gedacht hätte, wie ermutigend und fordernd er gewesen wäre und wie ähnlich wir uns waren.

Eines Tages, als ich ungefähr fünf Jahre alt war und kaum wußte, was Tod bedeutete, rief mich meine Mutter ins Haus. Sie wollte mir etwas Wichtiges sagen. Ich kann mich gut an unsere Unterhaltung erinnern.

»Du kennst deinen Vati Al?« fragte sie.

»Ja.«

»Du hast ihn doch gern, oder nicht?«

»Ja.«

»Das ist schön, denn er hat dich auch gern.«

»Ja.«

»Nun, Al ist nicht dein einziger Vater. Du hattest einen Vater vor ihm. Du kannst dich nicht an ihn erinnern, weil er gestorben ist, als du noch ein Baby warst. Er hieß Nick, und

du hast deinen Namen von ihm bekommen. Verstehst du
das?«

»Ja.«

»Nick hätte dich auch sehr gern gehabt. Er hat dich sehr
geliebt, als er noch gelebt hat.«

»Ja.«

»Hast du noch Fragen?«

»Nein.«

»Du und ich, wir werden uns später ausführlicher über deinen Vater Nick unterhalten. Wenn du etwas über ihn wissen
willst, frag mich. Und denk daran, daß dein Vater Al dich
sehr gern hat. Er ist jetzt dein Vater und wird es immer bleiben.«

»Okay.«

Es gab kein Trauma und keinen Schock. Da ich erst fünf
Jahre alt war, hörte ich aufmerksam zu und ging dann wieder nach draußen, um weiterzuspielen. Ich nahm die Information auf die selbstverständliche Art und Weise auf, wie es
Kinder eben tun, bevor ihnen beigebracht wird, daß sie erschüttert sein sollen.

Von diesem Tag an sprach meine Mutter oft von meinem
»anderen« Vater. Wenn ich etwas ganz besonders gut
machte, erwähnte sie immer, daß er stolz auf mich gewesen
wäre, wenn er noch leben würde. Sie ließ mich auch wissen,
wie ähnlich wir uns waren.

»Du erinnerst mich sehr an deinen Vater.«

»Du siehst aus wie Nick, wenn du das machst.«

»Du benimmst dich wie dein Vater.«

»Nick hat das auch immer getan.«

Wenn ich an meinen Stiefvater denke, der mich liebte, mich
großgezogen hat und mit all den kleinen und großen
Schwierigkeiten seines Vaterdaseins fertig werden mußte,
bin ich mir nicht ganz sicher, ob dieses Verhalten ihm gegenüber fair war. Er hat sich vielleicht dadurch als Außen-
seiter oder Ersatzvater gefühlt.

Trotzdem habe ich dieses Gefühl nicht gehabt. Ich glaubte einfach, zwei Väter zu haben; einen, der mich hier auf Erden liebte, und einen anderen, der mich von weit weg liebte. Ich wußte, daß mein Stiefvater mich liebte, und ich bewunderte ihn. Es gab für mich keinen Zweifel, welcher von den beiden wichtiger war. Ich hätte meinen Vater aus Fleisch und Blut nie für meinen Traumvater eingetauscht. Aber ich war immer in der Lage, eine besondere Beziehung zu meinem verstorbenen Vater herzustellen, wenn ich das Bedürfnis hatte, etwas Besonderes zu sein und geschätzt werden wollte.

Manche Psychologen vertreten die Meinung, daß Frauen Leistung vermeiden, weil dies die endgültige Trennung vom Vater bedeuten würde. Im Falle einer vaterlosen Tochter halten sie das Gegenteil für möglich. Wenn das Mädchen sogenannte männliche Eigenschaften wie Ehrgeiz und Entschlossenheit zeigt, kann sie ihm ähnlich sein, sich mit ihrem verlorenen Vater identifizieren und ihn an ihrem Leben teilhaben lassen und damit verhindern, daß sie sich jemals von ihm trennen muß. Tatsächlich haben viele erfolgreiche Frauen, die ohne Vater großgeworden sind, seine Abwesenheit als Antrieb für ihr hartnäckiges Streben und ihre eindrucksvolle Tatkraft benutzt.

Frau Wakerman, die selbst ohne Vater aufgewachsen ist, schreibt: »Die erfolgreiche vaterlose Tochter hat es möglicherweise geschafft, aus der Entbehrung einen Vorteil zu machen... Durch die konsequente Hingabe an ein Ziel versucht die ehrgeizige vaterlose Tochter, ihre Machtlosigkeit durch Taten und ihre Unsicherheit durch Leistung zu überwinden... und sich selbst zu beweisen, daß sie liebenswert ist.«[5]

Um zu beweisen, daß sie liebenswert ist. Um männliche Anerkennung zu erlangen. Es ist tatsächlich eine tragische Episode im Leben eines jungen Mädchens, wenn sie den Mann verliert, dessen Liebe und Anerkennung sie so verzweifelt sucht, aber es muß nicht das Ende bedeuten. Es gibt vieles, was die Mutter allein tun kann.

Sie kann erstens die Hilfe der Männer in ihrem Leben in Anspruch nehmen, um ihrer Tochter die männliche Anerkennung zukommen zu lassen, die sie braucht und sich wünscht. Großväter, Onkel, Nachbarn, Lehrer, sogar ältere Brüder (wenn sie sehr viel älter sind) – alle sind männliche Bezugspersonen, die zu dieser Aufgabenbewältigung herangezogen werden können.

Wenn eine alleinstehende Mutter entschieden hat, daß aus der lockeren Bekanntschaft mit einem Mann eine ernste Beziehung geworden ist, kann sie mit seinem »Training« beginnen. Sie hat jedes Recht, auf einem ganz bestimmten Verhalten seinerseits zu bestehen, wenn ihr am Wohlergehen ihrer Tochter liegt. Zieht man die Zeit in Betracht, die der Freund auch mit der Tochter verbringt, ist unschwer zu erkennen, wie wichtig sein Verhalten ist. Die Mutter kann ihm beibringen, wie er Anerkennung auf angemessene und angenehme Art vermitteln kann.

Sie sollte darauf hinweisen, daß körperliche Zuneigungsbeweise unnötig sind, da sie sowohl bei ihm als auch bei der Tochter Unwohlsein auslösen können, solange sie sich nicht gut kennen. Diese Entscheidung muß jedoch jede Mutter für sich selbst treffen, da jede Beziehung anders ist. Es liegt an der Mutter zu entscheiden, bis zu welchem Punkt sich alle Beteiligten wohl fühlen. Sollten bezüglich des Verhaltens des Mannes gegenüber der Tochter, vor allem auf sexuellem Gebiet, Zweifel entstehen, muß die Beziehung sofort abgebrochen und sichergestellt werden, daß die Tochter für die Beendigung der Beziehung nicht verantwortlich gemacht wird. In diesem Falle muß die Schuld dort gesucht werden, wo sie zu suchen ist – nicht bei einem unschuldigen Mädchen, sondern bei dem erwachsenen Mann.

Wenn ein neuer Mann den »Test« bestanden hat, kann die Mutter ihn lehren, was und wann er etwas sagen kann. Sie

braucht sich nicht zu schämen, ihm die Sätze solange ein-
zuflüstern, bis er verstanden hat, worum es geht. Sie sollte
ihn dazu ermutigen, ihrer Tochter zur neuen Frisur oder
zum neuen Kleid zu gratulieren, ihre sportlichen Wett-
kämpfe zu besuchen, Interesse an ihren Schulnoten zu zeigen, sie bei seinen Besorgungen mitzunehmen oder ab und
zu zusammen mit ihr zu kochen. Sie wird ihm vielleicht zu
Anfang sagen müssen, daß eine scheinbare Kleinigkeit, wie
der Augenkontakt, wenn er mit ihr spricht, oder ihr zu sagen, daß sie hübsch ist, einen starken Einfluß auf ihr Selbstwertgefühl hat.

Viele Männer, die gute Väter sein wollen und die dem alten
Erziehungsmodell folgen, das sie bei ihren Vätern beobachtet haben, fangen an, einem Kind Disziplin beizubringen,
noch bevor sie eine Beziehung hergestellt haben. Und dann
wundern sie sich, warum ein Kind sich ablehnend oder
schlimmer – rebellisch verhält. Es ist unter Umständen notwendig, einem Stiefvater oder Freund zu verstehen zu geben, daß der Disziplin eine Beziehung und daß der Kritik
Vertrauen vorausgehen muß und daß eine Tochter positiver
reagieren wird, wenn sie weiß, daß sie ihm als Mensch wichtig ist, und nicht nur, daß er ihre Mutter liebt.

Wenn er nicht weiß, wie er die Zeit mit ihr verbringen soll,
kann die Mutter vorschlagen, daß er die *Tochter* bittet, *ihm*
zu zeigen, wie Dinge getan werden. Sie wird dadurch das
Gefühl haben, verantwortlich zu sein. Indem die Rollen ver-
tauscht werden, muß sie sich nicht in acht nehmen, denn er
ist der Verletzlichere. Wenn sie ihm Skifahren oder Eislau-
fen beibringt, muß *er ihr* vertrauen. Kinder sind begeistert,
wenn Erwachsene von ihnen lernen. Wenn es ihm gelingt,
sich dem Spaß hinzugeben und als töricht zu gelten, wenn
es ihm gelingt, hemmungslos über sich selbst zu lachen, sind
der Freundschaft Tür und Tor geöffnet. Auch das Kind wird
dann unbefangen sein können, wenn *er ihm* etwas Neues
beibringt.

Erstaunlicherweise sind mehr Männer dazu in der Lage, als man zunächst annehmen würde. Das Verhalten eines Mannes gegenüber einer erwachsenen Frau kann nicht als Maßstab für seine Bereitschaft, närrisch und kindisch zu sein, gelten. Viele Männer, die sich im Beisein der Frau, die sie lieben, nicht gehenlassen können, können mit einem Kind toben und sogar kindisch sein.

Wenn es im Leben der Mutter keine Liebesbeziehung gibt, kann sie jeden Mann, den sie für geeignet hält und der bereit ist, um Hilfe bitten.

Sie kann jedem Mann, den sie »trainiert«, dieses Buch zu lesen geben und die darin enthaltenen Aussagen mit ihm erörtern und sich seiner Gefühle vergewissern. Wenn er zögert, sollte sie versuchen, die Gründe dafür zu erforschen. Wenn sein Zögern nur der verständlichen Furcht vor einer Beziehung mit einem Kind entspringt, sollte sie ihm versichern, daß sie ihm immer mit Rat und Tat zur Seite stehen wird.

Alleinstehende Väter

Mit diesem Buch möchte ich Ihnen helfen, eine positive und konstruktive Beziehung zu Ihrer Tochter auszubauen, um damit sowohl die Beziehung zu Ihrer Tochter als auch das Leistungspotential Ihrer Tochter zu fördern. Was geschieht jedoch, wenn die Beziehung zu Ihrer Tochter bereits durch die gegenseitigen Beschuldigungen und den bitteren Nachgeschmack einer unschönen Scheidung bedroht ist?

Wenn Sie und Ihre Frau im Streit auseinandergegangen sind, *müssen Sie innehalten und sich fragen, was Sie damit Ihren Kindern antun.* Es ist grausam und egoistisch, Kinder mit dem Versagen der Eltern zu konfrontieren und sie dadurch zu zwingen, für ein Elternteil Partei zu ergreifen, oder sie dahingehend zu manipulieren, daß sie ihre Liebe »beweisen«. Ihre Kinder werden sich schuldig und ängstlich fühlen. Es tut mir leid, wenn ich hier hart und unnachgiebig erscheine, aber dieses unreife Verhalten der Eltern ist für Kinder außerordentlich schädlich.

Es tut überhaupt nichts zur Sache, wer im »Recht« ist. Ihrer Tochter ist es egal. Sie möchte nur von beiden Eltern geliebt werden. Auch wenn sie die Qualen einer Scheidung erleiden muß, wird sie weniger darunter leiden, wenn sie weiß, daß ihre Eltern sich nicht gegenseitig absichtlich weh tun.

Versuchen Sie, mit Ihrer geschiedenen Frau ins reine zu kommen. Ich weiß, Sie sind bereits jetzt der Meinung, daß dies unmöglich ist. Sie haben es versucht. Vielleicht haben Sie recht, aber es kann nicht schaden, wenn Sie es noch einmal versuchen. Vielleicht klappt es diesmal. Im folgenden gebe ich Ihnen einige Ratschläge dazu:

1. Das Wichtigste ist, daß Sie die Schritte 1 bis 5 im Kapitel »Schwierige Verständigung« sorgfältig durchlesen. Sie werden die Erklärungen ein klein wenig modifizieren müssen, um sie Ihrer Situation anzupassen, doch die Schritte selbst sind wertvolle Hilfen bei einer möglicherweise explosiven Auseinandersetzung.

2. Lesen Sie bitte als nächstes das Kapitel »›Ich‹-Botschaften und ›Du‹-Botschaften«. Lesen Sie es so oft, bis Sie es verstanden haben. Ich meine damit, daß es in dem Gespräch mit Ihrer Frau *nicht* darum geht, noch einmal darzustellen, wer recht hat oder einen Standpunkt zum wiederholten Male klarzulegen. Das Ziel ist, sich in nichtbedrohlicher Form zu äußern, damit Sie Ihrer Tochter das Leben erleichtern.

Versuchen Sie nicht, solch ein Gespräch ohne Vorbereitung zu führen. Bereiten Sie sich vor! Schreiben Sie Ihre Ich-Botschaften auf. Denken Sie im voraus darüber nach, wie Sie auf bestimmte Aussagen Ihrer geschiedenen Frau antworten werden (natürlich auf nichtbedrohende und nichtanklagende Art und Weise!). Schreiben Sie Ihre Ideen auf, und üben Sie.

3. Fangen Sie damit an, daß Sie sagen, daß Sie etwas besprechen möchten, das für das Wohlbefinden Ihrer Tochter wichtig ist.

4. Sagen Sie deutlich, daß Sie an der jetzigen Situation genauso schuldig sind wie sie. Auch wenn Sie nicht der Meinung sind, müssen Sie als erwachsener Mensch einen Teil der Verantwortung übernehmen (und einer muß damit anfangen!); dieses Verhalten ist realistischer *und* wird helfen, die Wogen zu glätten.

5. Geben Sie zu verstehen, daß Sie *Lösungen* finden möchten, um das Verhalten zu korrigieren, und nicht, um den alten Groll noch einmal aufzuwärmen. Richten Sie Ihr Augenmerk auf die *Zukunft*. Tragen Sie zu ihrem Glauben an Ihre Ernsthaftigkeit dadurch bei, daß Sie sie wissen lassen, was *Sie* tun werden. Versuchen Sie nicht, Ihrer Frau zu erklären, was *sie* tun sollte. Denken Sie immer daran, daß Sie nur für sich selbst sprechen können.

6. Weitere Empfehlungen:
a) Bitten Sie sie, dieses Buch zu lesen oder zumindest dieses Kapitel, bevor Sie Ihr Gespräch beginnen.
b) Wenn Sie Ihrer Frau gegenüber so viel Haß empfinden, daß es Ihnen auch angesichts des Wohls Ihrer Tochter unmöglich ist, von Angesicht zu Angesicht mit ihr zu sprechen, sollten Sie therapeutische Hilfe in Anspruch nehmen. Ich weiß, daß manche von Ihnen dies strikt ablehnen, und zwar weil sie glauben,
– nicht Sie haben ein Problem, sondern sie hat eins,
– Sie können es sich nicht leisten,
– Sie müßten verrückt sein, um einen Therapeuten aufzusuchen,
– Ihre tiefsten Gefühle nicht vor einem Fremden ausbreiten zu können,
– Sie wüßten nicht, *wie* Sie Ihre Gefühle mitteilen können,
– Sie wollen Ihre Gefühle niemandem mitteilen.

All das sind Ausreden. Ihr Zorn, Ihr Haß und Ihre Schuldgefühle werden nicht von selbst verschwinden. Die Statistik zeigt, daß Männer oftmals zu starken Mitteln greifen, um ihre Gefühle zu betäuben. Doch auf die Dauer führen sie zu keiner Linderung und machen Sie zum Sklaven Ihrer eigenen negativen und zerstörerischen Gefühle. Es ist keine Schande oder Schwäche, oder ein Eingeständnis von Schuld oder emotionaler Unausgeglichenheit, Hilfe und Unterstützung anzunehmen, wenn (nicht *falls*!) Sie sie brauchen. Auch wenn Sie der Meinung sind, Ihre Frau hätte ein Problem, könnten Sie wahrscheinlich Hilfe im Umgang mit ihr gebrauchen. Zögern Sie deshalb nicht, auch Hilfe anzunehmen.

7. Lesen Sie zuletzt Kapitel 10 über die Pubertät. Der Abschnitt »für den Wochenendvater« enthält weitere Vorschläge. Machen Sie sich die in diesem Buch enthaltenen Informationen zunutze, um eine wunderbare Beziehung zu Ihrer Tochter aufzubauen, und zwar trotz der Schwierigkeiten, die zwischen Ihnen und Ihrer geschiedenen Frau existieren. Denken Sie daran, daß Ihre Tochter die Verliererin wäre, wenn Ihnen Ihre Probleme über den Kopf wüchsen. Geben sie deshalb nicht auf.

Kapitel 7
Risikobereitschaft – Änderung von Ansichten

Bisher haben wir vom Vater als einem fast mystischen Wesen gesprochen, der die Kraft besitzt, das Selbstverständnis seiner kleinen Tochter zu formen, zu gestalten oder zu verändern. Seine Anerkennung und seine Bereitschaft, ihr Liebe und Respekt entgegenzubringen, sind wichtige Faktoren für die Formung ihres Selbstbildes, ganz besonders in Verbindung mit den folgenden drei Aspekten:

1. der Wahrnehmung ihrer Weiblichkeit
2. ihrem Selbstwertgefühl als Mensch
3. ihrer Leistungsbereitschaft

Wir haben ebenfalls über die paradoxen Gegensätze in der Erziehung gesprochen, die überwunden werden müssen, wenn die Tochter die negativen Komponenten der traditionellen weiblichen Rolle hinter sich lassen soll. Wir haben davon gesprochen, wie wichtig es ist, die Tochter ihrer Weiblichkeit und Anziehungskraft zu versichern und gleichzeitig ihre Fähigkeiten anzuerkennen und zu entwickeln.
Wir müssen nun darüber sprechen, wie die Bereitschaft zum Risiko gesteigert werden kann, damit das Selbstwertgefühl Ihrer Tochter gestärkt wird und sie das notwendige variable Verhalten lernt. Das Thema Risikobereitschaft ist besonders bei Frauen mit vielen Problemen behaftet, wenn man die weibliche Verletzlichkeit in Betracht zieht, über die wir bereits gesprochen haben. Viele Väter versuchen gar nicht, die

Risikobereitschaft ihrer Tochter zu fördern, aus Angst vor den Konsequenzen und weil sie ihre Tochter vor dem, wie sie meinen, damit verbundenen Leid bewahren wollen.

Für manche Menschen stellt sich die Frage, ob das Selbstwertgefühl der Risikobereitschaft vorausgeht oder umgekehrt. Andere wiederum sind der Meinung, daß Frauen keine Risiken eingehen, weil ihnen die Selbstachtung fehlt. Uns geht es jedoch nicht darum zu bestimmen, welches als Voraussetzung für das andere dient, sondern darum, uns bewußt zu werden, daß Selbstwertgefühl und Risikobereitschaft unabänderlich miteinander verbunden sind.

Manche vertreten die Ansicht, daß Frauen zwar Risiken eingehen, daß die Risiken jedoch emotionaler und nicht finanzieller, intellektueller oder körperlicher Art sind. Viele Frauen suchen Aufregung und Stimulanz (wir brauchen sie alle bis zu einem gewissen Grad) in der Beziehung zu unerreichbaren, ungeeigneten Männern; sie befriedigen also ihre Lust auf Abenteuer, indem sie emotionale Risiken eingehen. Es ist durchaus möglich, daß, wenn sie den Mut hätten, andere Risiken einzugehen, ihre Lust auf Abenteuer gestillt wäre und sie nicht länger das Bedürfnis hätten, sich an ungeeignete Männer zu binden.

Ich möchte an dieser Stelle nicht weiter auf die verschiedenen Variablen eingehen, denn die Behandlung dieses komplexen Zusammenhangs von Einflüssen würde ein zusätzliches Buch erfordern, sondern mich auf den Zusammenhang zwischen Risikobereitschaft und Selbstwertgefühl im allgemeinen beschränken.

Man kann diesen Zusammenhang vielleicht am besten verstehen, wenn man den Widerwillen gegenüber Risiken untersucht. Wenn ein Mensch Gelegenheit hat, ein Risiko einzugehen, es aber nicht tut, fällt er möglicherweise eine Entscheidung gegen sein eigenes »Selbst«. Diese Entscheidung nämlich vermittelt dem Selbst die heimtückische Botschaft, daß der Mensch nicht glaubt, der Aufgabe gewachsen zu sein, und zerstört damit das Fundament, auf dem sein Selbstwertgefühl aufgebaut ist. Jedes nicht eingegangene Risiko kann als negative Bewertung der eigenen Fähigkeit, das Leben anzupacken und zu meistern, interpretiert werden.

Umgekehrt verhält es sich genauso. Jedes eingegangene Risiko vermittelt dem Selbst einen gleichwertigen und proportionalen Anstieg des Selbstvertrauens und der Lebendigkeit. Da das Ausmaß des Risikos nur vom einzelnen Menschen selbst genau bestimmt werden kann, ist das Erfolgserlebnis ein ganz persönliches Gefühl. Die damit auftretende Energie und die ausgelösten positiven Gefühle können eine Veränderung bewirken. In gewisser Weise ist der Erfolg garantiert, wenn man ein Risiko eingeht, weil die Handlung als solche eine positive Selbstbewertung und ein Auftrieb für das Selbstwertgefühl ist, auch wenn man das Unternehmen nicht erfolgreich abschließt. *Den Versuch nicht zu wagen, bedeutet in jedem Fall zu versagen.*

Sicherheit ist immer eine Sackgasse. Sie dient weder dem persönlichen Wachstum noch der Entwicklung der eigenen Fähigkeiten, das Leben zu bewältigen; sie motiviert den Menschen nicht, sich aus der Bequemlichkeitszone herauszubewegen, und sie bietet nicht, wie Robert Frost es ausgedrückt hat, »die Schockerlebnisse und die Veränderungen, die uns geistig gesund erhalten«.[1] Kurz gesagt, die Sicherheit ist immer ein Trugschluß.

Oder wie meine weise Mutter zu sagen pflegte: »Wirkliche Sicherheit findet man nicht im Geld, sondern im eigenen Vertrauen darauf, jede Situation und damit sein Leben meistern zu können.« Der einzige Weg, Ihrer Tochter den unerschütterlichen Glauben an sich selbst zu vermitteln, ist, sie zu ermutigen, Risiken einzugehen, solange sie sich noch in einer relativ sicheren Umgebung befindet, in der sie ohne große Gefahr »fliegen« lernen kann.

Eine meiner Interviewpartnerinnen, eine 37jährige Professorin an einer großen Universität, erzählte mir, wie ihr Vater ihr Selbstvertrauen gestärkt und ihr Mut gemacht hat, Furcht durch Risikobewältigung zu überwinden.

»Als ich ungefähr neun war, brachte mein Vater mir bei, wie man ein Pferd zureitet. Ich wußte bereits, wie man ein Pferd fängt und sattelt, einen Pflug zieht, mit dem Pferd geht, kantert und im leichten Galopp reitet.

Eines Tages waren wir auf der Ranch meines Onkels zu Besuch. Mein Vater bestand darauf, daß ich über eine Weide mit lauter Maulwurflöchern ritt«, erinnert sie sich. »Ich hatte furchtbare Angst, aber ich bin trotzdem geritten. Ich lernte, mich zurückzulehnen und die Zügel anzuziehen. Ich war bald in der Lage, mein Pferd an jeder beliebigen Stelle zum Stehen zu bringen und es auf seinen Hinterhufen im Kreis zu drehen. Ich habe gelernt, die Kontrolle zu übernehmen.

Wenn ich jetzt darüber nachdenke, weiß ich, daß die Sache damals ziemlich gefährlich war. Alles mögliche hätte passieren können. Andererseits gibt es wirklich keine Möglichkeit, beim Zureiten auf Nummer Sicher zu gehen. Es ist ein rauher und risikoreicher Sport.

Jetzt bin ich mir darüber im klaren, daß mein Vater mir sogenannte männliche Fertigkeiten beigebracht hat. Er stärkte zunächst mein Selbstvertrauen, indem er mir zeigte, daß ich im Sattel sitzen und das Pferd kontrollieren konnte. Als ich dem Reitclub beitrat, war ich meinen Altersgenossen weit voraus.«

Man kann nach dem Risiko, dem Nervenkitzel und dem dadurch hervorgerufenen High süchtig werden. Gleichermaßen kann man nach Sicherheit süchtig werden. Leider ist der romantische Mythos vom Versorgtwerden immer noch so weit verbreitet, daß eine große Anzahl von Frauen auch weiterhin danach strebt, und zwar auch die, die alt genug sind, um es eigentlich besser zu wissen.

Beide Extreme – sowohl Sicherheit als auch Risiko – können gefährlich sein. Ich würde mich jedoch, wenn ich mir die Auswirkungen auf den einzelnen Menschen vor Augen führe, für die Sucht nach dem Risiko entscheiden. Risikobewältigung führt zu einem größeren Selbstvertrauen, auch wenn man letzten Endes scheitert. Wenn das Selbstwertgefühl nicht in regelmäßigen Abständen gestärkt wird, kann der Mensch zu einem furchtsamen, scheuen und zurückgezogenen Wesen werden. Wir alle kennen Erwachsene, die zugelassen haben, daß Furcht und Unsicherheit und mangelndes Selbstvertrauen sie in blasse Geister verwandelt haben, die ohne Spuren zu hinterlassen dahinscheiden.

Bedauerlicherweise können Sie Ihre Tochter, selbst wenn Sie aufmerksam und umsichtig sind, nur bis zu einem gewissen Punkt beschützen. Kinder sind aus dem eigenen Haus geraubt worden. Junge Frauen sind am hellichten Tage aus ihrem Garten entführt worden. Die Wahrheit, die keiner hören will, lautet: *Es gibt keine Sicherheit*. Jedes Herz ist, solange es schlägt, verletzlich. In unseren klarsten Momenten sind wir uns dessen bewußt. Die Ironie dabei ist, daß wir erst durch dieses Bewußtsein in der Lage sind, das Leben wirklich zu schätzen und den Augenblick zu würdigen. Wir dürfen unseren Töchtern diese Wahrheit nicht vorenthalten, denn wir würden ihnen damit das Leben vorenthalten.

Ganz tief drinnen wissen Sie dies bereits. Diese Pille ist bitter. Da Sie nicht vorhersehen können, was das Leben ihr abverlangen wird, und Sie sie nur bis zu einem gewissen Punkt beschützen können, sollten Sie *sie* gut darauf vorbereiten, ihr Leben zu meistern. Alles andere dient ihr in keiner Weise. Wenn Sie sie vorzeitig retten oder sie zu sehr beschützen, begrenzen Sie ihre Fähigkeit, ihr eigenes Schicksal in die Hand zu nehmen, und lehren sie, Sicherheit und Erfolg bei anderen zu suchen.

Als Vater müssen Sie unterscheiden, ob Sie Ihre Tochter in wirklich gefährlichen Situationen beschützen oder ob Sie sie ständig überbeschützen. Sie müssen erkennen, wann sie lernen muß, sich selbst zu beschützen. Auch wenn viele von uns es nicht zugeben wollen, müssen doch die Mädchen in unserer Gesellschaft das gleiche Recht haben, Risiken einzugehen, um Selbstvertrauen und Mut zu entwickeln, wie Jungen.

Versuchen Sie bitte, diesen Rat nicht zu mißdeuten. Ich rate Ihnen keineswegs, Ihrer Tochter zu erlauben, Risiken einzugehen, die sie in Lebensgefahr bringen. Ich bitte Sie einzig und allein darum, Ihr eigenes Verhalten noch einmal zu überdenken, um festzustellen, wann Sie Ihre Tochter überbeschützt haben und ihr auf diese Weise fälschlicherweise beigebracht haben, hilflos zu sein.

Sicherheit

»Mit 21 arbeitete ich als Kellnerin in einem erstklassigen Restaurant. Ich arbeitete immer von fünf Uhr nachmittags bis Mitternacht. Ich bekam im Laufe des Abends viel Trinkgeld, aber ich mochte die Schicht trotzdem nicht, weil ich danach immer zum dunklen, unheimlichen Parkplatz gehen mußte, auf dem mein Auto stand. Ich hatte immer Angst, allein zu meinem Auto zu gehen, auch wenn im Restaurant nur Kunden aus besseren Kreisen verkehrten. Auch heute noch fürchte ich mich auf Parkplätzen, sogar tagsüber im Einkaufszentrum.«

Die Frau, deren Geschichte ich hier erzählen möchte, ist klein und zierlich (150 cm groß und nicht einmal 50 kg schwer); sie mußte sich gegen einen Angreifer zur Wehr setzen. Sie ist der beste Beweis dafür, daß Körpergröße nicht entscheidend ist.

»Nun, eines Nachts ging ich vom Restaurant zu meinem Auto und bemerkte einen Schatten, der aus den Büschen auf mich zukam. Ich wußte, wir würden genau an meinem Auto aufeinandertreffen. In panischer Angst sah ich mich nach Hilfe um, erkannte jedoch, daß ich vollkommen allein war.

Es schien, als ob ein Adrenalinstoß meine Beine zittern machte und meinen Magen umdrehte. Ich war mir darüber im klaren, daß das Zusammentreffen kurz bevorstand. Ich wußte, daß ich keine andere Wahl hatte, als all meinen Mut zusammenzunehmen und mich der Situation zu stellen.

Als erstes warf ich meine Handtasche zu Boden. Ich brauchte keinen unnötigen Ballast. Dann begab ich mich in Verteidigungsstellung: Füße auseinander, Gewicht gleichmäßig verteilt, und Fäuste oben.

Ich beschloß, selbst den Angreifer zu spielen, ihn sozusagen aus dem Gleichgewicht zu bringen. Ich wußte, er sah *mich* als Opfer und sich selbst als Angreifer, und ich wollte genau diese Wahrnehmung umkehren«, sagte sie. »Natürlich tat ich all dies unbewußt.

Ich sagte: ›Du Freundchen, ich habe keine Ahnung, was du willst oder warum du hier bist, aber *ich* sage *dir,* daß es nicht einfach werden wird. Ich bin bereit zu kämpfen.‹

Wir standen nur so da und starrten einander an. Ich war immer noch in Verteidigungsstellung. Nach kurzer Zeit bewegte er sich von mir weg. Er traute sich nicht einmal, mir den Rücken zuzudrehen. Ich wußte, ich hatte ihn in die Flucht geschlagen, aber ich hatte immer noch furchtbare Angst. Er ging immer noch rückwärts; erst als er weit genug weg war, drehte er sich um und rannte davon.

Ich stieg so schnell ich konnte in mein Auto und fuhr nach Hause. Ich rief sofort im Restaurant an und teilte mit, daß sich auf dem Parkplatz ein komischer Kerl herumtrieb, den ich für gefährlich hielt. Die Polizei wurde verständigt, und als sie kam, war er immer noch dort; wahrscheinlich wartete er auf die nächste Frau.«

Obwohl Ginnys Größe keineswegs furchterregend war, reichten ihre Einstellung, ihre Körpersprache und ihre verbalen Drohungen aus, den Angreifer in die Flucht zu schlagen. Glücklicherweise war sie nicht zur Hilflosigkeit erzogen worden. Sie hatte gelernt, sich »männlich« zu verhalten, und war in der Lage, auf dieses Verhalten zurückzugreifen, als sie es brauchte; sie konnte deshalb die Situation besser bewältigen, als es die meisten Frauen gekonnt hätten.

Als zweites Kind, das eigentlich ein Junge werden sollte, wurde sie die Gefährtin ihres Vaters. Sie half ihm, Autos herzurichten, maß ihre Kraft im Armstemmen und ging mit ihm zum Fischen und auf die Jagd. Da sie sich immer mit ihrem Vater und teilweise mit seinem männlichen Verhalten identifiziert hatte, konnte sie dieses männliche Verhalten abrufen, um sich selbst zu retten.

Ich habe diese Geschichte nicht erzählt, um Ihre schlimmsten Befürchtungen zu wecken, sondern um Sie mit einem wichtigen Gedanken vertraut zu machen, der Ihnen helfen soll, das ganze Buch besser zu verstehen: Einer Frau, die dazu erzogen wird, sich stets damenhaft zu verhalten, werden sowohl die Fertigkeiten wie auch die Übung und der Mut fehlen, aggressiv und sogar feindselig zu werden, wenn dies erforderlich ist. Ein Mädchen, das dazu erzogen wird, sich ausgesprochen weiblich zu verhalten, wird nicht in der Lage sein, die weiblichen Verhaltensweisen spontan abzulegen, um sich selbst zu verteidigen, auch wenn sie dieses umgekehrte Verhalten dringend nötig hätte.

Ginny wäre höchstwahrscheinlich zum Opfer geworden, hätte sie nicht gelernt, sich aggressiv zu verhalten. Bedauerlicherweise wird aggressives Verhalten bei Frauen nicht gefördert.

Die typische Frau hat wenig oder gar keine Erfahrung in der Selbstverteidigung. Die meisten haben noch nie ihre Fäuste erhoben und jemandem eins auf die Nase gegeben. Wenn sie bedroht werden, erstarren sie vor Angst. Sie können nicht einmal schreien. Diese Reaktion macht sie genau zu der Art von Opfer, auf die es ein Angreifer abgesehen hat.

Dieses Kapitel setzt voraus, daß innerhalb der Möglichkeiten, die das Leben für jeden von uns bereithält, auch Raum ist für die extremsten Situationen. Niemand kann voraussagen, in welche Situationen Ihre Tochter geraten wird. Wenn Sie ihr beibringen, sich nur innerhalb eines bestimmten Rahmens zu verhalten, das heißt, ein gutes Kind oder eine weibliche Frau zu sein, begrenzen Sie ihre Fähigkeiten, extreme Situationen zu bewältigen. Da Sie jedoch nicht immer zur Stelle sein können, um sie zu beschützen, müssen Sie sie lehren, sich selbst zu beschützen und ihr Gelegenheit geben, dies zu üben.

Ich empfehle zwei Dinge: 1. Selbstverteidigungskurse (mindestens jedoch sollte sie Gelegenheit haben, mit ihrem Vater oder ihren Brüdern zu üben) und 2. sollten Sie die Betonung auf Sicherheit und nicht auf Verletzlichkeit legen.

Ich möchte zuerst auf Selbstverteidigungskurse für Mädchen eingehen und dabei auf zwei mögliche Meinungen hinweisen. Die erste Meinung ist, daß jegliches Selbstverteidigungstraining positiv zu bewerten ist. Die andere Meinung ist, daß wenige Kenntnisse eine falsche Sicherheit vortäuschen können und dazu verleiten, gefährliche Risiken einzugehen. Sicher sind beide Meinungen berechtigt, doch ich möchte hier auf eine weitere Perspektive hinweisen.

Michael Castleman zitiert in seinem Buch *Crime Free*[2] eine Untersuchung, in der Wissenschaftler in New York Fußgänger mit der Videokamera beobachtet haben. Sie haben keine bestimmten Menschen beobachtet, sondern einfach ganz gewöhnliche Menschen auf der Straße. Dann wurden diese Videobänder Strafgefangenen vorgeführt; diese sollten Menschen benennen, die als mögliche Opfer in Frage kamen. Es handelte sich immer um die gleichen Menschen; sie boten sich nicht notwendigerweise als potentielle Opfer an, wie zum Beispiel »hilflose alte Damen«, sondern es handelte sich um durchschnittliche Menschen.

Als die Gefangenen erklären sollten, warum sie bestimmte Menschen als Opfer ansahen, gaben sie an, sich die Menschen auszusuchen, deren Körpersprache Zerbrechlichkeit, Verwirrung oder Unsicherheit ausdrückte. Diese Menschen waren laut Aussage der Gefangenen leichte Beute; ihr Verhalten drückte Verletzlichkeit aus.

Bis zu einem gewissen Grad ist deshalb ein zuversichtliches Auftreten und eine sichere und ausgeglichene Haltung wie ein Schutzwall, der den Menschen umgibt und dem möglichen Angreifer das Bild einer schwierigen Beute vermittelt. Der Angreifer wartet lieber auf ein schüchternes, unsicheres Opfer, das sich nicht widersetzt.

Ich möchte damit nicht behaupten, daß eine zuversichtliche Ausstrahlung jedes Verbrechen und jedes Leid abwenden wird, aber im Falle meiner Freundin Ginny hat es gewirkt. Ihr Angreifer wollte sich auf keinen Kampf einlassen. Er hatte zuviel zu verlieren. Ihre Zuversicht, ihr Mut und ihre Fähigkeit, aggressiv zu sein, wehrte das ab, was ganz nach einem Überfall aussah. Aus diesem Grund halte ich Selbstverteidigungskurse für sehr nützlich, denn sie geben Ihrer Tochter ein Gefühl des Selbstvertrauens und die notwendigen Fertigkeiten, mit denen sie sich einen Angreifer vom Leib halten kann.

Kapitel 8
Strategien, Techniken und Aktivitäten

Bisher habe ich davon gesprochen, *was* Sie tun können, und nur selten über das *Wie*. Ich werde im nächsten Kapitel noch mehr über das Was sagen, doch dieses Kapitel möchte ich ausschließlich dem Wie widmen.

Ich habe das Kapitel in drei Teile gegliedert. Der erste Teil mit dem Titel »Entmutigung« beschäftigt sich in kurzer Form damit, was Sie *nicht* tun sollten. Sie werden erkennen, daß Sie viele der Strategien bereits ausprobiert haben oder sie an Ihnen ausprobiert wurden, und daß sie nicht funktioniert haben.

Das zweite Teil mit dem Titel »Ermutigung« bietet eine Anzahl von Techniken und Strategien, mit Hilfe derer Sie die Kommunikation mit Ihrer Tochter in Gang bringen und eine positive Atmosphäre schaffen können, in der die Beziehung wächst und gedeiht.

Im dritten Teil mit dem Titel »Aktivitäten« erhalten Sie gezielte Informationen und Vorschläge für gemeinsame Aktivitäten mit Ihrer Tochter sowie Gesprächsvorschläge. Ich mache Sie sowohl mit neuen Möglichkeiten bekannt und gehe nochmals auf die Aktivitäten ein, die ich bereits vorgestellt habe. Ich hoffe, daß Sie beide viel Spaß haben werden.

Entmutigung

Ich bin der Meinung, daß nur wenige Eltern ihre Kinder willentlich entmutigen wollen, doch aus meiner langjährigen Erfahrung weiß ich, daß viele es trotzdem tun. Auch wenn Sie die besten Absichten hegen, kann der Mangel an erzieherischen Fähigkeiten in Verbindung mit unausgesprochenen feindseligen Gefühlen zur Folge haben, daß Ihr Kind sich unzulänglich, unsicher und minderwertig fühlt. Einige Methoden der Entmutigung habe ich bereits an anderer Stelle erwähnt. Die, auf die ich hier hinweise, sind neu.

Killeraussagen

Der Ausdruck »Killeraussagen« bedarf keiner Erklärung. Jeder von uns kennt sie und weiß deshalb, wovon die Rede ist. Es genügt zu erwähnen, daß sie das Selbstvertrauen eines Menschen zerstören. Man äußert sie im Zorn oder aus einem Gefühl der Frustration heraus. Die gängigsten zwei lauten: »Was ist bloß los mit dir?« und »Kannst du überhaupt nichts richtig machen?« Weitere Killeraussagen, die Sie auf jeden Fall vermeiden sollten, sind:

1. Wie kommst du denn auf diese verrückte Idee?
2. Wo liegt dein Problem?
3. Das ist das Dümmste, was ich je gehört habe.
4. Das ist unmöglich.
5. Das ist unpraktisch.
6. Wenn du das machst, wirst du (runterfallen, dich verletzen, ein Bein brechen, deine Arbeit verlieren, mit dem Lehrer Schwierigkeiten haben etc.).
7. Du mußt an deine Sicherheit denken.
8. Komm, laß mich das machen.
9. Komm, laß mich das machen, weil ...
   a) du immer so lange brauchst, du bist unvorsichtig, etc.
   b) du es immer falsch machst, du kümmerst dich nicht um deine Arbeit, tu, was ich dir sage, etc.

c) schau dir die Unordnung an, die du verursacht hast, du hast einige Stellen ausgelassen, etc.

d) du das bestimmt fallen läßt, du zerbrichst es, machst es kaputt, etc.

e) schau dir deine Schreibfehler an, dein schmutziges Heft, etc.

f) du dir weh tun wirst.

10. Negative Aussagen, die mit »was geschieht, wenn« beginnen:

a) Was geschieht, wenn der Lehrer ärgerlich wird?

b) Was geschieht, wenn du verlierst?

c) Was geschieht, wenn die Jungen das nicht mögen?

d) Was geschieht, wenn die Mädchen das nicht mögen?

11. Du kannst die Welt nicht ändern.

12. Du mußt lernen, dich mit manchen Dingen abzufinden.

Vorbehalte

Sich Dinge vorzubehalten heißt, sich zu weigern, die Aussage eines anderen Menschen, seine Gefühle oder seine Seele und seinen Körper zu akzeptieren. Es ist aus zwei Gründen gefährlich, sich so zu verhalten.

Erstens untergraben Sie damit das Selbstvertrauen Ihrer Tochter, weil Sie ihr mitteilen, daß Sie ihren eigenen Wahrnehmungen und ihrer Fähigkeit, Dinge richtig zu beurteilen, mißtrauen.

Zweitens vermitteln Sie ihr damit auf subtile Weise die Botschaft, daß sie unfähig ist, ihren eigenen Zustand zu beurteilen. Die folgenden Beispiele (S. 186 und 187) sind gebräuchliche »Vorbehalte«, denen ich Vorschläge für alternative Aussagen hinzufüge.

Sie werden erkennen, daß Sie mit den besseren Aussagen vier Dinge erreichen:

1. Sie erkennen die Fähigkeit Ihrer Tochter an, ihre eigenen Gefühle zu identifizieren und zu artikulieren.

Zustand	Vorbehalt	bessere Aussage
Ich habe Angst.	Das ist lächerlich. Du hast überhaupt keinen Grund, ängstlich zu sein.	Ich verstehe. Jede neue Verhaltensweise erzeugt Angst, aber du solltest es gerade deshalb versuchen; nur so kannst du deine Angst überwinden.
Ich bin verwirrt.	Du strengst dich nicht genügend an.	Ja, Mathe (oder ein anderes Fach) kann ganz schön verwirrend sein. Ich komme manchmal weiter, wenn ich mich länger damit beschäftige oder mir Fragen notiere. Kannst du dir vorstellen, daß das auch dir helfen könnte?
Mir ist langweilig.	Das kann nicht sein. Du bist einfach nur einfallslos.	Ich weiß, was du meinst. Das Leben ist voll von langweiligen Aufgaben. Wenn ich mich langweile, versuche ich die Aufgabe interessanter zu gestalten. Meinst du, du schaffst das?

Zustand	Vorbehalt	bessere Aussage
Ich bin wütend.	Das kann nicht sein. Du bist ganz einfach frustriert, egoistisch, müde, verwirrt etc.	Ich verstehe, wie du dich fühlst. Was ist passiert?
Ich hasse ...	Du haßt niemanden. Das gehört sich nicht.	Das ist ein starkes Gefühl. Was ist geschehen?
Jeder Ausdruck eines negativen Gefühls.	Du weißt nicht, was du sagst.	Willst du darüber reden?

2. Sie respektieren das Recht Ihrer Tochter auf eigene Gefühle (einschließlich negativer Gefühle) und auf deren Ausdruck.
3. Sie gestehen allen Gefühlen ihre Berechtigung zu aufgrund ihrer bloßen Existenz.
4. Sie interpretieren den Ausdruck dieser Gefühle als Wunsch Ihrer Tochter, sich mitzuteilen.

Überengagement und Enthusiasmus

Wenn Ihre Tochter eines Tages mit einer tollen Idee ankommt oder sie an einem wichtigen Projekt mitwirkt, ist es wichtig, daß Sie sich nicht einmischen. Manchmal sind Eltern von der Idee ihres Kindes so begeistert, daß sie sich mehr als notwendig damit beschäftigen und schließlich dem Kind seine Aufgabe aus der Hand nehmen. Ich kenne Kinder, die jegliches Interesse an ihrer Idee verloren haben, weil ihre Mutter oder ihr Vater sich so sehr damit befaßten, daß das Kind das Gefühl hatte, nicht mehr gebraucht zu werden. Vergessen Sie nicht, daß Ihre Tochter die Idee geboren hat oder an einem Projekt beteiligt ist, und daß deshalb beides *ihr* gehört.

Vielleicht fühlen Sie sich jetzt gekränkt oder sind der Meinung, ich betreibe Haarspalterei. Ich möchte Ihnen deshalb von einem Gespräch berichten. Ein Mädchen erzählte davon, daß es bei einem Turnwettbewerb den ersten Preis gewonnen hatte. Ich sagte daraufhin: »Ich wette, deine Eltern sind mächtig stolz auf dich.« Es starrte mich einen Moment lang an und erwiderte dann: »Ich hab's nicht für meine Eltern getan, sondern für mich.« In seiner typischen, das heißt in der brutalen Art Heranwachsender erteilte es mir eine wichtige Lektion.

Wenn Ihre Tochter nach Hause kommt und Ihnen freudestrahlend von einer guten Leistung berichtet, sollten Sie der Versuchung widerstehen zu sagen: »Ich bin stolz auf dich«, oder »Ich bin glücklich darüber.« Obwohl die beiden Aussagen ehrlich gemeint sind und Ihre Liebe ausdrücken, haben sie doch eine subtile negative Wirkung, denn sie enthalten einen kleinen Hinweis darauf, daß sie sich für Sie angestrengt haben könnte.

Obwohl Sie glücklich und stolz sind, sollten Sie Ihren Gefühlen auf andere Art Ausdruck verleihen, zum Beispiel indem Sie sagen: »Das ist toll. Ich wette, du bist glücklich«, oder »Das ist wunderbar. Ich wäre an deiner Stelle furchtbar stolz.« Auf diese Weise übermitteln Sie eine reflektierte Anerkennung, eine unausgesprochene Botschaft, daß die Leistung und das damit verbundene wundervolle Gefühl allein *ihr* gehört. Sie machen ihr den Ruhm nicht dadurch streitig, daß Sie andeuten, die Leistung wäre Ihnen zuliebe erbracht worden.

Das bedeutet keineswegs, daß Sie nicht mit ihr darüber diskutieren oder zusammen Ideen ausbrüten, Interesse zeigen und Hilfestellung leisten sollten. Es bedeutet lediglich, daß Sie nicht versuchen, alles an sich zu reißen. Lassen Sie zu, daß Ihre Tochter ihre Ideen auf ihre Art und in der für sie notwendigen Zeit ausbrütet. Sie ist dadurch in der Lage, ihre Leistung als ihr Verdienst anzusehen anstatt sich wie ein Hochstapler zu fühlen, weil eigentlich Vati die ganze Arbeit geleistet hat.

Wenn Sie jetzt noch einmal an die Eigenschaftstheorie denken, werden Sie sich daran erinnern, daß Frauen zwar ihr Versagen sich selbst zuschreiben, nicht jedoch ihre Erfolge. Jetzt lernen Sie Ihre Tochter zu ermutigen, ihre Leistungen als ihr Verdienst anzusehen. Der erste Schritt besteht darin, daß Sie ihre Leistungen *ihre* Leistungen sein lassen.

Disziplin als Strafe

In einem der vorangegangenen Kapitel habe ich auf den Unterschied zwischen Disziplin und Entmutigung hingewiesen. Ich habe Ihnen gleichzeitig einige Beispiele für eine positive und lehrreiche Einstellung zur Disziplin versprochen. Ich werde die Beispiele im nächsten Teil, der den Titel »Ermutigung« trägt, aufführen. An dieser Stelle würde ich jedoch vorgreifen, wollte ich darauf eingehen, denn um den lehrreichen Ansatz der Disziplin vollkommen verstehen zu können, ist es notwendig, den gegenwärtig gebräuchlichen Ansatz unter die Lupe zu nehmen.

Disziplin ist eine der elterlichen Notwendigkeiten, die, wenn sie unsachgemäß angewandt wird, zur Entmutigung Ihrer Tochter führen kann. Ein falscher Ansatz wäre, Disziplin als Bestrafung für unrechtes Tun einzusetzen. Sie sollte in diesem Sinne nur bei Strafgefangenen und Schwerverbrechern angewandt werden. Für Kinder ist dieser Ansatz ungeeignet, da er zu einer Einstellung beim Kind führt, die Gewohnheiten nach sich zieht, die das Selbstwertgefühl zerstören und in extremen Fällen körperlichen Schaden anrichten.

Wenn Sie Ihr Kind zur Disziplin auffordern, sollten Sie dies niemals tun, wenn Sie zornig sind, denn die Chancen, daß Sie dem Kind entweder körperlichen oder seelischen Schaden zufügen, sind in diesem Falle größer als sonst. Es ist ratsamer, damit zu warten, bis sich Ihr Ärger gelegt hat. Ein chinesisches Sprichwort drückt dies besser aus als ich es kann: »Wenn Sie im Augenblick des Zorns zögern, vermeiden Sie ein Jahr des Grams.«

Lassen Sie Ihre Tochter wissen, daß Sie ihr Verhalten mißbilligen und daß Sie sich mit dem Problem ausführlicher beschäftigen werden, wenn Sie darüber nachgedacht haben. Sagen Sie einfach: »Ich bin im Moment so wütend, daß ich mich jetzt auf keine Diskussion einlassen möchte.« Wenn sich Ihr Zorn gelegt hat, werden Sie in der Lage sein, die Situation objektiver zu beurteilen.

Obwohl es manchmal den Anschein hat, als ob Kinder absichtlich boshaft sind, und Sie der Versuchung, sie zu »bestrafen«, nur schwer widerstehen können, sollten Sie sich in keinem Fall dazu hinreißen lassen, Ihrem Kind den Eindruck zu vermitteln, es sei unwürdig oder »schlecht«. Mit der richtigen Einstellung zum *Sinn* der Disziplin werden Eltern diese negativen Verhaltensweisen in Lernerfahrungen umwandeln können.

Sie müssen jedoch erst feststellen, worin der Sinn und *Zweck* der Disziplin besteht. Disziplin dient dazu sicherzustellen, daß Ihre Kinder eine bestimmte Tat nicht mehr ausführen, und zwar auch dann nicht, *wenn keine Autoritätsperson in der Nähe ist.* Wenn Sie Disziplin als Strafe einsetzen, werden Sie damit nur bewirken, daß das Kind verstärkt darauf aufpaßt, nicht ertappt zu werden. Der positive, lehrreiche Ansatz der Disziplin wird, wenn er den bestrafenden Ansatz ersetzt, eine reifere Einstellung des Kindes zur Folge haben. Sie werden mehr im nächsten Teil erfahren, wenn ich davon spreche, wie Disziplin als Erziehung und Lehre eingesetzt werden kann.

Es reicht im Moment aus, wenn Sie den folgenden Satz auswendig lernen: »Disziplin wird einem Kind nicht zugefügt, sondern Disziplin wird gelehrt.«

Ermutigung

Nonverbale Botschaften

Unsere Erörterung der unausgesprochenen Botschaften, dieser subtilen und gleichzeitig wirkungsvollen Aussagen, die mit dem Gesagten und den Handlungen transportiert werden, soll zeigen, wie Sie Ihre Tochter ermutigen können. Denken Sie immer daran, daß jeder Mensch sich so sieht, wie *andere* ihn sehen; nur dann sind Sie in der Lage, unterstützende und ermutigende Botschaften zu vermitteln.

»Ich«- anstelle von »Du«-Botschaften

Eine zuverlässige Methode, Ihre Tochter zu entmutigen und ihren Widerstand gegenüber Ihrer Autorität wachzurufen (der später in offene Rebellion ausarten kann), besteht darin, sie für jedes Problem allein verantwortlich zu machen. Sie erreichen dies dadurch, wenn Sie immer und immer wieder das Personalpronomen »Du« benutzen, sobald Sie sich auf das Problem beziehen.

Überlegen Sie: Wenn ein anderer zu Ihnen sagt »Du machst das«, oder »Du machst jenes«, fühlen Sie sich, als ob der andere seinen Zeigefinger wie eine Waffe in Ihre Brust bohrt. Sie werden sich höchstwahrscheinlich entweder verteidigen und kämpfen oder sich zurückziehen und resignieren – das alte Kampf- oder Fluchtverhalten kommt zum Tragen.

Eine bessere Methode, ein Problem zur Sprache zu bringen, ist, das Pronomen »Ich« zu verwenden. Anstatt zu sagen: »Du räumst nie dein Zimmer auf«, können Sie sagen: »Es macht mich rasend, wenn dein Zimmer so unordentlich aussieht«. Anstatt: »Du fängst mit deinen Hausaufgaben jedesmal so spät an, daß du nicht fertig wirst und dich dann ärgerst, wenn du nicht genügend Zeit hast«, sagen Sie besser: »Es tut mir leid, daß ich mich wegen deiner Hausaufgaben jedesmal so aufrege. Meinst du, daß wir irgend etwas dagegen unternehmen können?« Anstatt: »Du widersprichst zuviel, und wenn du nicht damit aufhörst, werd ich dir eins hinter die Ohren geben«, sagen Sie: »Weißt du, es tut mir wirklich weh, wenn du mir widersprichst, aber da es mir schwerfällt, das einzugestehen, werde ich wütend.«

Manche von Ihnen halten diesen Ansatz möglicherweise für zu verhätschelnd. Wenn Sie zugeben, daß Ihre Kinder die Macht besitzen, Ihre Gefühle zu verletzen, zerstören Sie damit die Vorstellung vom autoritären, machtvollen Vater. Die Frage lautet jedoch: Wollen Sie Ihre Tochter davon abhalten, das zu tun, was sie tut, oder wollen Sie Ihr eigenes Image pflegen? Wollen Sie, daß Ihre Tochter Ihnen zuhört und Sie versteht, oder wollen Sie endlose, immer wiederkehrende Schlachten heraufbeschwören?

Als ich anfing zu unterrichten, war ich der Meinung, mit widerspenstigen Kindern am besten fertig zu werden, wenn ich große Geschütze auffuhr. Ich habe ihnen angedroht, sie vor die Tür zu stellen, sie vom Unterricht zu suspendieren, den Rektor zu rufen, ihre Eltern zu verständigen etc. All das hat jedoch nie wirklich etwas bewirkt. Entweder eskalierte der Streit, weil ich die Schüler öffentlich herausgefordert hatte, oder die Schüler verhielten sich für kurze Zeit anständig und wurden danach noch boshafter.

Eines Tages war einer meiner Schüler besonders aufsässig. Ich war des Kämpfens müde, legte die Kreide nieder und sagte: »Weißt du, das hat wirklich weh getan.« Die Reaktion glich einem Wunder. Der Junge, der von Anfang an ein Störenfried gewesen war, lief rot an und schien tief gekränkt. Er gab während des Rests der Unterrichtsstunde keinen Ton mehr von sich. Nach dem Unterricht kam er zu mir und sagte: »Frau Marone, es tut mir leid. Ich wollte Ihre Gefühle nicht verletzen.« Überdies entschuldigten sich sogar andere Schüler für *ihn*. Er bereitete mir ab diesem Tag nie wieder Probleme, und wir gingen sehr freundlich miteinander um.

Die Moral der Geschichte ist, daß, wenn wir unseren Kindern unsere menschliche Seite zuwenden, diese meistens respektiert wird. Und wenn es unnötig ist, sich gegenüber jungen Gymnasiasten autoritär zu verhalten, ist es gegenüber jedem anderen Menschen ebenso unnötig! Wenn wir Kinder in die Enge treiben, sie beschuldigen, ihnen drohen, sie einschüchtern und kontrollieren, reagieren sie, wie jedes andere menschliche Wesen mit Würde reagieren würde – sie weigern sich, das Spiel mitzuspielen. Wenn wir jedoch einfach nur das ausdrücken, was wir fühlen, ohne eine beschuldigende Du-Botschaft zu übermitteln, fordern wir sie auf, uns als menschliche Wesen zu sehen!

Sie sollten aus diesem Grund Ihrer Tochter immer dann, wenn Sie Schwierigkeiten mit ihr haben, sagen, wie *Sie* sich fühlen. Sie werden überrascht sein, welche Wirkung Sie damit erzielen.

Disziplin als Lehre

Ich möchte hier noch einmal auf den Satz zurückkommen »Disziplin wird einem Kind nicht *zugefügt*, sondern Disziplin wird *gelehrt*.« Ich kann auf die Wichtigkeit dieses Satzes nicht genug hinweisen. Bedauerlicherweise disziplinieren wir in unserer Gesellschaft falsch; viele Kinder erfahren deshalb niemals innere Kontrolle und Beherrschung, sondern verhalten sich ausschließlich aufgrund von äußeren Zwängen.

Wenn der Sinn der Disziplin nicht darin besteht zu bestrafen, worin liegt er dann? Wie ich bereits erwähnt habe, stammt das Wort Disziplin von dem lateinischen Wort *disciplina* ab und bedeutet *Schule*, *Wissenschaft* und *Wissen*. Wenn wir diese Definition zugrunde legen, erhalten wir ein klareres Bild davon, was wir tun, wenn wir disziplinieren. Es bedeutet, wir *lehren*.

Oder anders ausgedrückt: Wenn Disziplin richtig angewandt wird, wird die äußere Kontrolle durch die innere Kontrolle ersetzt. Sie fördert die innere Kontrolle. Viele

Kinder, die ich unterrichtete, dachten über ihr Verhalten nur dann nach, wenn eine Autoritätsperson ihnen Strafe androhte, denn sie verfügten über keine innere Autorität.

Wenn Sie Ihre Tochter zu einem erfolgreichen Menschen erziehen wollen, müssen Sie ihr die Disziplin vermitteln, die von innen kommt, und nicht die, die allein von äußeren Umständen abhängt. Sie müssen Sie deshalb lehren, die Konsequenzen für ihre Handlungen zu übernehmen, das heißt, die Verantwortung für die Folgen ihres Verhaltens zu tragen.

Ich mußte erst viele Fehler machen, bevor ich in der Lage war, Disziplin richtig einzusetzen. Ich möchte hier ein Beispiel anführen, um meinen Standpunkt zu verdeutlichen.

Ich hatte ein Mädchen in meiner Klasse, mit der ich ständig aneinandergeriet. Sie war abweisend, trotzig und sarkastisch. Sie konnte mich nicht leiden, und auch ich war nicht gerade verrückt nach ihr. Eines Tages ging ich nach dem Unterricht in mein Zimmer und ertappte sie dabei, wie sie das Wort »A...« in meinen Schrank einritzte. Das war der Tropfen, der das Faß zum Überlaufen brachte. Ich war außer mir vor Wut. Mein erster Impuls war, sie zu packen und die ganze Bosheit aus ihr herauszuschütteln. Ganz offensichtlich habe ich diesen Impuls unterdrückt. (Glücklicherweise steht auf körperlicher Züchtigung in Schulen eine harte Strafe. Es ist richtig und gut, daß Lehrer durch das Gesetz gezwungen werden, ihren Ärger unter Kontrolle zu halten.) Mein nächster Impuls war, sie anzuschreien, zum Beispiel: »Du nutzloses Stück Dreck. Du willst einfach nicht kapieren, oder?«

Statt dessen hielt ich inne, um mich zu sammeln und mir den Zweck meiner disziplinarischen Maßnahmen zu überlegen. So standen wir einen Augenblick lang da und starrten uns an; mein Gesicht war gerötet vor Zorn, und ihres war gerötet vor Furcht. Schließlich sagte ich: »Ich bin so wütend, daß ich gar nicht reden kann. Du wirst warten müssen, bis ich mich wieder gefaßt habe.« Tränen stiegen ihr in die

Augen. Nachdem ich einen Moment lang nachgedacht hatte, eröffnete ich das anstehende Gespräch mit einem Satz, den ich für die »neutralste« Einleitung hielt.

Ich: Du hast meine Tür ruiniert.

Sie: (*Schweigen.*)

Ich: Der Grund, warum ich so wütend bin, ist der, daß ich nicht weiß, warum du mich so haßt. Wir müssen darüber reden, weil ich nicht länger deine Lehrerin sein möchte, wenn diese Abneigung weiterhin besteht. Doch zuerst werden sich noch andere Leute die Tür ansehen müssen.

Sie: (*Schweigen.*)

Ich: Stimmt's?

Sie: (*Trotzig.*) Ich weiß nicht.

Ich: Du weißt es nicht? (*Ich war nahe dran, die Kontrolle zu verlieren.*) Nun, sie müssen. Wie willst du also dein Problem lösen?

Sie: Ich habe kein Problem. Sie haben eins.

Ich: (*Nahe daran, die Beherrschung zu verlieren.*) So, welches denn?

Sie: Ich weiß nicht.

Ich: Nun, darüber werden wir später reden. Was gedenkst du bezüglich meiner Tür zu tun?

Sie: Ich weiß nicht.

Ich: Nun, ich habe viel Zeit. Ich muß sowieso noch Arbeitern korrigieren, und währenddessen kannst du dich hier hinsetzen und über Lösungen nachdenken. (*Minutenlanges Schweigen.*)

Sie: (*Fast unhörbar.*) Ich könnte nach dem Unterricht hierbleiben.

Ich: Das wäre ein Anfang. Bedauerlicherweise ist damit das Problem mit der Tür nicht gelöst, oder? Das, was du eingeritzt hast, wird immer noch zu sehen sein. (*Wieder Schweigen, während ich so tue, als ob ich Arbeiten korrigiere.*)

Sie: Ich könnte die Tür streichen.

Ich: Das wäre eine Möglichkeit. Allerdings sind die ganzen

Türen in der Schule aus Naturholz, und es würde komisch aussehen, wenn eine Tür angestrichen wäre. Du könntest natürlich den Rektor fragen. Vielleicht macht er eine Ausnahme. Soll ich ihn rufen?

Sie: Nein. (*Wieder minutenlanges quälendes Schweigen.*) Wie soll ich es denn dann wieder abkriegen?

Ich: Das hat dich scheinbar nicht beunruhigt, als du angenommen hast, ein anderer hätte ein Problem. (*Sie wirft mir einen finsteren Blick zu.*) Ich glaube, es gibt da ein Gerät, das man Schleifmaschine nennt.

Sie: Ah ja, mein Vater hat eins.

Ich: Gut. Aber du wirst noch andere Werkzeuge und Material brauchen.

Sie: Wo krieg ich die her?

Ich: Genau das hab ich gemeint, als ich sagte, du hast ein Problem zu lösen.

Sie: Vom Hausmeister?

Ich: Ja, er hat wahrscheinlich die Werkzeuge. Natürlich mußt du mit ihm über den Preis reden.

Sie: Wollen Sie damit sagen, daß ich dafür bezahlen muß?

Ich: Natürlich. Ich glaube kaum, daß die Schule deinen Streich im Budget eingeplant hat.

Sie: Kann ich meinen Vater anrufen?

Ich: Okay, aber ich möchte zuerst mit ihm sprechen*

Es gelang mir, ihren Vater davon zu überzeugen, daß es vollkommen falsch wäre, seiner Tochter in dieser Lage zu Hilfe zu eilen *oder* sie zu bestrafen. Sie zu retten hätte bedeutet, ihr die Folgen ihres Handelns zu ersparen. Zur Strafe sollte sie ihr Problem selbst lösen, bis ins letzte Detail, so wie es Erwachsene auch tun. Wir verabredeten schließlich, daß sie die Schleifmaschine von ihm »mieten« würde und daß sie Pinsel und Lack selbst kaufen sollte, und zwar mit dem

---

* Vielleicht haben Sie einige Fehler bei mir festgestellt, aber ich bitte um Verständnis.

Geld, das sie sich mit Babysitten verdiente. Zum Schluß tauchte noch ein kleines Zeitproblem auf.

Ich: Weißt du, ich habe keine Lust, mir zwei oder drei Wochen lang diese Tür anzuschauen, bis du das Geld beisammen hast. Das ist das letzte Problem, das du lösen mußt.

Sie: (*Bricht vor meinen Augen zusammen und schreit.*) Was wollen Sie denn noch?

Ich: Ich weiß, daß du jetzt denkst, daß ich gefühllos bin, aber du mußt einsehen, daß das nicht mein Problem ist. Du hast es in die Welt gesetzt, und jetzt mußt du es auch lösen. (*Ich mache eine kleine Pause, um ihr Zeit zu geben, darüber nachzudenken.*) Ich verstehe, daß du frustriert bist, aber ich bin nicht gewillt, dein Problem für dich zu lösen. Es ist einzig und allein dein Problem. (*Sie starrt mich haßerfüllt an.*) Ich bin jedoch bereit, dir einen Vorschlag zu machen, wenn du ihn hören willst.

Sie: (*Unter Tränen.*) Okay.

Ich: Du kannst dir das Geld von deinem Vater oder der Schule leihen, aber für ein Darlehen mußt du Zinsen zahlen.

Sie: Was sind Zinsen?

Ich: Das ist das Geld, das du den Geldverleihern bezahlen mußt, wenn du ihr Geld benützt.

Sie: Heißt das, daß ich mehr zurückzahlen muß als ich mir leihe?

Ich: Ja, genau.

Sie: Das ist nicht fair.

Ich: Ich kann mir vorstellen, wie du dich fühlst. Ich fühle mich genauso, wenn mir meine Bank Zinsen berechnet, aber so ist es nun einmal. Meinst du denn, es wäre fair, wenn sich dein Vater oder ich mir das Geld leihen müßte, obwohl wir nichts getan haben?

Sie: (*Kaum hörbar.*) Nein.

Ich: Noch eins. Wenn dieses Problem gelöst ist, können wir uns dann zusammensetzen und über unser Problem reden?

Sie: Okay.

Wie Sie sicher erkannt haben, konnte ich vor lauter Ärger nicht vermeiden, sie schlechtzumachen und sie zu beschuldigen, doch mit Ausnahme einiger weniger sarkastischer Bemerkungen ist mir das Gespräch ziemlich gut gelungen.

Sie sollten immer daran denken, daß ein unartiges Kind meist ein entmutigtes Kind ist. Zudem ließ die Tatsache, daß sie obszöne Worte in meine Tür ritzte, erkennen, daß etwas an unserer Beziehung im argen lag. Ein Mädchen, das sich sicher fühlt und zuversichtlich ist, würde nicht auf solch eine Idee verfallen.

Mit meinen disziplinarischen Maßnahmen wollte ich sie bestrafen, denn ich ließ mich mehr von meinem Zorn und meinen Rachegefühlen leiten als von der Sorge um ihr Wohlergehen. Sie mögen jetzt denken, daß sich auch sie nicht um mein Wohlbefinden gekümmert hat, doch als Erwachsene müssen wir reifer sein als Kinder.

Aus diesem Grund habe ich versucht, dem Mädchen zu verstehen zu geben, daß es in der Welt der Erwachsenen die Konsequenzen seines Handelns zu tragen hat.

Es hat schließlich dadurch Disziplin erfahren, daß es gezwungen war, sein Problem selbst zu lösen und dafür sein eigenes Geld und seine Zeit verwenden mußte und daß es einsehen mußte, daß Taten Folgen nach sich ziehen. Ich bin sicher, daß es dadurch mehr gelernt hat, als wenn ich es angeschrien und vom Unterricht suspendiert hätte. Das hätte es nur in seinem Glauben bestärkt, ich sei eine Hexe, die Schule sei unfair, und sein Haß auf mich und das System sei berechtigt. Es wäre weiterhin unfähig gewesen, sein eigenes Verhalten als wichtigen Faktor des Problems anzusehen.

Nur wenn Kinder lernen, die Verantwortung für ihr Handeln zu tragen, kann sich die innere Disziplin entwickeln, die sie davon abhält, gefährliche oder unsoziale Handlungen zu begehen.

Ich möchte hier ein weiteres Beispiel anführen. Wenn beide Elternteile arbeiten, erwarten sie von ihren Kindern, daß diese mithelfen und ihre Pflichten im Haushalt erledigen. Kinder lassen sich jedoch leicht ablenken, sie sehen fern, telefonieren, machen Hausaufgaben, spielen mit ihren Freunden, tanzen zur Radiomusik, wickeln ihr Haar um den Finger usw., und vergessen darüber, Ordnung zu machen, die Wäsche in die Waschmaschine zu füllen und Staub zu saugen. Eltern toben und schreien, doch meist ohne Erfolg. Hier ein Vorschlag:

Vater: Hör zu, Süße, wir haben ein Problem.

Susan: Wirklich?

Vater: Ja. Eigentlich spreche ich von zwei Problemen – von unserem und von deinem. Unser Problem besteht darin, daß deine Mutter und ich es gern ordentlich haben und wir erwarten, daß du deinen Beitrag dazu leistest. Wenn du das nicht tust, werden wir böse. Dein Problem besteht dann darin, daß wir dich anschreien und dir Hausarrest erteilen. Die Folge davon ist, daß wir uns fast tagtäglich streiten, worüber wir alle nicht sehr glücklich sind.

Susan: Stimmt.

Vater: Deine Mutter und ich haben uns deshalb eine Lösung für *unser* Problem überlegt. Jetzt liegt es an dir, dein Problem zu lösen.

Susan: Was meinst du damit?

Vater: Ich meine damit, daß sich einer von uns um die Wäsche und ums Staubsaugen kümmern muß. Deine Mutter und ich schaffen es nicht, sauber zu machen, einzukaufen, die Rechnungen zu bezahlen, die Reparaturen im Haus durchzuführen usw. Wir haben deshalb beschlossen, jemanden zu beauftragen, uns diese Arbeiten abzunehmen.

Susan: Das ist ja super.

Vater: Bedauerlicherweise kostet das Geld. Wir werden deshalb dein Taschengeld kürzen, um die Kosten bestreiten zu können. Wir sind sicher, daß du nichts dagegen hast, weil du ja auch keine Zeit hast, um dich darum zu kümmern.

Susan: Das ist nicht fair.

Vater: Warum nicht?

Susan: Weil ich wirklich keine Zeit habe.

Vater: Nun, du kannst wählen.

Susan: Was soll das heißen?

Vater: Ich will damit keineswegs sagen, daß du nicht mit deinen Freunden telefonieren oder fernsehen kannst. Ich sage lediglich, daß du die Wahl hast, genau wie wir. Du kannst deinen Teil der Hausarbeit erledigen und dir Einkommen und Lebensstandard erhalten, oder du kannst dir die Zeit zum Telefonieren und Fernsehen nehmen und gleichzeitig einen Menschen bezahlen, der die Arbeit erledigt. Es liegt an dir.

Susan: Aber . . .

Vater: Schau, ich bin ebensowenig wie du begeistert davon, mein Geld einer Hausangestellten zu geben. Ich würde viel lieber mit deiner Mutter zum Essen oder ins Kino gehen. Aber wir können jede Mark nur einmal ausgeben, und deshalb müssen wir uns entscheiden. Und das mußt du ebenfalls tun. *Unser* Problem ist somit gelöst. Du kannst tun, was du willst.

Susan: Aber Vati, ich habe wirklich keine Zeit.

Vater: Ich verstehe gut, wie du dich fühlst, aber das ist nicht mein Problem. Ich habe mein Problem gelöst, und du mußt jetzt deins lösen. Jeder Mensch muß irgendwann zwischen Zeit und Geld wählen. Du bist keine Ausnahme. Das gehört leider zum Leben dazu. Kein Mensch ist glücklich darüber. Du kannst wählen, ob du dir die Zeit nimmst, deine Aufgaben selbst zu erledigen, oder ob du für den Luxus Freizeit bezahlen willst so wie alle anderen auch.

Der Schlüssel zur lehrreichen und konstruktiven Disziplin liegt im vorangehenden Dialog. Er enthält eine Lektion, die ohne Bitterkeit erteilt wird. Zweitens wird dadurch vermieden, daß die Probleme der Eltern zu Problemen der Kinder werden. Mutter und Vater haben ihr Problem gelöst und überlassen es ihrer Tochter, ihr Problem zu lösen. Drittens wird dem Kind die Möglichkeit eingeräumt zu wählen, auch wenn sie begrenzt ist, wodurch sich das Kind weniger hilflos fühlt. Viertens werden die Fakten auf objektive und geradlinige Art und ohne Anklage und Zorn präsentiert.

Wie Sie unschwer erkennen werden, ist es unerläßlich, daß Sie sich, wenn Sie Schwierigkeiten mit Ihrer Tochter haben, die Zeit nehmen herauszufinden, worin *Ihr* eigenes Problem besteht, und nicht das Ihrer Tochter. Im vorangehenden Beispiel bestand das Problem des Vaters darin, daß Arbeit nicht erledigt wurde. Um sicherzustellen, daß die Arbeit getan wurde, mußte er Geld aufwenden. Er löste sein Problem. Er übernahm die Kontrolle über seinen Teil der Welt und versuchte nicht, seine Tochter zu kontrollieren. Danach lag es an seiner Tochter, ihr Problem zu lösen und die Kontrolle über ihren Teil der Welt zu übernehmen.

Ich gebe zu, daß diese Art der Disziplin Kreativität und kompliziertere Denkmechanismen erfordert, doch das Ergebnis rechtfertigt den Aufwand. Dazu kommt, daß Sie sich als Vater sehr viel besser fühlen, wenn Sie wissen, daß Sie Ihrer Tochter eine wichtige Lektion für das Leben erteilen, anstatt eine Art niederer Vollzugsbeamter zu sein.

Schwierige Gespräche

In meinen Seminaren habe ich immer wieder festgestellt, daß Väter oftmals der Meinung sind, sie hätten bereits Schaden angerichtet, den sie nun wiedergutmachen wollen. Verlieren Sie nicht den Mut!

Kinder sind die flexibelsten Geschöpfe auf Erden. Da sie ein echtes Bedürfnis haben, uns Freude zu bereiten (um von uns geliebt zu werden), werden sie uns fast immer eine zweite Chance geben. Es gibt außerdem Techniken, die bei richti-

ger Anwendung auch die »schlechteste« Beziehung überwinden helfen.

Die folgende Technik gibt Ihnen Gelegenheit, ehrlich zu
sein, schwierige Botschaften zu übermitteln und sich selbst
zu offenbaren. Die Sache hat allerdings einen Haken. Wenn
Sie eine Kommunikationstechnik anwenden, kann Ihre
Tochter sie erlernen, und dann sind Sie möglicherweise gezwungen, *ihr* zuzuhören. Andererseits hat Ihre Tochter Gefühle, Gedanken und Meinungen, auch wenn Sie sie nicht
hören wollen. Nur weil Ihre Tochter ihre Gedanken über Sie
nicht äußern darf, heißt das noch lange nicht, daß sie sich
keine Gedanken macht. (Haben Sie denn keine Meinungen
und Gedanken über Ihre Eltern?) Ist es deshalb nicht besser, sie offen auszusprechen?

Ich möchte Sie an dieser Stelle warnen. Wenn Sie sich zunächst offen und ehrlich verhalten und anschließend aus
der Haut fahren, wenn Ihr Kind offen und ehrlich ist, zerstören Sie jedes weitere Gespräch. Ihre Tochter wird an Ihrer Ernsthaftigkeit zweifeln und Vergeltung fürchten. Sie
sollten die folgende Technik deshalb erst dann anwenden,
wenn Sie sicher sind, daß Sie mit den Konsequenzen umgehen können.

Kinder verstehen zuweilen ihre Eltern viel besser als die Eltern sich selbst verstehen. Sie werden vielleicht erschüttert
sein über die scharfsinnigen Einsichten Ihrer Tochter in Ihre
Gewohnheiten, Ihren Charakter und Ihre Persönlichkeit.
Ich würde sogar soweit gehen, Ihnen vorzuschlagen, profes-
sionelle Hilfe in Anspruch zu nehmen, wenn Sie sich nicht
in der Lage fühlen, mit der Kritik Ihrer Tochter umzugehen.
Möglicherweise kommt diese Kritik aber nie zum Vorschein, doch wenn sie geäußert wird, müssen Sie damit umgehen können. Wenn die Emotionen sich beruhigt haben
und der Heilungsprozeß stattgefunden hat, wird die Beziehung bezüglich Gleichberechtigung, Ernsthaftigkeit und
Liebesbezeugungen auf sicheren Füßen stehen.

Ein weiterer wichtiger Aspekt, der Beachtung verdient, ist, daß »schwierige Gespräche« sowohl positiv wie auch negativ sein können. Viele von uns kennen das Gefühl der Trauer und der Hilflosigkeit, wenn wir einen geliebten Menschen verloren haben, dem wir nie gesagt haben, daß wir ihn lieben. Wir geloben feierlich, es in Zukunft nie wieder so weit kommen zu lassen. Und trotzdem begehen wir immer wieder den gleichen Fehler. Vielen von uns, ganz besonders Männern, fällt es genauso schwer, positive Gefühle zu äußern wie negative.

Vielleicht setzen Sie sich demnächst zu Ihrer Tochter und sagen ihr einfach: »Weißt du, ich habe bisher immer versäumt, dir zu sagen, wie sehr ich dich bewundere. Wenn ich sehe, wie du mit deinem Leben umgehst, bin ich wirklich stolz auf deine positiven und intelligenten Entscheidungen. Ich war in deinem Alter längst nicht so weit. Aus diesem Grund habe ich Vertrauen in dich. Ich wollte dich nur wissen lassen, wie sehr ich dich bewundere und respektiere.«

Können Sie sich das Selbstwertgefühl eines Kindes nach dieser Aussage des Vaters vorstellen? Stellen Sie sich vor, wie Sie sich gefühlt hätten, wenn Ihr Vater so mit Ihnen gesprochen hätte. Ihre Tochter wird Ihre Worte wie einen Schatz bis an ihr Lebensende hüten. Schieben Sie nichts auf. Die Zeit bleibt nicht stehen.

Die folgende Technik soll nicht zuletzt dazu genutzt werden, alle »alten Geschichten« zu bereinigen, die möglicherweise durch Ignoranz oder einen Mangel an Kommunikation zustande gekommen sind.

Vergessen Sie jedoch meine Warnung nicht. Sie müssen Mut haben. Wenn Sie der Wahrheit, der Ehrlichkeit und der Selbstoffenbarung die Tür öffnen, öffnen Sie gleichzeitig die Schleusen für unterdrückte Gefühle. Sie müssen sich auf Tränen gefaßt machen – auf Ihre wie auf die Ihrer Tochter! Glaubt man Fachleuten, dann sind Männer trotz ihres risikofreudigen Verhaltens emotionale Krüppel. Die Fachleute behaupten weiter, Männer würden jeder emotionalen Konfrontation ausweichen. Beweisen Sie, daß sie unrecht haben. Gehen Sie das Risiko ein. Wagen Sie es. Ihre Beziehung wird sich entscheidend verbessern, und Ihr Leben wird reicher.

Die Technik*

Zweck:

Es beiden Partnern in einer Beziehung zu ermöglichen, alte Geschichten aus dem Weg zu räumen und »ganz« zu werden, um die Beziehung neu zu gestalten.

Schritte:

1. *Fragen Sie, ob ihr der Zeitpunkt recht ist; wenn nicht, vereinbaren Sie gemeinsam einen Zeitpunkt. Fragen Sie zu Beginn Ihres Gespräches noch einmal, um sicher zu sein, daß der Zeitpunkt richtig gewählt ist.*

Wenn Sie sich bei Ihrer Tochter vergewissern, ob ihr der Zeitpunkt gelegen ist, übermitteln Sie gleichzeitig zwei wichtige Botschaften: Erstens, daß Sie zugeben, daß die Ereignisse, die ihr Leben bestimmen, ebenso bedeutend sind wie Ihre eigenen; das heißt, wenn Sie einen schlechten Tag gehabt hat, erwarten Sie nicht, daß sie nur auf Ihr Zeichen wartet – und zweitens, daß Sie sie für wichtig genug halten, um mit ihr eine »Verabredung« zu treffen.

Wenn Sie sich dann am Tag der Verabredung noch einmal vergewissern, tragen Sie wieder der Möglichkeit Rechnung, daß sie einen schlechten Tag gehabt haben könnte und sie nicht in der richtigen Stimmung für ein aufrichtiges, ernstes Gespräch ist.

* Nachdruck mit Genehmigung von Judy Wardell, Begründerin und Autorin von *Thin Within.* Ich habe ihr Konzept hier speziell auf Väter und Töchter übertragen. Die einzelnen Schritte sind die gleichen wie bei Judy Wardell, doch die Erklärungen beziehen sich auf die Vater-Tochter-Beziehung.

2. Teilen Sie ihr das Ausmaß dessen mit, was Sie zu sagen beabsichtigen (Ihre größte Angst).
Vielleicht fürchten Sie sich vor ihren Tränen. Möglicherweise haben Sie Angst davor, selbst zu weinen. Oder Sie schämen sich, Ihre Gefühle zu offenbaren. Die Bereitschaft zur emotionalen Verletzlichkeit bestimmt den weiteren Ablauf des Gespräches.

3. Erklären Sie ihr, was Sie sich von ihr wünschen.
Es liegt auf der Hand, daß Sie möglicherweise nicht das bekommen, was Sie sich wünschen. Andererseits kann ein anderer Mensch Ihnen nur dann etwas geben, wenn er weiß, was Sie sich wünschen. Der Trick dabei ist, keine bestimmte Reaktion zu *erwarten.* Die goldene Faustregel lautet: Erwarten Sie nicht, sondern bitten Sie nur.

4. Sagen Sie ihr die Wahrheit. Sagen Sie, was Sie zu sagen haben, solange, bis sie es verstanden hat.
Wie können Sie wissen, ob sie Sie verstanden hat? Bitten Sie Ihre Tochter, mit ihren eigenen Worten zu wiederholen, was Sie gesagt haben. Hören Sie aufmerksam zu, damit Sie feststellen können, ob sie Ihre Aussage richtig aufgefaßt hat. Wenn nicht, wiederholen Sie sich, jedoch auf keinen Fall lauter als vorher (ein Fehler, der häufig begangen wird, wenn man das erste Mal nicht verstanden worden ist!), aber nach Möglichkeit mit anderen Worten.

5. Nehmen Sie ihre Gefühle ernst, und akzeptieren Sie die Antwort, die Ihre Tochter Ihnen gibt.
Dieser Schritt ist vielleicht der schwerste überhaupt. Wie ich bereits gesagt habe, sollten Sie, wenn Sie sich nicht in der Lage dazu fühlen, erst gar nicht damit anfangen. Ein Vater in einem meiner Seminare sagte: »Ich halte das nicht für richtig. Ich glaube nicht, daß ich all das, was meine Tochter sagt, akzeptieren muß.«

Ich antwortete, daß er nicht notwendigerweise einer Meinung mit ihr sein oder ihre Bemerkungen entschuldigen müsse, sondern daß es nur darauf ankäme, sie als gültigen Ausdruck ihrer Gefühle zu akzeptieren. Es tut nichts zur Sache, ob Sie einer Meinung sind oder nicht, denn es ändert nichts an den Gefühlen der betreffenden Personen. Vor allem Männer müssen begreifen, daß *alle* Gefühle gültig sind, einfach deshalb, weil sie existieren. In Wirklichkeit ist es unmöglich, mit den Gefühlen eines anderen Menschen »nicht einer Meinung zu sein«. Man kann darüber nicht diskutieren; sie existieren einfach.

Mit den Gefühlen eines anderen Menschen nicht einer Meinung zu sein, wäre emotionale Tyrannei. Die Botschaft würde lauten: »Du mußt das fühlen, was ich will, daß du fühlst. Jedes andere Gefühl ist falsch und dumm.«

Die Antwort Ihrer Tochter nicht zu akzeptieren, wäre auch eine Form von Vorbehalt. Wie Sie jedoch bereits wissen, übermitteln Sie mit Ihren Vorbehalten Ihrer Tochter die Botschaft, daß sie ihren eigenen Gefühlen mißtrauen und ihre Wahrnehmungen anzweifeln soll, was wiederum Selbstzweifel und Unzulänglichkeitsgefühle auslösen kann – und dies dürfte kaum die Einstellung sein, die Sie einem zukünftigen erfolgreichen Menschen mitgeben wollen.

Aktivitäten

Der letzte Teil dieses Kapitels besteht aus einer Zusammenstellung von sechs neuen Strategien und Aktivitäten. Danach folgt eine Wiederholung der 29 anderen Vorschläge, mit denen ich Sie im Laufe des Buches bekanntgemacht habe. Versuchen Sie, von diesen Ideen Gebrauch zu machen, um das Selbstwertgefühl Ihrer Tochter zu stärken und ihre Bereitschaft zum Risiko und zur Bewältigung aller auftretenden Situationen zu entwickeln.

Tischgespräch

Während des Abendessens finden viele Familien endlich Zeit, miteinander zu reden. Meist ist dies die einzige Zeit, um die Tagesereignisse zu besprechen, Erfahrungen und Frustrationen und Freuden auszutauschen. Es ist der günstigste Zeitpunkt, um jedem einzelnen Familienmitglied Entspannung, Unterstützung und Aufmerksamkeit zukommen zu lassen, insbesondere weil das gemeinsame Essen, eine weltweite Geste der Liebe, damit verbunden ist.

Bedauerlicherweise haben viele Familien die Angewohnheit, diese Zeit destruktiv zu nutzen, indem sie nur die schlechten Erfahrungen des Tages austauschen. Diese Tendenz, die negativen Seiten des Lebens in den Mittelpunkt zu rücken, erhöht die Angst und trägt zur Spannung in der Familie bei, zumal dadurch die angenehme Atmosphäre einer Mahlzeit zerstört wird. Wäre es nicht besser, andere Tischgespräche einzuführen? Warum sich nicht diese Stunde des Tages dafür vorbehalten, über nichts anderes als die angenehmen Erlebnisse des abgelaufenen Tages zu sprechen?

Niemand verlangt von Ihnen, Ihr Plastiklächeln aufzusetzen und mit blindem Optimismus durchs Leben zu gehen. Was wäre jedoch dabei, wenn Sie eine kleine Stunde des Tages für »heilig« erklärten, während der negatives Denken, Selbsttadel oder gegenseitige Beschuldigung strikt verboten sind? Würde damit irgend jemandem Schaden zugefügt? Während der 23 verbleibenden Stunden können Sie, wenn es Ihnen gefällt, »realistisch« denken.

Und so funktioniert es. Jeder, und ich meine damit jeden, der am Tisch sitzt, muß von mindestens einem Erfolgserlebnis oder einer positiven Leistung während des Tages berichten. Es gibt natürlich Tage, wo es dem einen oder anderen sehr schwerfallen wird, und Sie sollten dies deshalb von Anfang an berücksichtigen. Jeder kennt die Tage, an denen bereits das Aufstehen und der Weg zur Arbeit einer großen

Leistung gleichkommt. Wenn das so war, sollten Sie diese Leistung auch anführen. Denken Sie immer daran, daß es Menschen gibt, die nicht aufstehen, und deshalb sollten Sie stolz darauf sein und sich loben.

Keiner darf sich drücken, auch wenn er noch so sehr davon überzeugt ist, daß der Tag ohne irgendein auch noch so kleines Erfolgserlebnis geblieben war. Als ich eines Tages dieses Spiel mit meinen Freunden bei einer Tasse Kaffee spielte, konnte ich mich beispielsweise an kein einziges Erfolgserlebnis oder eine Leistung erinnern. Ich wollte nicht mit der Sprache heraus. Ich behauptete steif und fest, daß ich kein Erfolgserlebnis vorzuweisen hätte. Dann jedoch fiel es mir wieder ein! Mein Erfolgserlebnis bestand darin, daß ich das dritte Stückchen Schokolade nicht gegessen hatte. Vielleicht schmunzeln Sie jetzt, aber wenn Sie wüßten, welche Mengen ich früher konsumiert habe, könnten Sie verstehen, daß ich mich wie eine Siegerin fühlte.

Wenn wir unseren Töchtern nicht beibringen, jede auch noch so kleine Leistung als Leistung anzuerkennen und sie dafür zu loben, bestärken wir sie in dem Glauben, daß von »Erfolg« nur die Rede sein kann, wenn wir beispielsweise von Krebsheilung oder einem Sitz im Parlament sprechen, daß also nur große und noble Taten zählen. Sie begreifen nicht, daß Erfolg ein *Prozeß* ist, das Resultat der kleinen, aber beständigen täglichen Anstrengungen, die schließlich die stetige Anhäufung von kleinen Siegen ausmachen.

Ganz besonders Frauen sollten sich diese Philosophie zu eigen machen. Sie müssen lernen, daß sie ihre Leistungen nur sich selbst zu verdanken haben. Tischgespräche bieten die beste Gelegenheit, Ihre Tochter davon zu überzeugen und ihr dabei zu helfen, sich mit ihren eigenen Leistungen wohl zu fühlen. Bestärken Sie sie immer und immer wieder, denn sie wird viel Hilfe brauchen, um die Botschaft der Gesellschaft, die behauptet, eine Frau sei ein Mensch zweiter Klasse, zu widerlegen und sich selbst als Siegerin zu sehen.

Sportliche Betätigung

Eine der positivsten Auswirkungen der Fitneß-Bewegung ist die Anerkennung des weiblichen Schweißes. Das soll kein Scherz sein. In den fünfziger und sechziger Jahren durfte eine Frau nicht schwitzen oder Muskeln haben. Heute wird dies Frauen nicht nur gestattet, sondern sie werden geradezu dazu aufgefordert. Weibliche Muskeln und weiblicher Schweiß gelten als sexy.

Ermutigen Sie Ihre Tochter, Sport zu treiben. Sportarten wie Laufen, Fahrradfahren, Gewichtheben, Skateboardfahren, Surfen sowie Wandern, Tennis, Schwimmen, Federball, Gymnastik, Wettlauf und Tanzen sind dafür bestens geeignet. Die Sportarten, die im Team gespielt werden, wie Basketball, Fußball, Volleyball und Softball, werden sie mit den Fertigkeiten und Herausforderungen bekannt machen, die Männer selbstverständlich lernen.

Terrie Ann McLaughlin, die beste Offiziersanwärterin des Jahres 1986, hat ihrer Meinung nach durch ihre sportlichen Aktivitäten notwendige soziale Fähigkeiten gelernt und ihre Beziehung zu ihrem Vater verbessert.

»Mein Vater und ich sind uns in erster Linie durch den Sport nähergekommen. Mein Vater hat sich immer sehr engagiert, weil ich während meiner Schulzeit Basketball gespielt habe und er ebenfalls Basketball spielte.

Er war immer mit dabei. Er half mir, wo er konnte, und erklärte mir vieles, was ich nicht wußte. Seit der Zeit stehen wir uns wirklich sehr nahe.«

Sie fügt noch hinzu: »Ich glaube, daß ich mir durch den Sport auch Führungsqualitäten angeeignet habe. Ich habe beispielsweise gelernt, wenn es notwendig war, die Kontrolle auf dem Spielfeld zu übernehmen.«

Auch eine andere Frau hat Führungsqualitäten auf dem Basketballfeld erworben – die ein Meter fünfzig große Barbara Grogan –, die laut eigener Aussage »rannte, bis mir die Zunge aus dem Hals hing und ich Basketball spielte«.

Wenn Ihre Tochter gesund ist und Sport treibt, sei es nun als einzelne oder im Team, wird sie das Selbstvertrauen und die Kraft aufbauen, die jedem durch Vertrauen in seinen eigenen Körper zuteil werden. Ich spreche nicht vom äußeren Erscheinungsbild eines Menschen, sondern von der körperlichen Stärke, Ausdauer, Geschwindigkeit und Koordination, die durch ständige sportliche Betätigung erreicht werden. Ebenso wie Männer lernen, sich zu verausgaben, werden auch Frauen dies lernen. Dieses Selbstvertrauen wird sich in der Körpersprache ausdrücken und anderen zeigen, daß Ihre Tochter ein ernstzunehmender Mensch ist. Weit wichtiger jedoch ist, daß sie lernt, sich selbst ernstzunehmen.

Die Untersuchungsergebnisse auf diesem Gebiet sind besonders ermutigend; sie zeigen, daß Frauen in hohem Maße »trainierbar« sind. Eine Befragung von 127 Trainern läßt laut John Anderson, Direktor des Beratungszentrums der U.S. Air Force Academy, den Schluß zu, daß Frauen über ein hohes Maß an »geistiger Hartnäckigkeit«, Entschlossenheit, Sensibilität, Motivation, Körperbewußtsein, körperlicher Ausdauer, Beharrlichkeit, Konzentration und realistischer Einschätzung des Erreichbaren verfügen.[1]

Wenn Sie Ihre Tochter in ihren sportlichen Aktivitäten bestärken, sollten Sie möglichst bei all ihren Spielen und Wettkämpfen anwesend sein. In meinem Schulbezirk waren während eines Spiels der Jungen die Zuschauerplätze bis auf den letzten Platz besetzt, während bei einem Spiel der Mädchen nur ganz wenige den Weg dorthin fanden.

Als ich Terrie Ann fragte, ob ihr Vater zu ihren Spielen kam, antworte sie ganz stolz: »Natürlich, bei jedem einzelnen. Daran erinnere ich mich ganz besonders gut.«

Wenn Ihre Tochter einen Freund hat, bitten Sie auch ihn, zu ihren Spielen zu kommen. Lassen Sie ihn wissen, daß Sie es sogar erwarten. Kleine Anspielungen wie »Du siehst dir doch sicher auch Lorris Spiel am Samstag an? Ich nehm

dich mit, wenn du willst«, reichen höchstwahrscheinlich
aus. Wenn sie einen Bruder hat, mit dem sie sich gut versteht, kann es nicht schaden, wenn auch er sich das Spiel
ansieht und sie damit in ihrem Glauben, daß ihre sportlichen Bestrebungen wichtig sind, bestärkt.

Fernsehspiele

Die vor dem Fernsehgerät verbrachte Zeit muß nicht unbedingt Zeitverschwendung sein. Sie kann sogar dazu dienen,
darüber zu diskutieren, wie das Leben nicht gelebt werden
sollte. Anders ausgedrückt heißt das, daß das Fernsehen
auch als Erziehungsmittel eingesetzt werden kann. Machen
Sie sich klar, daß nur die passive, unkritische Haltung gegenüber dem Fernsehen schädlich ist.
Wenn Sie zusammen mit Ihrer Tochter fernsehen (ganz besonders, wenn Sie sich die Werbesendungen ansehen, die
sehr häufig sexistische Einstellungen wiedergeben), ergibt
sich möglicherweise der richtige Moment, um sie mit Ihren
Einstellungen zu Frauen vertraut zu machen, und die Möglichkeit, sie auf die subtilen Merkmale des Sexismus hinzuweisen. Ihre Tochter wird dadurch erstens lernen, Sexismus
wahrzunehmen und eine kritische Zuschauerin zu werden.
Zweitens haben Sie Gelegenheit, Ihren Gefühlen auf mehr
oder weniger neutrale Art Ausdruck zu verleihen, indem Sie
ganz einfach das Dargebotene kommentieren. Das Thema
scheint dann nicht an den Haaren herbeigezogen.
Wenn Sie Sexismus auf dem Bildschirm wahrnehmen, sollten Sie auf keinen Fall still dasitzen und Ihre Mißbilligung
nicht zum Ausdruck bringen. Vor ein paar Tagen sah ich
eine Werbesendung: Eine typische amerikanische Durch-
schnittsfamilie hatte gerade einen Umzug hinter sich gebracht. Vaters Hemd war schweißnaß und mußte dringend
in die Wäsche. In der nächsten Szene saß Vater in seinem
frischgewachsenen Hemd mit seinen Kindern auf der
Couch, und Mutter sagte: »Du wirst heute nacht in deinem

Hemd schlafen müssen, wenn ich deinen Schlafanzug nicht finde!« Ich dachte mir im stillen: »Warum muß *sie* seinen Schlafanzug finden? Als erwachsener Mann sollte er in der Lage sein, seinen Schlafanzug selbst zu finden.«

Eine andere Werbesendung zeigte eine Familie, deren Mitglieder allesamt kleine Verletzungen hatten. Der Vater wurde genauso bemuttert wie die Kinder. Mutter pflegte sie alle. Sie könnten Ihre Tochter an dieser Stelle beispielsweise fragen: »Ist dir schon mal aufgefallen, daß ausschließlich Frauen bedienen und pflegen? Warum wird Mutter nie bedient?«, oder: »Kannst du dir die Werbesendung vorstellen, wenn sich auf einmal Mutter mit ihrem blutenden Finger wie ein Baby benehmen und Vater sich aufführen würde, als sei Mutter ein fünfjähriges Mädchen?«

Sie mögen diese Episoden für unbedeutend halten, doch ihre Wirkung ist zerstörerisch. Ganz wichtig ist deshalb Ihre Meinung zu diesem Thema; Sie helfen Ihrer Tochter nicht nur, eine kritische Fernsehzuschauerin zu werden, sondern auch, die negativen Einflüsse der sexistischen Sendungen abzuwehren, denen sie unvermeidbar ausgesetzt ist.

Natürlich müssen Sie zuerst selbst lernen, den Sexismus wahrzunehmen, bevor Sie entsprechende Kommentare abgeben können. Bedauerlicherweise haben sich die meisten von uns schon daran gewöhnt, Frauen und Männer nur in den für sie bestimmten Rollen zu sehen, so daß wir nur noch darüber stolpern, wenn die Situation himmelschreiend ist. Sie sollten deshalb eine Art Spiel daraus machen. Derjenige, der die meisten Beispiele für Sexismus entdeckt, bekommt dafür seinen Lieblingssnack. (Lassen Sie am Anfang Ihre Tochter ruhig einige Male gewinnen, damit Sie ihr ihren Lieblingssnack bringen können.) Eine Spielregel könnte sein, daß besonders subtile Beispiele doppelt gewertet werden.

Ein anderes lustiges Spiel ist, sich vorzustellen, daß Männer das tun, was Frauen tun, und umgekehrt. Meine Freundin und ich brüllten vor Lachen, als wir uns einen Mann vorstellten, der sich auf den Teppich legt, der Kamera sinnliche Blicke zuwirft und dazu seinen geliebten Teppich mit der Hand liebkost und von seiner »Beziehung« zu diesem Teppich spricht.

Sie werden, wenn Sie das Spiel mehrere Male gespielt haben, eine traurige Nebenwirkung feststellen. Sie werden feststellen, daß Frauen sehr wohl in die Rollen der Männer schlüpfen können, daß jedoch Männer in Frauenrollen großes Gelächter auslösen. Dafür gibt es zwei Gründe. Erstens verrichten Frauen oft ziemlich einfältige und törichte Aufgaben, doch wir erkennen gar nicht, wie töricht sie sind, bis wir einen Mann in der gleichen Rolle sehen. Zweitens stehen wir als Gesellschaft den Handlungen von Frauen abwertend gegenüber, doch wir werden uns dessen erst schmerzlich bewußt, wenn ein Mann die Rolle der Frau übernimmt.

Sie können das Fernsehen noch weiter nutzen. Stellen Sie sich vor, Sie hätten sich gerade einen Krimi oder einen Abenteuerfilm angesehen. Fragen Sie Ihre Tochter im spannendsten Moment oder am Wendepunkt des Films, wie *sie* in der betreffenden Situation handeln würde. Fragen Sie sie, ob sie die Handlungen der Hauptfigur für klug oder dumm, weise oder gefährlich hält und ob sie sich vorstellen kann, daß man das Problem anders hätte lösen können. Mit Hilfe eines Videogerätes funktioniert das Spiel besonders gut. Halten Sie den Film kurz bevor die Hauptfigur den entscheidenden Schritt tut an, und fragen Sie Ihre Tochter, wie sie sich in dieser oder einer ähnlichen Situation verhalten würde.

Ein Vater von zwei Töchtern und einem Sohn spielte das Spiel mit seiner Familie. Er rief mich Wochen nach dem Seminar an, um mir mitzuteilen, daß das Spiel das Lieblingsspiel der Familie geworden war. Sie liehen sich beispielsweise einen Krimi aus und hielten den Film mehrere

Male an, um der ganzen Familie Gelegenheit zu geben, darüber zu diskutieren, was jedes einzelne Mitglied tun würde, wäre es der berühmte Detektiv oder Polizist. Jedes Familienmitglied konnte seine Vorschläge machen. Sie hielten den Film ebenfalls an, um über die Schlüsselszenen des Falles zu diskutieren und um herauszufinden, wer den Fall am schnellsten lösen konnte. Der Vater erzählte, daß er bereits nach einigen Wochen eine Verhaltensänderung bei seinen Töchtern bemerkt hätte. Sie sahen sich Sendungen kritischer an, wurden insgesamt sicherer in ihren eigenen Entscheidungen und Handlungen und zeigten mehr Selbstvertrauen, wenn es darum ging, ihre Meinung zu äußern und zu verteidigen.

Die Hauptfigur muß nicht unbedingt weiblich sein. Ihre Tochter wird, wenn Sie sie bitten, sich zu überlegen, wie sie in einer Situation handeln würde, die normalerweise Männern vorbehalten ist, in ihrem Vertrauen bestärkt, das ganze Verhaltensspektrum, von dem wir bereits gesprochen haben, ausnutzen zu können. Wenn sie sich als Hauptfigur in der betreffenden Situation sieht, wird sie sehr viel wahrscheinlicher über die entsprechenden Schritte nachdenken als darüber, wer sie aus dieser Situation erretten wird.

Ein letztes Wort zu alten Filmen. Einige alte Filme sind sehr sexistisch, im besonderen die aus den fünfziger Jahren.

Viele Filmheldinnen der dreißiger und vierziger Jahre dagegen, à la Bacall, Crawford, Stanwyck und Davis, können als gute Rollenvorbilder für heutige Mädchen dienen. Diese Schauspielerinnen haben oftmals zuversichtliche, kluge und witzige Frauen im Film dargestellt, die sich von niemandem etwas vorschreiben ließen. Denken Sie daran, wenn Sie das nächste Mal ein Video ausleihen.

Dienen und bedient werden

Die Gesellschaft erwartet von Frauen, daß sie dienen. Ihre Tochter wird Frauen beobachten, die anderen auf verschiedene Arten dienen – als Lehrerin, als Krankenschwester, als Sekretärin, als Mutter –, sie dienen und bedienen andere und sorgen sich um ihr Wohl.

Sie müssen Ihre Tochter, die ja ihre Pflicht nicht nur darin sehen soll, anderen zu dienen, mehr als nur durch Worte unterstützen. Es ist notwendig, daß sie auch Männer beim Dienen beobachten kann. Sie müssen ihr zudem klarmachen, daß Frauen wie Männer das Recht und das Privileg haben, von anderen gelegentlich bedient zu werden.

Ich empfehle deshalb, daß Männer genauso die Mahlzeiten zubereiten, servieren und hinterher wieder abräumen wie Frauen. Die Frauen dürfen, wenn die Männer Küchendienst haben, tun, was ihnen beliebt: fernsehen, telefonieren oder schlafen.

Auf diese Weise prägen Sie Ihrer Tochter ein, daß sie es, ebenso wie Männer, verdient, ab und zu bedient zu werden. Da viele Männer immer noch zu der Erwartung erzogen werden, daß sie eines Tages bedient werden, gerät Ihre Tochter möglicherweise an einen solchen Mann. Wenn Sie wollen, daß sie dann ihre Rechte verteidigt, müssen Sie jetzt anfangen; andernfalls wird sie dasselbe Schicksal erleiden wie viele andere Frauen vor ihr. Anstatt an ihrer Doktorarbeit zu schreiben oder sich auf ein Examen vorzubereiten, wird sie Mahlzeiten zubereiten, oder sie wird sich zumindest schuldig fühlen, wenn sie es nicht tut.

Wenn Ihre Tochter sieht, wie ihr Vater ihre Mutter bedient, und ihre Brüder die ganze Familie bedienen, wird sie den lebenden Beweis dafür haben, daß alle Mitglieder ihrer Familie gleichberechtigt sind und alle Entscheidungen demokratisch gefällt werden. Sie wird dadurch ganz bestimmte Erwartungen an ihren zukünftigen Lebenspartner haben, die ihr helfen werden, einen echten Partner zu finden und nicht einen Pascha, den es nicht kümmert, ob dies mit ihren Zielen und Wünschen in Einklang steht.

Um Ihnen zu demonstrieren, wie ungewöhnlich es auch

heute noch ist, Männer in einer dienenden Rolle zu sehen (außer sie sind Kellner), möchte ich Ihnen eine zwar wenig ereignisreiche, jedoch aussagekräftige kleine Geschichte erzählen, die ich kürzlich erlebt habe. Ich besuchte eine Freundin, die ich lange Zeit nicht mehr gesehen hatte. Ihren Mann kannte ich nur flüchtig. Nachdem ich mich gesetzt hatte, fragte mich der Mann, ob ich etwas zu trinken wünsche. Dies war eine angenehme Überraschung, denn es war für mich das erste Mal, daß ein Mann als Gastgeber auftrat, *obwohl seine Frau da war und ihm diese Pflicht hätte abnehmen können.* Als meine Freundin und ich dann später im anderen Zimmer saßen, kam ihr Mann herein und fragte, ob er uns einen kleinen Imbiß machen könne. Ich lehnte ab. Meine Freundin wollte gern ein Sandwich. Ich staunte nicht schlecht, als er ein paar Minuten später mit einem Toast, der mit Apfelscheiben und Trauben garniert war, und mit einem eisgekühlten Getränk zurückkam. Er stellte alles auf den Tisch, legte eine Serviette dazu und fragte, ob er noch irgend etwas für sie tun könne. Ich kenne Frauen, die sonst etwas für einen solchen Mann geben würden, und zwar nicht, weil sie männerverachtende Biester sind, die um jeden Preis dominieren wollen, sondern weil sie viel zu selten so freundlich und liebevoll behandelt werden wie meine Freundin.

Geben Sie Ihrer Tochter Gelegenheit, diese Art des Verhaltens an Ihnen zu beobachten.

Zielgerichtete Vorstellungskraft

Mittlerweile wird in fast allen Ländern mentales Training mit bemerkenswertem Erfolg bei Athleten eingesetzt. »Es« trägt viele verschiedene Namen, angefangen von »Der Geist besiegt die Materie« über »Gezielte Vorstellungskraft« bis »Positives Denken«. Ungeachtet der verschiedenen Bezeichnungen, ist *es* ein wirksames und verfügbares Werkzeug. Visualisierung ist nur eins der Werkzeuge unserer

Vorstellungskraft, das uns zur Verfügung steht, um unsere Ansichten über uns und andere zu ändern.

Visualisierung funktioniert, weil sie sich beide Seiten des Gehirns zunutze macht. Untersuchungen im Bereich Erziehung haben gezeigt, daß Schüler mehr Lernstoff aufnehmen und die Information länger gespeichert bleibt, wenn sie beide Seiten des Gehirns einsetzen. Visualisierung ist außerdem ein wirksames Werkzeug, um unser Selbstverständnis zu verändern und ein gesundes Selbstwertgefühl aufzubauen. Sie können die gleichen Strategien anwenden, die von Athleten und erfolgreichen Vertriebsexperten angewandt werden, um Ihrer Tochter zu helfen, die negativen Auswirkungen des Sexismus auf ihr Selbstwertgefühl zu überwinden.

Für unsere Zwecke wirken Visualisierungen am besten, wenn sie anstelle der herkömmlichen Gutenachtgeschichte eingesetzt werden. Sie werden Ihre Tochter, weil sie entspannend wirken und ihre Vorstellung anregen, in die richtige Einschlafstimmung versetzen. Zweitens werden sie gespeichert und können sogar Träume positiv beeinflussen. Drittens hat Ihre Tochter dadurch Gelegenheit, Ihre ungeteilte Aufmerksamkeit zu spüren. Das Wichtigste ist, daß sich Ihre Tochter selbst neu entdeckt und dieses neue Selbstbild später nach Belieben abrufen und es im Laufe der Jahre (und der Herausforderungen) zu ihrem Vorteil nutzen kann.

Es ist nicht notwendig, jeden Abend zu visualisieren. Ein- oder zwei Mal die Woche reicht aus, um in Verbindung mit anderen Techniken eine positive Veränderung zu bewirken.

Ich werde Ihnen einige Visualisierungsmöglichkeiten vorstellen, doch es macht genausoviel Spaß, sie sich selbst auszudenken. Die eigene Phantasiegeschichte bietet mehrere Vorteile. Erstens können Sie die Visualisierungsgeschichte »maßschneidern«, um auf die individuellen Bedürfnisse Ihrer Tochter einzugehen, und zweitens haben Sie dadurch die Möglichkeit, Ihre eigene Kreativität zu entwickeln. (Manche von Ihnen entdecken vielleicht eine bis dahin unentdeckte Begabung im Geschichtenerzählen. Vielleicht öffnen sich Ihnen dadurch sogar neue Berufsmöglichkeiten. Lachen Sie nicht, denn auf diese Weise ist schon mancher Schriftsteller geboren worden.)

Diejenigen von Ihnen, die gern Geschichten erfinden, werden ganz sicher auch die Zeit finden, diese Geschichten zu erzählen. Sie haben sicher schon erkannt, daß solche Geschichten jederzeit und überall erfunden werden können. Wenn Sie mit Ihrer Vorstellungskraft noch nicht so vertraut sind, werden Sie sich am Anfang abmühen müssen. Wie wär's, wenn Sie es auf dem Weg von der Arbeit nach Hause versuchten? Es spielt keine Rolle, ob Sie mit dem Auto fahren oder öffentliche Verkehrsmittel benutzen, eine Fahrt eignet sich besonders gut, um Ihren Gedanken freien Lauf zu lassen und sich so von den Anspannungen des Tages zu erholen.

Begeben Sie sich in Gedanken auf eine phantastische Reise oder in ein Abenteuer, von dem Sie schon immer geträumt haben, oder gelangen Sie an ein Ziel, das Sie seit Jahren vor Augen haben. Scheuen Sie sich nicht davor, Ihre Geschichten auszuschmücken und jedes Detail sorgfältig herauszuarbeiten. Geben Sie einen großen Schuß Abenteuer und Wagnis dazu, wenn nötig Kämpfe mit Drachen und Windmühlen. Wenn Ihre Geschichte fertig ist, ersetzen Sie die Hauptfigur durch Ihre Tochter, die Heldin.

Sinn und Zweck dieser Übung ist, Ihre Tochter in dem Glauben zu bestärken, daß sie nicht das hilflose Opfer und das zerbrechliche schutzbedürftige Wesen ist, das die Gesellschaft in ihr sehen will. Wenn sie lernt, sich in ihrer eigenen Vorstellung als mutiges und tapferes Wesen zu *sehen* und zu *erfahren*, wird sie sich über kurz oder lang auch im wirklichen Leben als tapferes und mutiges Wesen erweisen. Dieses neue Selbstbild dient dann als Quelle ihrer Ausdauer, ihrer Stärke und des Mutes, den sie braucht, um die unvermeidlichen Risiken, die Härten und die Hürden des Lebens anzunehmen.

Auf den folgenden Seiten mache ich Sie mit möglichen Geschichten bekannt, um Ihnen den Start zu erleichtern.* Wie Sie sehen werden, dient jede Geschichte einem anderen Zweck. Benutzen Sie sie als Sprungbrett für Ihre eigenen Geschichten. Gehen Sie die Sache locker an. Versuchen Sie, Spaß daran zu haben. Spielen Sie.

Anleitungen für alle Gutenachtgeschichten-Visualisierungen

Bitten Sie Ihre Tochter, sich hinzulegen, die Augen zu schließen und sich zu entspannen. Sprechen Sie immer mit leiser und sanfter Stimme. Sprechen Sie langsam, damit Ihre Tochter genügend Zeit hat, sich die Szenen bildlich vorzustellen.

Bevor Sie mit der Geschichte anfangen, bitten Sie Ihre Tochter, sich ausschließlich auf ihr Atmen zu konzentrieren, auf das Einatmen und dann auf das Ausatmen. Helfen Sie ihr: »Du atmest ein, und deine Lungen füllen sich mit Luft« – und nach einer kleinen Pause – »Jetzt atmest du tief aus«; sagen Sie ihr beide Sätze im Wechsel vor, wobei Sie jeweils eine kleine Pause zwischen Ein- und Ausatmen machen. Sie sollte mindestens eine Minute lang konzentriert atmen und sich dabei entspannen und ihren Kopf leermachen. Benennen Sie jeden einzelnen Körperteil, der sich entspannt vom Kopf bis zu den Zehen. Bitten Sie sie dann, sich die Geschichte, die Sie erzählen, bildlich vorzustellen.

---

* Wenn Sie glauben, daß manche Geschichten Ihre Tochter in Gefahr bringen könnten, also zu gefährlich sind, fragen Sie sich, ob Sie das gleiche bei einem Sohn empfinden würden?

Visualisierung 1
Alter: 4–6
Erwünschtes Verhalten: Konkurrenzfähigkeit und Selbstwertgefühl

Wir werden heute abend viel Spaß haben! Schließe deine Augen, und stell dir vor, du schaust auf eine große Leinwand. Auf der Leinwand siehst du *dich*. Du siehst so glücklich aus. Siehst du das Lächeln auf deinen Gesicht? Du läufst und spielst mit deinen Freunden. (Pause) Siehst du, dort ist ... und ... (setzen Sie die Namen ihrer Spielgefährten ein). Ihr bereitet euch alle auf einen Wettlauf vor. Du kannst es kaum erwarten. Du rennst gern schnell, so schnell du kannst. Du fühlst dich wohl. Du bist bereit. (Pause) Du *weißt*, daß du den Wettlauf gewinnen kannst. (Pause) Siehst du, wie du mit all deinen Freunden am Start stehst? Irgend jemand ruft: »Achtung!« Du bist glücklich und aufgeregt. Dann hörst du: »Fertig!« Dein ganzer Körper kann es kaum erwarten, loszurennen und so schnell zu rennen wie der Wind. Endlich hörst du: »Los!«, und los geht's. Du rennst, und deine Freunde rennen ebenfalls. Alle lachen und freuen sich. Und du freust dich auch. (Pause) Du rennst so schnell du kannst. Niemand ist vor dir. (Pause) Jetzt rennst du noch schneller. Dein Körper tut das, was du ihm sagst, und er ist schnell und leicht. (Pause) Der Wind bläst dir die Haare aus dem Gesicht, und das tut gut. (Pause) Bevor du weißt, was los ist, bist du am Ziel. Du bist als Erste angekommen! Du hast gewonnen! (Pause) Du bist so glücklich. Es ist toll, schnell zu rennen. Du lächelst, und dann lachst du. (Pause) Deine Freunde kommen zu dir und schütteln dir die Hand und gratulieren dir. Du bedankst dich bei ihnen. (Pause) Du bist glücklich und stolz. Es macht Spaß, schnell zu rennen. Du magst deinen Körper. (Pause) Du bist auch gern Siegerin.

Visualisierung 2
Alter: 4–6
Erwünschtes Verhalten: Sicherheit

Heute wirst du lernen, wie du dich am besten verhältst, wenn dich jemand anspricht, den du nicht kennst. Ein Mensch, den du nicht kennst, ist ein »Fremder«. Du hast jedoch keine Angst, weil du ein kluges Mädchen bist und weißt, was du tun mußt.

Du siehst dich, wie du mit deinen Freunden spielst (oder auf dem Weg zur Schule). (Nennen Sie die Namen der Kinder, mit denen Ihre Tochter häufig spielt.) Ihr habt Spaß miteinander. Ihr lacht und redet. Jetzt hält ein Auto an. Im Auto sitzt ein Fremder. Ein Fremder ist ein Mensch, den du noch nie vorher gesehen hast. (Pause) Der Fremde bittet dich, in sein Auto einzusteigen. Du steigst aber *nicht* ins Auto. Es ist egal, ob der Fremde ein Mann oder eine Frau ist. Du steigst *nicht* ins Auto. (Pause) Sag deinen Freunden, daß ihr alle nach Hause gehen solltet. (Pause) Der Fremde erzählt dir, daß Mami oder Papi etwas zugestoßen ist. Der Fremde erzählt dir, daß wir verletzt sind und wir ihn beauftragt haben, dich zu holen. (Pause) Du gehst trotzdem nicht mit ihm mit. (Pause) *Du weißt, daß wir niemals einen Fremden beauftragen würden, dich zu holen, ganz gleich, was passiert ist.* (Pause) Du siehst jetzt, wie du schnell weggehst. Du weißt, daß der Fremde nicht die Wahrheit sagt. Du bist zu klug, um dich täuschen zu lassen. (Pause) Du gehst (oder rennst) weiter, bis du an einem sicheren Ort bist. Du bittest deine Spielkameraden, mit dir zu gehen. Wenn sie nicht mitkommen wollen, gehst du allein. Du siehst, wie du weggehst. (Pause) Ganz gleich, was der Fremde dir sagt, du hörst nicht hin. Du hast keine Angst, du weißt einfach, daß du nicht auf ihn hören sollst. (Pause) Denk daran, daß es keine Rolle spielt, ob der Fremde ein Mann ist oder eine Frau. Wenn du den Menschen nicht kennst, sprichst du nicht mit ihm oder mit ihr. (Pause) Falls Mami und Papi nicht zu Hause sind, gehst du zu ... (Nennen Sie den Namen einer vertrauenswürdigen Person.) Dann erzählst du uns oder ... genau, was der Fremde gesagt hat und wie er oder sie ausgesehen hat. Du fürchtest dich nicht, denn du bist in Sicherheit. Du bist in Sicherheit, weil du so klug und mutig bist. (Pause) Klug und mutig. (Pause) Du freust dich, daß du in Sicherheit bist. Du freust dich, daß du klug bist. Du bist froh, uns zu sehen. Du freust dich auch, weil du mutig bist.*

Visualisierung 3
Alter: 4–6
Erwünschtes Verhalten: Risikofreude

Du spielst draußen mit deinen Freunden. Es ist ein schöner, warmer Tag. Siehst du, was du anhast? Einer der kleinen Jungen sagt zu dir: »Ich wette, du kannst nicht so weit springen wie ich«, und du antwortest: »Wir werden ja sehen.« Jetzt sind alle Kinder aufgeregt. Einige denken, daß sie weiter springen können als du, und andere denken, daß du weiter springen kannst.

Einer deiner Freunde zieht eine Sprunglinie auf dem Boden. Der Junge, der dich herausgefordert hat, sieht sich die Linie genau an, tritt einige Schritte zurück und rennt dann so schnell er kann, dann springt er und segelt durch die Luft. (Pause) Ein anderer markiert die Stelle, wo er landet. Du gehst hin und schaust sie dir an. Ganz schön weit. Du bist nicht sicher, ob du genauso weit springen kannst, aber du bist aufgeregt und willst es versuchen. (Pause)

Du trittst zurück. Du bist etwas ängstlich, weil er so weit gesprungen ist. (Pause) Du machst dir Sorgen, weil du nicht weißt, ob du vielleicht hinfallen wirst, aber du hast keine Angst. (Pause)

* (Wenn Ihre Tochter älter ist, sollten Sie ihr während der Visualisierung vorschlagen, sich das Kennzeichen des Autos, die Farbe und das Aussehen des Fremden usw. zu merken.)

Du richtest deine Augen genau auf den Punkt hinter der Stelle, an der er aufgekommen ist. Dein ganzer Körper zielt auf den Punkt. (Pause) Du holst ganz tief Luft und nimmst Anlauf und rennst so schnell du kannst. Wenn dein Fuß die Absprunglinie berührt, drückst du dich mit aller Kraft hoch und schnellst ganz weit nach vorn. Du fühlst, wie dein ganzer Körper sich streckt und dehnt. (Pause) Du fühlst dich so leicht wie eine Feder, wenn du durch die Luft segelst. Das war gar nicht schwer! Es hat Spaß gemacht! Du kommst auf dem Boden auf und rutschst etwas auf der Erde; du schürfst deine Knie auf, aber es tut nicht weh, weil du so viel Spaß am Springen gehabt hast. (Pause) Als du auf der Erde gerutscht bist, hast du die Markierung verwischt, und deshalb kann nicht mehr festgestellt werden, wer gewonnen hat. Dir ist das egal. Du bist glücklich, daß du den Versuch gewagt hast. (Pause) Das war das Beste an der ganzen Sache. (Pause) Und du hast es so genossen, durch die Luft zu fliegen. (Pause) Der Versuch, ihn zu schlagen, hat viel Spaß gemacht, und du weißt, daß nächstes Mal *du* ihn herausfordern wirst.

Visualisierung 4
Alter: 7–9
Erwünschtes Verhalten: Abenteuer, Risikofreude, Selbstwertgefühl

In der heutigen Geschichte bist du eine Astronautin, der eine ganz besondere Aufgabe zugeteilt wird – ein Spaziergang im Weltraum! Stell dir zunächst vor, wie du im Weltraumfahrzeug sitzt. (Pause) Was siehst du? Siehst du das Armaturenbrett, die Meßgeräte und die dreidimensionalen Computergraphiken auf dem Bildschirm? Du verstehst, was all das bedeutet. Du hast einen hochqualifizierten Beruf. (Pause) Obwohl das Quartier, in dem du untergebracht bist, ziemlich klein ist, hast du dich in dem monatelangen harten Training daran gewöhnt. Siehst du, wie du mit den Computern umgehst, die Ausdrucke studierst und dir Notizen machst, wenn die Informationen auf dem Bildschirm erscheinen? (Pause)

Dein Weltraumspaziergang soll in Kürze stattfinden. Die Kontrollbehörde auf der Erde gibt jetzt ihr Okay; alle Zeiger stehen auf »go«. Die Kommandeurin des Fluges läßt dich wissen, daß es Zeit ist, deinen Weltraumanzug anzulegen. Du spürst, wie die Aufregung in dir immer größer wird. (Pause) Sogar eine hochqualifizierte Testpilotin wie du ist aufgeregt, doch gleichzeitig kannst du kaum erwarten, dieses einzigartige Unternehmen auszuführen. Du bist stolz darauf, daß man dich aus all den Bewerbern ausgewählt und dir diese ehrenvolle Aufgabe übertragen hat. (Pause) Einige deiner Kollegen und Kolleginnen helfen dir, dich in den Anzug hineinzuzwängen. Wie fühlst du dich darin? (Pause) Bleib einen Moment lang stehen und spüre, wie die Aufregung zunimmt.

Endlich bist du fertig. Du Luke ist offen, und du zwängst deinen Körper durch, die Füße zuerst. Du läßt die Hände los und fühlst, wie dein schwereloser Körper in die große Dunkelheit des Weltraums hinausgleitet. (Pause) Eine große Stille umgibt dich. (Pause) Du verspürst keine Angst. Du bist zuversichtlich, entspannt und aufmerksam. (Pause) Während du neben dem Weltraumfahrzeug schwebst, das sich zu deiner Rechten befindet, kommt es dir vor wie dein kleines Zuhause im Weltraum. (Pause) Ein großes, friedliches Lächeln legt sich auf dein Gesicht, während du die Schönheit und die Stille dieses wunderbaren Augenblicks genießt. Obwohl der Weltraum um dich herum grenzenlos und schwarz, still und leer ist, fühlst du dich nicht allein oder ängstlich. (Pause) Du bist heiter, ruhig, glücklich und sicher, während du das schwerelose Schweben und die mühelose Bewegung deines Körpers durch den Weltraum spürst. (Pause) Die Erde selbst konntest du bis jetzt nicht sehen, weil die Sicht durch das Raumfahrzeug versperrt wurde. Doch plötzlich siehst du sie. (Pause) Du spürst einen Kloß im Hals, als du die unvergleichliche Schönheit dieser wundervollen blauen Murmel, die ruhig durch die Dunkelheit schwebt, bewunderst. (Pause) Du begreifst plötzlich, wie zerbrechlich und wertvoll dieses kleine blaue Juwel, das wir Erde nennen, ist, das geräuschlos durch die Unendlichkeit gleitet. (Pause) Du gelobst, deine Fähigkeiten in den Dienst dieser unschätzbaren Perle und seiner Bewohner zu stellen. (Pause) Schwebe jetzt ruhig weiter und genieße diese wunderbare Erfahrung, und laß dich langsam in den Schlaf fallen.

Visualisierung 5
Alter: 7–9
Erwünschtes Verhalten: Risikofreude, Abenteuer, Selbstwertgefühl

Du befindest dich im dichten Urwald. Es ist brütend heiß. Du trägst Hosen mit vielen Taschen, ein kurzärmeliges Hemd, das ebenfalls viele Taschen hat, Socken, Wanderschuhe und einen Hut mit einem Netz, um die Insekten von deinem Gesicht fernzuhalten. Auf dem Rücken trägst du einen Rucksack, und in der Hand hältst du ein Buschmesser, mit dem du dir einen Weg durch den Urwald schlägst. Deine Kleider kleben auf deiner Haut, denn es ist heiß und feucht.

Du führst eine Gruppe von Archeologen zu einem historischen Indianerort in Peru. Du bist ihre Führerin. Die Männer und Frauen vertrauen darauf, daß du sie sicher an ihren Bestimmungsort führst.

Jetzt steht ihr alle auf der schmalen vorspringenden Kante eines steilen Felsens. Das Urwalddickicht ist an dieser Stelle so üppig, daß du dich zentimeterweise vorkämpfen mußt. Irgendwann war dort ein schmaler Pfad, doch jetzt ist er überwachsen und nicht mehr zu sehen. Um nicht vom Weg abzukommen, hältst du inne und studierst deine Karte und richtest deinen Kompaß aus.

Du erkennst, daß ihr bereits geringfügig vom Weg abgekommen seid, und deshalb schlägst du dich zu einem anderen kleinen Vorsprung durch, von dem aus du das Gebiet besser überblicken kannst. Plötzlich hörst du einen Schrei.

Du rennst zur Gruppe zurück und stellst fest, daß ein Gruppenmitglied ausgerutscht und vom Felsvorsprung gestürzt ist. Du rufst ihn; er hat sich das Bein gebrochen und kann nicht mehr gehen.

Alle erwarten Anweisungen von dir. Du knüpfst einen Knoten in dein Seil, machst es fest und kletterst zu ihm hinunter. An Ort und Stelle untersuchst du sein verletztes Bein. Gott sei Dank kein komplizierter Bruch, denkst du erleichtert. Du schienst sein Bein notdürftig mit einer Holzlatte und bindest ihn an das Seil, an dem die Gruppe ihn hochziehen wird. Dein Ziel ist es, ihn zu den anderen Gruppenmitgliedern zurückzubringen, unter denen sich auch ein Arzt befindet, der das Bein versorgen kann, und von wo aus du mit Hilfe deines Funkgerätes Hilfe herbeirufen kannst.

Die Rettung verläuft ohne größere Probleme, doch der Mann leidet unter starken Schmerzen. Du sprichst ruhig und liebevoll auf ihn ein, versuchst ihn zu beruhigen. Du kletterst nach ihm hoch.

Als die Rettungsaktion beendet ist, sind dir alle dankbar für deine Umsicht und daß du ihn in Sicherheit gebracht hast. Du bedankst dich, doch tief drinnen denkst du: »Das gehört dazu.«

Visualisierung 6
Alter: 10–11
Erwünschtes Verhalten: Selbstwertgefühl, Individualismus

Wenn du jetzt deine Augen schließt, möchte ich, daß du dir einen großen Konzertsaal vorstellst. An der Decke hängen riesige wunderschöne Kronleuchter, die das Licht auffangen und es in allen Regenbogenfarben an die Wand werfen. Die

Sitze im Saal sind aus rotem Samt, und das Holz und die Treppengeländer sind handgeschnitzt. (Pause) Ich möchte, daß du dir jetzt die Zuschauer vorstellst, die auf das Konzert warten. Sie sind alle gut gekleidet. Sie lesen ihre Programmhefte und reden leise miteinander. Die Spannung und die freudige Erwartung sind deutlich spürbar. (Pause) Das Orchester ist bereits auf der Bühne; die Musiker sind ganz in Schwarz gekleidet. Sie stimmen ihre Instrumente und üben ein letztes Mal schwierige Passagen der Stücke, die gleich gespielt werden. (Pause) Die Lichter gehen aus, und der Dirigent kommt auf die Bühne. Der Dirigent bist *du*! (Pause) Du siehst genau, was du anhast. (Pause) Du siehst dich ganz genau. Du stehst auf der Bühne. Du hörst, wie das Publikum applaudiert. (Pause) Schau auf das Publikum. Du siehst nur die hellen Strahlen der Bühnenscheinwerfer und die Menschen in den ersten drei Reihen. Du spürst die Hitze, die von den Bühnenscheinwerfern ausgeht. (Pause) Am Applaus erkennst du, daß das Konzert ausverkauft ist. Du nickst dem Publikum zu und drückst deine Anerkennung aus. Du hörst, wie die Geräusche aus dem Publikum immer leiser werden. Jetzt drehst du dich um und steigst auf dein Podest vor dem Orchester. (Pause) Du siehst, wie die Musiker sich aufrichten und ihre Instrumente in die richtigen Positionen bringen. Lächle ihnen zu. (Pause) Genieße den Moment. (Pause) Erhebe deine Arme, behalte diese Pose kurz bei, und fang dann an zu dirigieren. (Pause) Fühle, wie die Musiker auf deine Bewegungen reagieren. (Pause) Du siehst, wie sie spielen und sich konzentrieren. Das ganze Orchester ist *dein* Instrument. Stell dir vor, du »spielst« das Orchester. (Pause) Vergiß nicht, auf die Musik zu hören. Du fühlst, wie sich die Lautstärke steigert. Du siehst, wie du deine Arme hebst und das Orchester damit zum letzten majestätischen Akkord führst. (Pause) Plötzlich hörst du, wie das Publikum hinter dir in Applaus ausbricht. Du drehst dich um. Du siehst, wie das Publikum von seinen Sitzen aufsteht und applaudiert und dir zuruft. (Pause) Dreh dich zu deinen Musikern um und bitte sie, sich zu verbeugen. Du siehst, wie auch sie dir zulächeln. (Pause) Verbeuge dich. Verbeuge dich noch einmal. Verlasse die Bühne. Du hörst, daß das Publikum weiter applaudiert. Du kommst wieder auf die Bühne zurück. (Pause) Du fühlst die Liebe, die dir das Publikum aus Dankbarkeit für die Vorstellung und für die Freude, die du und das Orchester ihm bereitet habt, entgegenbringt. (Pause) Du akzeptierst dich selbst als harte Arbeiterin, die lange und hart probt, um ihr Ziel zu erreichen. (Pause) Genieße das Gefühl der Erfüllung, das du verspürst, weil du gute Arbeit geleistet hast.

Visualisierung 7
Alter: 10–12
Erwünschtes Verhalten: Selbstverständnis und Körperbewußtsein

Wenn du jetzt deine Augen schließt, möchte ich, daß du dir einen strahlenden, sonnigen Tag vorstellst. Du joggst. Es ist Herbst. (Pause) Die Sonne wärmt deinen Rücken, während die Herbstluft deine Haut kühlt. Der modrige Geruch verbrannter Blätter steigt dir in die Nase. Deine Augen erfreuen sich an den goldenen und feuerfarbenen Blättern. Während du weiterläufst, schaust du zum strahlend blauen und einladenden Himmel empor. (Pause) Du fühlst, wie deine Füße während des Laufens den Boden berühren. (Pause) Fersen, Zehen. Fersen, Zehen. Fersen, Zehen. (Pause) Du fühlst, wie dein Herz pocht, und du fühlst die Kraft in deinen Armen, die sich im Takt bewegen und dich beim Laufen unterstützen. (Pause) Entspanne dich und genieße den Rhythmus und den Schwung deines Körpers, wenn du dir ruhig den Weg durch die Herbstluft bahnst. (Pause) Du bist etwas außer Atem. Du fühlst, wie dein Herz in deiner Brust hämmert, aber du fühlst dich wohl dabei. Du bist dir jedes Zentimeters deines Körpers, dieser ausdauernden und kräftigen Maschine, bewußt, von der Scheitelspitze bis zu den Fingerspitzen und deinen kraftvollen Beinen. (Pause) Obwohl du bereits etwas ermüdest, ermutigt dich der kraftvolle Schwung deiner Arme, Waden und Oberschenkel und der freundliche blaue Himmel, deinen Körper zu genießen und zu schätzen. (Pause) Du fühlst dich wohl. (Pause) Du fühlst dich stark und im Einklang mit dir selbst. (Pause) Du weißt, daß du alles erreichen kannst, was du dir vornimmst. (Pause) Fühle noch einmal die Freude und das Vergnügen, bis du müde bist. (Pause) Verlangsame allmählich deinen Lauf, bis du mit schnellen Schritten voranschreitest. (Pause) Genieße die Zufriedenheit, die du empfindest, wenn du deinen Körper gebrauchst. Schätze seine Kraft und seine Ausdauer. Liebe ihn, weile er dir so treu dient. Schlafe jetzt langsam ein, und fühl dich stolz (Pause), stark (Pause) und schön.

Ganz offensichtlich sind der Anzahl und der Art der Visualisierungen nur durch die eigene Kreativität Grenzen gesetzt. Die einfachen Beispiele dienen dazu, Sie auf die wichtigsten Punkte aufmerksam zu machen. Sie sollten in erster Linie genügend Pausen einlegen und alles, was Sie besonders hervorheben wollen, wiederholen. Zweitens sollten Sie die Heldin erschaffen, die Ihre Tochter gern sein möchte: Sie ist mutig, tapfer, waghalsig und wird von allen geliebt.
Denken Sie immer daran, daß dieses Spiel der Phantasie darauf ausgerichtet ist, ihr Selbstwertgefühl zu steigern; lassen Sie es deshalb an Mut und Bewunderung nicht mangeln. Konzentrieren Sie sich auf die Gefühle Ihrer Tochter, wenn Sie sie ins Reich der Phantasie entführen. Ihre Tochter darf im Angesicht einer gefährlichen Situation ruhig nervös und ängstlich sein, solange Sie dafür sorgen, daß sie die Herausforderung mit Mut, Können und Stärke meistert. Beenden Sie die Geschichte immer positiv, damit Ihre Tochter mit positiven Gefühlen und einem hohen Maß an Selbstvertrauen und Selbstliebe einschläft.

Zum Schluß möchte ich Ihnen weitere Vorschläge für Visualisierungen unterbreiten, die Sie ganz beliebig verwenden können. Ich gebe hier nur Vorschläge von Vätern wieder, die an meinen Seminaren teilgenommen haben.

Aktivitäten:

Einen Baum erklettern / Einen Computer programmieren / Gewichtheben / Eine Arbeitsgruppe beaufsichtigen / Autos, elektrische Geräte etc. reparieren / Drachenfliegen / Fallschirmspringen / Große Maschinen handhaben / Ein Fort bauen / Eine Wandergruppe anführen / Bergsteigen / Den Friedensnobelpreis annehmen / Einen Fußball werfen und wieder auffangen / Floßfahrten über Stromschnellen / Skifahren / Selbstverteidigung

Berufe:

Kamerafrau / Politikerin / Astronautin / Pilotin / Filmregisseurin / Ärztin, Zahnärztin, Chirurgin / Universitätsprofessorin / Präsidentin der Vereinigten Staaten / Physikerin/ Astronomin / Chemikerin / Forscherin / Rennfahrerin / Rabbi, Pfarrerin / Jockey / Feuerwehrfrau / Sportlerin / Drachenbezwingerin / Sheriff / Richterin / Verteidigungsanwältin / Bankpräsidentin / Architektin / Unterwassertaucherin / Mathematikerin / Direktorin / Musikerin / Luftfahringenieurin / Geologin / Sportkommentatorin / Zirkusartistin (Löwenbändigerin, Trapezartistin, Seiltänzerin) / Talkmasterin / Polizeibeamtin / Archeologin / Admiralin / Generalin

Affirmationen

Affirmationen sind ein weiteres Werkzeug, mit Hilfe dessen Sie das Selbstwertgefühl Ihrer Tochter steigern und ihre Leistung verbessern können. Affirmationen sind positive Selbstaussagen, um negative Aussagen, die sich manche von uns unbewußt und unaufhörlich immer wieder vorsagen, zu entkräften.

Diejenigen, die mit dem Gebrauch der Affirmationen noch nicht vertraut sind, müssen sich das Gehirn wie einen Computer vorstellen. Im Grunde funktioniert unser Gehirn ähnlich wie ein Computer, das heißt, was immer wir darin speichern, können wir auch wieder abrufen; das Prinzip ähnelt dem »Papierkorbprinzip«, das Menschen, die mit dem Computer arbeiten, so sehr schätzen. Wir können in unserem Gehirn Abfall speichern, oder wir können Qualität speichern.

Als Kinder wurden viele von uns mit negativen, energieverzehrenden Informationen gefüttert, und zwar von Menschen, die es gut mit uns meinten, und von Menschen, die es nicht so gut mit uns meinten, von Eltern, Lehrern und Freunden. Die Informationen werden fast automatisch immer wieder in unserem Kopf abgespielt. Diese Informationen teilen uns mit, daß wir Versager oder Verlierer sind und daß etwas mit uns nicht stimmt (erinnern Sie sich an die verkehrte Wertschätzung »Was ist denn los mit dir?«). Diese Informationen entkräften und schwächen uns, noch *bevor* wir ein neues Projekt in Angriff genommen oder uns ein neues Ziel gesteckt haben.

Wenn wir erwachsen sind, hat sich uns diese negative Art des Selbstgespräches so eingeprägt, daß wir gar nicht mehr hören, was auf der bewußten Ebene abläuft. Der Mensch fühlt nur noch, daß die Selbstgespräche entkräftend und entnervend sind.

Mit Hilfe von Affirmationen werden diese »Stimmen« allmählich verstummen. Da unser Gehirn nicht mehr als einen Gedanken gleichzeitig denken kann, werden die negativen Gedanken, wenn wir das Gehirn mit positiven Gedanken füttern, allmählich zurückgedrängt. Zuerst müssen wir jedoch wissen, was die Stimmen sagen, damit wir, wenn sie anfangen, laut zu werden, die positiven Aussagen mit aller Kraft entgegensetzen können.

Ihre Tochter wird mit allem möglichen Unsinn von seiten

der Gesellschaft, ihrer Verwandten und Freunde programmiert worden sein. Viele Eltern sind schockiert, wenn sie entdecken, welche Ansichten und Einstellungen ihr Kind mit sich herumschleppt, und wundern sich, wo um alles in der Welt das Kind *das* aufgegabelt hat.

So erzählte mir beispielsweise ein Vater während eines Seminars, daß seine vierjährige Tochter ihm jedesmal, wenn er sie bat, mit ihm nach draußen zu gehen und zu rennen, antwortete: »Nein, Vati, ich kann nicht. Ich bin ein Mädchen.« Als er sie fragte, was denn das eine mit dem anderen zu tun hätte, antwortete sie: »Mädchen können nicht rennen.«

Der Vater hatte nicht die leiseste Ahnung, wie seine Tochter zu dieser Überzeugung gelangt war, denn er und seine Frau hatten stets darauf geachtet, nichts dergleichen zu erwähnen. Als er weiter nachbohrte, erfuhr er, daß der kleine Nachbarssohn diese erschreckende Offenbarung verbreitet hatte. Immer wenn seine Tochter dem Jungen widersprochen hatte, hatte er behauptet, daß es wahr sein müsse, denn er hätte es von seinem Vater gehört. Die anderen Kinder, die zu der Zeit mit den beiden spielten, stimmten dem Jungen zu, und nach kurzer Zeit änderte das Mädchen seine Meinung.

Ihr Vater fuhr fort: »Eigentlich hatten wir Glück, daß ich das gerade damals erfahren habe – es war im Sommer 1984 während der Olympischen Spiele. Jedesmal, wenn eine Läuferin oder Hürdenläuferin auf dem Bildschirm zu sehen war, holte ich Andrea und sagte: ›Schau dir das Mädchen an, Andrea. Sie kann wirklich schnell laufen, sogar viel schneller als ich.‹ Nach einer Weile war Andrea überzeugt. Als ich sie das nächste Mal dazu aufforderte, mit mir zu rennen, sagte sie: ›Okay, Daddy!‹ Ich weiß nicht, was ich ohne die Olympischen Spiele getan hätte.«

Ich will damit sagen, daß die Wahrscheinlichkeit, daß Ihre Tochter mit negativen Ansichten über Frauen konfrontiert wird, groß ist, auch wenn *Sie* selbst keine negativen Ansichten über Frauen und deren Fähigkeiten geäußert haben. Geben Sie acht auf alle Andeutungen, die Ihre Tochter unabsichtlich fallen läßt. Mit sachlicher Information, unterstützenden Gegenaussagen, Visualisierungen sowie Affirmationen können Sie diese Einflüsse entkräften.

Ich möchte hier für all diejenigen, die mit Affirmationen nicht vertraut sind, noch ein paar erklärende Worte anfügen, bevor ich darauf eingehe, wie sie formuliert sein sollen, damit Ihre Tochter davon profitiert.

Die erste Regel lautet: Sie müssen handschriftlich fixiert werden. Sie dürfen weder diktiert, noch mit der Schreibmaschine geschrieben, noch laut vorgetragen werden. Der Grund liegt darin, daß das handschriftliche Aufschreiben ein langsamer und mühsamer Vorgang ist. Die Langsamkeit des Vorganges kann zum eigenen Vorteil genutzt werden, denn wenn man schreibt, »hört« man mit der Zeit die Stimme, die zunächst ganz leise zu uns spricht, dann aber immer lauter wird.

Ich möchte Ihnen erzählen, wie ich Skifahren lernte. Ich fing an, die Affirmation »Ich, Nicky, bin stark und im Einklang mit mir selbst und werde deshalb lernen, mit Anmut und Leichtigkeit skizufahren« niederzuschreiben, als ich mich selbst antworten »hörte«: »So, so? Erinnerst du dich noch an damals, als du Wasserskifahren lernen wolltest? Erinnerst du dich daran, wie oft du dich selbst zum Narren gemacht hast?« Ich wiederholte meine Affirmation, und die Stimme antwortete: »Was machst du, wenn du hinfällst und dir ein Bein brichst?« Ich wiederholte die Affirmation. Dieses Mal versuchte es die Stimme mit einer neuen Taktik: »Du wirst wahrscheinlich hinfallen, wenn du den Lift besteigst, und man wird ihn anhalten müssen, und alle werden verärgert sein, weil sie deinetwegen warten müssen.«

Bevor ich diese Affirmationen schrieb, war mir nicht bewußt gewesen, daß es diese Stimme gab, die gute Arbeit darin leistete, mich vom Skifahren abzuhalten, so daß ich erst im Al-

233

ter von 33 Jahren zum ersten Mal auf Skiern stand. Und ich bin in Colorado geboren, dem Land mit dem vielen Schnee! Als ich länger darüber nachdachte, wurde mir klar, daß meine Mutter dafür verantwortlich war, denn sie machte sich Sorgen um meine Ballettkarriere. Sie sagte immer: »Was machst du, wenn du hinfällst und dir ein Bein brichst?«

Die Langsamkeit des Schreibens ermöglicht es der negativen Stimme, bewußt wahrgenommen zu werden, und der Schreibende kann endlich hören, was diese Stimme schon jahrelang zu ihm sagt. Wenn die negative Stimme dann später mit den üblichen Tricks aufwartet, werden Sie sie hören und mit Hilfe der Affirmation in der Lage sein, sie zu besiegen!

Die zweite Regel hängt unmittelbar mit der ersten zusammen: Lassen Sie sich niemals auf eine Diskussion mit der Stimme ein. Sie ist unendlich einfallsreich und wird jeden Streit gewinnen. Wiederholen Sie ganz einfach die Affirmation, die Sie sich zurechtgelegt haben, unabhängig davon, was die Stimme Ihnen sagt. Stück für Stück, und langsam, aber sicher wird die Stimme ihren Einfluß auf Ihr Denken aufgeben und durch neue Aussagen (Affirmationen) ersetzt werden.

Affirmationen haben ungeahnte Kräfte. *Obwohl ein Mensch seine Gefühle nicht immer kontrollieren kann, kann er die Gedanken kontrollieren, die die Gefühle auslösen.* Wenn Ihre Tochter dieses Konzept erst einmal verstanden hat, wird sie den Menschen voraus sein, die versuchen, ihr Selbstvertrauen zu zerstören. Sie wird in der Lage sein, jede Hürde, die ihr scheinbar den Weg versperrt, zu überwinden. Sie wird lernen, die erlernte Hilflosigkeit zu bekämpfen und sich dem zerstörenden Einfluß der Gesellschaft, ihrer Freunde und ihres eigenen Selbst zu entziehen.

Ich habe im Anschluß einige Affirmationen zusammengestellt, die ganz besonders jungen Frauen nützen. Ihre Tochter kann sie in ihr »Buch der positiven Gedanken« schreiben, in dem sie ebenfalls Buch führt über ihre täglichen Erfolge und Leistungen. Da viele junge Mädchen Tagebuch führen, können die Affirmationen ohne viel Aufwand darin aufgenommen werden. Denken Sie daran, Ihre Tochter daran zu erinnern, bei jeder Affirmation ihren Namen einzusetzen.

Affirmationen für Sieben- bis Neunjährige:
1. Ich, ..., mag mich. Ich bin froh, ich zu sein.
2. Ich, ..., bin klug, stark und hübsch.
3. Ich, ..., bin glücklich, jeder ist gern mit mir zusammen.
4. Ich, ..., kann schnell rennen und hoch springen.
5. Ich, ..., probiere gern etwas Neues aus.

Affirmationen für Zehn- bis Siebzehnjährige:
1. Ich, ..., bin stark, begabt und hübsch.
2. Ich, ..., nehme mein Leben, wenn nötig, selbst in die Hand.
3. Ich, ..., mag meinen Körper. Er ist stark, harmonisch und schön anzusehen.
4. Ich, ..., mache mir meine eigenen Gedanken und handle danach.
5. Ich, ..., gehe mit mir selbst auf angemessene und verantwortungsvolle Art und Weise um.
6. Ich, ..., bin stolz, voller Energie, zuversichtlich und liebenswert.
7. Ich, ..., sage interessante Dinge, und meine Meinung zählt.
8. Ich, ..., freue mich auf neue und aufregende Abenteuer.
9. Ich, ..., bin eine tüchtige Problemlöserin. Ich lasse mich durch Hindernisse nicht entmutigen, denn ich vertraue auf meine Fähigkeit, mir selbst mit Weisheit und Reife zu begegnen.
10. Ich, ..., schätze mich als Mensch. Ich habe viel zu bieten.

Affirmationen für Zwölf- bis Siebzehnjährige:

1. Ich, ..., suche mir die Jungen, mit denen ich mich treffe, genau aus. Sie müssen *meinen* Ansprüchen genügen.
2. Ich, ..., bin liebenswert und attraktiv. Jungen mögen mich, weil ich intelligent und lustig bin.
3. Ich, ..., spreche das aus, was ich denke, auch wenn meine Meinung anders ist als die Meinung meiner Freunde oder der Jungen.
4. Ich, ..., lasse mich von Jungen nicht beleidigen.
5. Ich, ..., erlaube Jungen nicht, mir vorzuschreiben, was ich zu tun und zu denken habe oder was ich anziehen soll. Ich treffe meine eigenen Entscheidungen.

Diese Affirmationen sind so allgemein formuliert, daß sie für jedes heranwachsende Mädchen geeignet sind. Sie können jedoch so abgewandelt werden (genauso wie die Visualisierungen), daß sie den Umständen und Bedürfnissen eines ganz bestimmten Kindes entsprechen.

Zum Beispiel:

1. Ich, ..., bin zuversichtlich, wenn ich an die morgige Prüfung denke. Nichts kann mich aus dem Gleichgewicht bringen.
2. Ich, ..., bin entspannt und zuversichtlich, wenn ich an die morgige Prüfung denke.
3. Während des morgigen Spiels werde ich, ..., mit Leichtigkeit und Anmut spielen.
4. Ich, ..., erhalte mir meine Zuversicht, indem ich alle negativen Gedanken freudig loslasse.
5. Ich, ..., habe einen Anspruch darauf (zu gewinnen, glücklich zu sein, mich wohl zu fühlen etc.).
6. Ich, ..., bin vollkommen und liebenswert so wie ich bin.
7. Ich, ..., weiß, daß ich von Natur aus fröhlich und glücklich bin.

Sie erkennen daran, daß die Affirmationsmöglichkeiten ebenso wie die Visualisierungsmöglichkeiten unbegrenzt sind. Mit der Zeit wird Ihre Tochter lernen, sich selbst Affirmationen auszudenken, die ihren speziellen Bedürfnissen Rechnung tragen.

Wenn Mädchen noch klein sind und noch nicht schreiben können, können sie diese Affirmationen vor dem Einschlafen mehrmals wiederholen. Bitten Sie Ihre Tochter, sich zu entspannen und die Augen zu schließen, so wie sie dies bei der Visualisierung tut. Bitten Sie sie, Ihnen die Sätze, von denen Sie glauben, daß sie sie versteht und mag, nachzusprechen. Hier einige Vorschläge:

Affirmationen für Drei- bis Fünfjährige:
1. Ich bin klug.
2. Ich bin stark.
3. Ich bin hübsch.
4. Ich bin glücklich.
5. Ich fühle mich sicher.

Ihre Tochter sollte alle Affirmationen, nicht nur eine oder zwei, nachsprechen. Natürlich können sie verändert, ausgeschmückt oder in anderer Reihenfolge stehen, um den Bedürfnissen Ihrer Tochter gerecht zu werden.

Die Lehre von der Liebe zur persönlichen Freiheit

Das Thema Freiheit ist fast ebenso heikel wie das Thema Risikofreude. Die meisten Väter wollen sich ein bestimmtes Maß an Kontrolle über ihre Töchter vorbehalten.

Es ist unerläßlich, daß Ihre Tochter Freiheit *erfährt*, wenn sie auf ihre Freiheit und Unabhängigkeit Wert legen soll, und wenn Sie die Wahrscheinlichkeit erhöhen wollen, daß sie jeden Freund ablehnt, der besitzergreifend, starrsinnig und übermächtig ist. Anders ausgedrückt heißt das, daß sie nie etwas vermissen wird, was sie nie gekannt hat.

Wenn ein Mädchen durch seine Eltern nur Kontrolle erfahren hat, wird es ihm ganz natürlich erscheinen, wenn ein Junge in sein Leben tritt und anfängt, es zu beschränken und ihm Vorschreibungen zu machen. Da es bereits gelernt hat, mit den Begrenzungen, die ihm andere auferlegen, zu leben, wird es sich nicht unwohl fühlen und sich nicht wehren, wenn seine Rechte beschnitten werden. Es wird gar nicht *wissen*, daß seine Rechte beschnitten werden.

Ich habe es am eigenen Leib erlebt. Als ich studiert habe, war ich mit einem Jungen befreundet, den meine Eltern nicht ausstehen konnten, weil er ausgesprochen dominant war und darauf bestand, mein Leben in die Hand zu nehmen.

Am Anfang machte mir dies überhaupt nichts aus. Ich fühlte mich geschmeichelt und gerührt von seiner »Fürsorge«. Nach einer gewissen Zeit jedoch wurden seine unaufhörliche Fragerei, seine fordernde Einstellung und sein Beharren darauf, ihm in allem zu folgen, zu einer Belastung. Ich fing an, mich wie eine Gefangene zu fühlen. Ich erinnere mich, wie ich eines Tages dachte: »Mein Gott, er ist ja schlimmer als meine Eltern! Ich genoß zu Hause mehr Freiheit als mit diesem Menschen.« Das war der Anfang vom Ende.

Hätte ich mich in meinem Elternhaus an eine unnachgiebige Herrschaft gewöhnt, hätte ich mich höchstwahrscheinlich nicht gegen die von ihm auferlegten Zwänge aufgelehnt. Glücklicherweise haben mir meine Eltern (unabsichtlich) eine Freiheitsliebe und ein Gefühl der Unabhängigkeit vermittelt, indem sie mir während meiner Kindheit diese Gefühle zugestanden haben.

Checkliste 1

Die anschließende Checkliste gibt einen Überblick der bisher vorgestellten Ideen. Ich möchte hier betonen, daß es nicht ausreicht, die Vorschläge ohne die dazugehörigen Erklärungen zu lesen.

1. Gehen Sie niemals davon aus, daß sich Ihre Tochter für bestimmte Dinge nicht interessiert.
2. Bringen Sie ihr bei, wie man Dinge repariert, mit Holz arbeitet, elektrische Leitungen legt, das Auto wartet etc.
3. Schenken Sie ihr ein Abonnement für eine Zeitschrift, die üblicherweise nicht von Mädchen gelesen wird, wie beispielsweise *Omni, Spektrum der Wissenschaft, Geo.*
4. Ermutigen Sie sie, in Ihrer Bibliothek zu stöbern.
5. Zeigen Sie ihr Diagramme, Tabellen, Graphiken etc. und erklären Sie sie, auch wenn Ihre Tochter noch zu jung ist, um die Erklärungen vollständig zu verstehen. Machen Sie keine Prüfung daraus, sondern genießen Sie die gemeinsam verbrachte Zeit.
6. Widersprechen Sie jeder negativen Auffassung, die ihr zu Ohren gekommen ist, wie »Mädchen müssen in Mathe nicht gut sein«. Vielleicht ist gerade Ihre Tochter besonders gut in Mathe.
7. Bringen Sie ihr Poker, Schach, Backgammon, Go oder andere strategische Spiele bei.
8. Zeigen Sie ihr, wie man ein Papierflugzeug baut und wie durch eine kleine Veränderung die aerodynamischen Eigenschaften verbessert werden können. Experimentieren Sie gemeinsam.
9. Erwägen Sie den Gedanken, sie auf eine reine Mädchenschule zu schicken.
10. Lehren Sie sie, wie sie am besten mit Geld umgeht. Fangen Sie mit einfachen Dingen an und gehen dann zu komplizierteren über. Wenn Sie selbst mit Geld nicht besonders gut umgehen können, bitten Sie Ihre Frau, mit Ihrer Tochter zu sprechen. Wenn Sie beide nicht mit Geld umgehen können, lassen Sie Ihre Tochter wissen, daß dieses Unvermögen ein großes Handicap sein kann, und sorgen Sie dafür, daß sie von einem anderen Menschen – Freund, Verwandten oder Bankangestellten – die notwendigen Informationen erhält.

11. Lassen Sie sie an Ihrem Wissen um die Berufs- und Geschäftswelt teilhaben, und erklären Sie ihr, was Ihrer Meinung nach von berufstätigen Menschen erwartet wird.
12. Überlegen Sie sich, welchen Rollenvorbildern (mit Ausnahme Ihrer Frau) Ihre Tochter nacheifern sollte. Sprechen Sie mit ihr darüber, und nennen Sie ihr die Gründe für Ihre Entscheidung.
13. Eilen Sie ihr nie vorzeitig zu Hilfe!
14. Setzen Sie hohe Ziele.
15. Lassen Sie sie wissen, daß ihr sowohl weibliche wie auch männliche Verhaltensweisen zur Verfügung stehen, die sie je nach Situation einsetzen kann. Lehren Sie sie, sich entsprechend der Umstände und nicht entsprechend ihres Geschlechts zu verhalten. Lehren Sie sie, flexibel in ihrem Verhalten zu sein.
16. Helfen Sie ihr, das Stigma bezüglich Mädchen und Computer zu überwinden, indem Sie:

    a) zusammen Videospiele spielen.

    b) sie mit Ihrem Computer »spielen« lassen.

    c) den negativen Ansichten, die sie in der Schule oder an anderer Stelle zu hören bekommt, widersprechen.

    d) sie ermutigen, Computerzeitschriften zu lesen, sie jedoch auf das hohe Maß an Sexismus in diesen Zeitschriften hinweisen.

    e) sie, wenn sie möchte, an einem Computerlehrgang teilnehmen lassen.

    f) den Mythos, in dem sie möglicherweise gefangen ist, von »Jungen programmieren, Mädchen ›verarbeiten Text‹«, anhand der Vorschläge in Kapitel 3 entlarven.
17. Bringen Sie ihr bei, Risiken einzugehen und Furcht zu überwinden.
18. Achten Sie darauf, daß Ihre Taten mit Ihren Worten im Einklang sind. Denken Sie daran, daß echte Unterstützung mehr ist als ein reines Lippenbekenntnis.

19. Seien Sie der Freund Ihrer Tochter. Versuchen Sie, nicht in die Rolle des autoritären, weichen oder beschützenden Vaters zu verfallen.

20. Nehmen Sie Ihre Tochter zu Ihren samstäglichen Erledigungen mit.

21. Ermutigen Sie sie, Dinge zu tun, die ein größeres Selbstverständnis fördern, das heißt, ermutigen Sie sie, Dinge zu tun, die in der Regel Männern vorbehalten sind.

22. Achten Sie darauf, welche Botschaften Sie ihrem Bruder übermitteln.

23. Achten Sie auf die unausgesprochenen Botschaften Ihres Verhaltens.

24. Liefern Sie ihr durch Ihr Verhalten Beweise dafür, daß Sie an ihre Fähigkeiten glauben.

25. Wenn Sie Ihre Tochter ermutigen, Risiken einzugehen und Situationen zu bewältigen, sollten Sie keine Kriegs- oder Kampfmodelle wählen, die ein militärisches, hartes oder gefühlloses Verhalten zur Folge haben. Seien Sie liebevoll, freundlich und menschlich. Schreien Sie nicht, und werden Sie nicht ungeduldig.

26. Lesen Sie noch einmal Kapitel 5 »Selbstverständnis und die Bedeutung des Vaters«.

27. Empfehlen Sie Ihrer Tochter, Biographien erfolgreicher Frauen zu lesen. Machen Sie einen Besuch in der Bücherei, und suchen Sie nach Lektüre über ihre (oder Ihre) Lieblingsheldinnen.

28. Machen Sie sich klar, daß es niemals zu spät ist, um die Richtung oder den Ton Ihrer Beziehung zu Ihrer Tochter zu ändern.

29. Zum Schluß das Schwierigste: Denken Sie immer daran, daß das Leben Ihrer Tochter ihr Leben ist, auch wenn Sie sich noch so sehr wünschen, daß sie einen Weg einschlägt oder einen Beruf Ihrer Wahl ergreift. Die letzte Entscheidung liegt ganz allein bei ihr. (Das gleiche gilt für Ihren Sohn.)

Kapitel 9
Der männliche Berater

Ganz allgemein gesprochen nehmen Männer immer noch gehobenere und wichtigere Positionen in der Arbeitswelt ein als Frauen. Ihnen kommt deshalb in der Entwicklung des weiblichen Potentials, sowohl im Beruf als auch an anderer Stelle, eine Schlüsselposition zu. Eine Frau kann mit starker männlicher Unterstützung genau wie ein Mann, der die gleiche Unterstützung erfährt, schnell und leicht vorwärtskommen. Ohne diese Unterstützung gleicht ihr Aufstieg einem Kampf, der durch emotionalen Ballast, mit dem Männer nicht zu kämpfen haben, noch zusätzlich erschwert wird. Der dadurch ausgelöste Konflikt kann dazu führen, daß ihr Wille und ihre Energie, mit denen sie ihr Ziel verfolgt, schwinden. Aber was hat all das mit Ihrer Rolle in der Entwicklung des Potentials Ihrer Tochter zu tun?

Wenn Sie den ehrlichen und ernsthaften Wunsch haben, Ihrer Tochter zu helfen, müssen Sie dies nicht nur in Ihrer Rolle als Vater zum Ausdruck bringen, sondern ebenso in Ihrer Rolle als männliches Mitglied der Gesellschaft. Warum? Weil alles in einen größeren Rahmen eingebettet ist. Ihr geschütztes kleines Heim existiert nicht isoliert, sondern vor der Kulisse der Gesellschaft. Wenn sich die Gesellschaft den weiblichen Leistungen gegenüber feindlich verhält, wird auch der Kampf Ihrer Tochter schwer sein.

Leider sieht die Realität immer noch so aus, daß unzählige Männer weiblicher Leistung und weiblichem Weiterkommen ablehnend gegenüberstehen. Manche glauben, daß sie ein Recht und ein Privileg auf Macht geltend machen könnten. Andere wiederum nehmen schuldbewußt zur Kenntnis, daß es ihren eigenen Vorteilen dient, wenn Frauen an ihrem angestammten Platz bleiben. Ganz wenige glauben tatsächlich, daß Frauen minderwertig sind. Wieder andere halten an der Überzeugung fest, daß Frauen von Natur aus unterwürfig sind. Einige fürchten sich schlicht vor Veränderungen. In der Tat viele Gründe, doch das Ergebnis bleibt das gleiche – eine Welt, gegen die sich Ihre Tochter zur Wehr setzen muß, wenn sie die engstirnigen, ignoranten Vorurteile derer überwinden will, die Macht und Autorität dazu benutzen, ihr den Weg zu versperren. Folglich müssen alle, die an die weibliche Begabung glauben, eine Welt schaffen, die bereit und in der Lage ist, weibliche Beiträge anzuerkennen. Je schneller dies geschieht, desto weniger wird Ihre Tochter kämpfen müssen.

Sie können an der Spitze dieser Veränderung stehen. Unter den Ersten zu sein, ist immer eine Herausforderung. Eines Tages wird die Welt sich auf die Männer besinnen, die den Mut hatten, weibliche Begabung zu fördern, bevor es modern war, und ihnen Respekt zollen, doch bis dahin müssen Sie möglicherweise den Hohn und Spott derer, die weniger weit sind, ertragen. Ich versuche nicht, melodramatisch zu sein. Wie Sie im Laufe dieses Kapitels erkennen werden, geht die Art des Verhaltens, von der ich spreche, über die Grenzen Ihres Heims hinaus in die Öffentlichkeit der Arbeitswelt, der Politik und der Gemeindearbeit. Sie werden Mut und klare Vorstellungen brauchen.

Wir werden eine Reihe von Möglichkeiten erörtern, durch die Sie Ihre ernsthafte Unterstützung begabter Frauen zum Ausdruck bringen können, und dabei der ersten Regel für einen guten Vater treu bleiben können: Taten zählen mehr als Worte. Ihre Bereitschaft zur Unterstützung wird an Ihrem Verhalten gemessen. Die ersten Möglichkeiten betreffen Ihr Verhalten gegenüber anderen – gegenüber Ihrer

Frau, Ihrer Tochter, anderen Familienmitgliedern und Ihren männlichen Freunden. Die zweiten setzen sich mit Ihrem sozialen Verhalten gegenüber anderen Männern auseinander und damit, wie Ihr Verhalten zu Ihrem Bild in der Öffentlichkeit beiträgt, das wiederum das Ausmaß Ihrer Motivation und Ihrer Verbindlichkeit zum Thema weibliche Leistung beeinflußt.

Eine kleine Warnung scheint mir angebracht. Von den Vätern, die an meinen Seminaren teilgenommen haben, habe ich gelernt, daß die Handlungen, die beratenden Männern abverlangt werden, aus mehreren Gründen als Bedrohung angesehen werden können. Ich werde auf die Gründe etwas später ausführlicher eingehen. Im Moment reicht es aus, wenn ich sage, daß viele Väter, gerade weil sie die Handlungen als persönliche Bedrohung empfinden, es vorziehen, ihre Bedeutung herunterzuspielen, indem sie sie als »Schmuckwerk« bezeichnen, das keinen Einfluß hat auf die Gesamtheit der Dinge. Mit Ihrem Verhalten gegenüber der Umwelt übermitteln Sie Ihrer Tochter jedoch eine maßgebliche Botschaft. Wenn Sie sich bei dem Gedanken ertappen »Nun, ich glaube nicht, daß ich das wirklich tun muß«, halten Sie inne und fragen Sie sich »Habe ich Angst davor, was die anderen Männer von mir denken werden?« Wenn Sie diese Frage mit ja beantworten, müssen Sie sich die Zeit nehmen, Ihre Motivation und das Maß Ihrer Verbindlichkeit gegenüber Ihrer Tochter und ihren Leistungen neu zu bestimmen.

Damit Sie verstehen, wie die anderen Rollen, die Sie spielen, die Erfolgschancen Ihrer Tochter beeinflussen, möchte ich hier einen kurzen Überblick geben. Unser Umweg wird uns schließlich wieder zum Thema Ihres Beitrags als männlicher Berater und dessen Einfluß auf Ihre Tochter zurückführen; haben Sie deshalb ein wenig Geduld. Der Umweg ist ein notwendiger Teil der Reise.

Die Frage lautet: Warum gibt es unter den anerkannten Genies der westlichen Welt so wenige Frauen? Wenn Frauen tatsächlich so intelligent und kreativ sind wie Männer, wo sind dann die weiblichen Shakespeares, Beethovens, Einsteins und Edisons? Die Frage ist provokativ und für unsere Zwecke äußerst bedeutsam.

Virginia Woolfs Buch »Ein Zimmer für sich allein« liefert uns einen faszinierenden Einblick, und wir werden uns damit noch ausführlicher beschäftigen. Zuerst allerdings ist es zweckdienlich, einen Blick auf den Menschen Virginia Woolf zu werfen, eine überaus begabte Schriftstellerin und Denkerin, die während ihres ganzen schwierigen Lebens mit männlichem Rat gesegnet war.

Ihr Vater, obwohl aufgrund seines autoritären und fordernden Verhaltens ein ausgesprochen schlechtes Rollenvorbild, bot der jungen Virginia sehr viel intellektuelle Stimulanz. Er ist verantwortlich für ihre Liebe zu Büchern und die Entwicklung ihres Intellekts. Er entwickelte ihre Denkfähigkeit bereits in sehr jungen Jahren, indem er sie zwang, Bücher zu lesen, sich eine Meinung dazu zu bilden und diese auch zu vertreten. Er ermutigte sie zum intellektuellen Abenteuer, gab ihr im Alter von fünfzehn Jahren den Schlüssel zu seiner berühmten Bibliothek und sagte zu ihr: »Lies, was du willst.«[1]

Virginia heiratete später Leonard Woolf, einen großen Denker und überaus sensiblen Mann, der seine Frau auch in Zeiten des Wahnsinns respektierte, liebte und für sie sorgte. Er erkannte in ihr die große Künstlerin und war begeistert von der Tiefe und dem Ausmaß ihres Geistes. Aber Virginia war verletzlich (heute würde man ihre Krankheit höchstwahrscheinlich als manisch-depressives Verhalten diagnostizieren) und brauchte ein geregeltes und beschützendes Zuhause. Sie war sexuell teilnahmslos. Leonard richtete sein Leben nach der Krankheit seiner Frau wie auch nach ihrem Genie aus und bot ihr die emotionale Unterstützung, die sie brauchte, um den dünnen Faden zur geistigen Gesundheit lange Zeit nicht abreißen zu lassen und ihr großes Talent weiter zu entwickeln. Aus heutiger Sicht müssen wir sowohl Virginia wie auch Leonard für die Werke dieser begabten Künstlerin danken, denn ohne sein Opfer wäre sie vielleicht nie in der Lage gewesen, das zu schaffen.

Virginia Woolf beschäftigte sich mit dem Los, das viele Frauen in der damaligen Gesellschaft erlitten. Wie ich bereits gesagt habe, hat sie sich mit dem Problem des weiblichen Genies in ihrem Buch »Ein Zimmer für sich allein« auseinandergesetzt. Woolf zufolge hat ein »großer Beitrag«, das heißt das Zusammentreffen von Begabung und Entschlossenheit, außer dem ungeschliffenen Talent und der Beharrlichkeit des Menschen, noch zwei weitere Voraussetzungen. Diese beiden Voraussetzungen scheinen bei erster Betrachtung täuschend einfach, doch sie weisen uns nach längerer Überlegung den Weg zur Entwicklung weiblicher Begabung: Zeit und Raum.

Ein begnadeter und genialer Künstler (oder einer, der eine Portion Begabung vorweisen kann, denn wir sprechen hier nicht von der Begabung an sich, sondern von einem bestimmten Maß an Begabung) kann nichts Wertvolles hervorbringen, wenn er ständigen Unterbrechungen ausgesetzt ist. Kreativität äußert sich am besten in einer Umgebung, in der Zeit ununterbrochen zur Verfügung steht, während der der Kreative den hohen Anforderungen an das kritische Denken und das Problemlösen gerecht werden kann. Diese wesentlichen Voraussetzungen (Zeit und Raum) zurückzuhalten, würde bedeuten, den kreativen Prozeß im gleichen Maße zu beeinträchtigen. Ständige Unterbrechungen und ein Mangel an Privatsphäre sind dem kreativen Prozeß nicht nur nicht zuträglich, sondern sie zerstören ihn.

Und wie sieht das Leben der Frauen aus, die gleichzeitig Mütter sind? Die Wahrheit ist, daß Kinder in jede Privatsphäre eindringen – sowohl was Zeit als auch was Raum anbetrifft. Die Bedürfnisse eines heranwachsenden Kindes sind dergestalt, daß der Erwachsene, der das Kind erzieht, weitgehend auf seine Privatsphäre verzichten muß. Da in den meisten Fällen immer noch die Frauen die Erziehenden sind, ist es ihre Zeit, die unterbrochen wird, und ihr Raum, in den eingedrungen wird, und es sind ihre Beiträge, die nie das Licht der Welt erblicken. Wenn die Kinder erwachsen sind, ist es meist zu spät für den Beitrag, der ein jahrelanges Studium und eine ungeteilte Hingabe zur Voraussetzung hat.

Natürlich gibt es auch hier Ausnahmen, doch in den meisten Fällen wird die Realität schwer auf den Schultern Ihrer Tochter lasten. Sie muß die Realität kennen, damit sie in der Lage ist, in bezug auf ihre Zukunft realistische Entscheidungen zu treffen. Sie kann den Erwartungen der Gesellschaft nicht entgehen, auch nicht der Entscheidung für oder gegen eigene Kinder.

Wir reden hier keineswegs davon, einen Beruf zugunsten des Mutterdaseins aufzugeben. Viele Frauen meistern beide Aufgaben relativ gut. Wir sprechen von einer Leistung, von der Möglichkeit, einen dauerhaften Beitrag zu leisten. Da Ihre Tochter als Mutter aber sehr viel Zeit und Raum aufwenden muß, verringern sich ihre Möglichkeiten zur Leistung proportional zur aufgewandten Zeit und Raum. Nur wenn Sie ihr diese Tatsachen klar vor Augen führen, ermöglichen Sie ihr eine bessere Entscheidungsfindung im Vergleich zu den jungen Frauen, die ihrer Entscheidung ihre Vision von süßen kleinen Babies zugrunde legen.

Da ich keine Mutter (oder eine Mutter in spe) dadurch verärgern möchte, daß ich andeute, daß Mutterschaft eine schlechte Alternative ist, und auch keinen Vater, indem ich andeute, daß Väter nicht über das nötige Verantwortungsgefühl verfügen, um die Erziehung ihrer Kinder in die Hand zu nehmen, möchte ich hier noch einmal auf zwei Dinge eingehen.

Zuerst wende ich mich an die Frauen: Mutter zu sein ist *für manche Frauen* eine erfüllende und natürliche Sache. Wir wollen uns jedoch nichts vormachen; die meisten von uns haben nie die ganze Wahrheit über die Rolle erfahren – über die Opfer und über die Einsamkeit. Wir haben allerliebste und entzückende Babies in den Armen gehalten und Muttergefühle verspürt. Für die Realität waren wir allerdings blind. Da die meisten Mädchen nur diese einseitige Vorstellung vom Mutterdasein haben, ist es notwendig, daß sie mit beiden Seiten der Rolle vertraut gemacht werden. Nun zu den Männern: Natürlich bedeutet Vatersein Verantwortung. Kein vernünftiger Mensch wird dies bestreiten. Doch die tägliche Fürsorge für das Kind obliegt in den meisten Familien der Mutter. Ihre Tochter muß sich dessen bewußt sein.

Männer sehen sich nicht vor diese Entscheidung gestellt. Sie akzeptieren ganz einfach, daß sie beides haben werden, weil die Frau sich ja um die Kinder kümmert. Obwohl in vielen Fällen die Familie für die Ziele und das Streben des Mannes hinderlich ist, erfährt er davon als Heranwachsender oder junger Mann wenig.

Frauen wissen bereits in sehr jungen Jahren, daß es für sie anders ist. Erinnern Sie sich an die schwangeren Ärztinnen? Die Mädchen versuchten im Spiel, die auseinanderklaffenden Rollen zu vereinen und damit den zukünftigen Konflikt zu vermeiden. Wenn wir ein junges Mädchen dazu ermutigen, die Welt zu erobern und erfolgreich zu sein, müssen wir immer daran denken, daß Fähigkeiten und Bildung die Voraussetzungen für die spätere Entscheidungsfindung sind.

Sie werden sich jetzt vielleicht fragen, was die Gebärfähigkeit und das Leistungsverhalten Ihrer Tochter mit Ihrer Rolle als Vater zu tun haben, ganz zu schweigen von den anderen Rollen, die Sie spielen. Sie sind alle voneinander abhängig und bedingen sich gegenseitig. Wir werden sowohl die Einsichten als auch das Leben Virginia Woolfs heranziehen, um die gegenseitige Abhängigkeit Ihrer Rollen als Vater, Ehemann und männliches Mitglied der Gesellschaft zu untersuchen. Wir werden dann erörtern, was diese Rollen mit Ihrer Rolle als männlicher Berater der Frauen im allgemeinen zu tun haben.

Wenn Sie Virginia Woolfs Behauptung akzeptieren, daß Mutterschaft die Möglichkeiten einer Frau, ihre Ziele zu erreichen, beschneidet, müssen Sie sich über Ihre Gefühle bezüglich der Mutterschaft Ihrer Tochter klar werden, da Sie alles, was Sie fühlen und/oder glauben, bewußt oder unbewußt Ihrer Tochter mitteilen. Versuchen Sie beispielsweise, ihre Risikofreude zu wecken, und sehen in ihr gleichzeitig eine Hausfrau und Mutter? Sind Sie der Meinung, sie kann beides haben? Obwohl der Ansatz an sich nicht falsch ist, sollten Sie sich darüber im klaren sein, daß Leistung und die damit verbundenen Anforderungen, Reife *und* die Verantwortung als Mutter die Kraft und den Horizont der meisten jungen Frauen übersteigen. Wie Woolf ganz richtig beobachtet hat, können die Pflichten gegenüber einem Kind nicht ignoriert werden, und deshalb wird die Leistung immer an zweiter Stelle stehen.

Folglich sollte jeder Vater seine Erwartungen bezüglich des rollengerechten Verhaltens seiner Tochter genau prüfen. Nur wenn er sich über seine eigenen Gefühle und Ansichten im klaren ist, kann er sich integer verhalten.

In der heutigen Zeit versuchen viele Frauen, sowohl einem Beruf nachzugehen als auch ihre Kinder zu erziehen, doch der Preis, den sie dafür bezahlen, ist hoch. Der Konflikt, der durch den Wunsch nach Pflege und Erziehung und dem Wunsch nach Erfolg hervorgerufen wird, treibt viele Frauen dazu, sich zu verausgaben. Sie sind der Meinung, daß ein Weniger einem persönlichen Versagen gleichkäme. Frauen, die »nur« Hausfrauen sind, werden als faul und unproduktiv bezeichnet und müssen deshalb um die Erhaltung ihres Selbstwertgefühls kämpfen. Frauen, die eine Karriere anstreben, werden als unnatürlich und maskulin bezeichnet und müssen um ihre Weiblichkeit kämpfen.

Lassen Sie mich noch einmal betonen, daß beides möglich ist. Es gibt Frauen, die ihre Kinder erziehen und gleichzeitig ihren Beitrag für die Gesellschaft leisten. Aber die Frau, der dies gelingt, muß eine außerordentliche Frau sein.

Zuletzt möchte ich noch darauf hinweisen, daß in einem Haushalt, in dem die Mutter zu Hause bei den Kindern ist, der Vater die Welt des Abenteuers, der Entscheidungen, der rauchgeschwängerten Sitzungszimmer und der großen Konzerne verkörpert. Die Tochter wird deshalb wahrscheinlich eher dazu neigen, in schulischen, beruflichen und finanziellen Fragen den Ratschlägen des Vaters zu folgen. Diese Tatsache ist bedauerlich, aber leider oft wahr.

Eine erfolgreiche Geschäftsfrau hat dies so ausgedrückt: »Meine Mutter ist eine sehr intelligente Frau. Sie heiratete, verglichen mit ihren Altersgenossen, sehr spät, mit 25, nachdem sie jahrelang für sich selbst gesorgt hatte. Sie hat ihr Studium allein finanziert usw. Aber immer, wenn ich sie um Rat fragte, hat sie mich an meinen Vater verwiesen. Er war derjenige, der uns erklärt hat, wie es draußen in der Welt zugeht und wie man mit Menschen im Berufsleben umgeht. Er hat uns in dieser Hinsicht geformt.

Sie war zufrieden, daß mein Vater für uns sorgte, daß die Rechnungen immer bezahlt wurden und daß er immer höflich zu ihr war. Obwohl sie intelligent und klug ist, waren wir davon überzeugt, daß sie nur dazu da war, unsere Bedürfnisse zu befriedigen. Unser Vater verkörperte für uns die weltliche Autorität.«

Lassen Sie uns kurz zu dem Thema Zeit und Raum als notwendige Voraussetzungen für Kreativität zurückkehren. Wir kennen alle die folgende Szene, entweder aus eigener Erfahrung oder aus Erzählungen von Freunden und Verwandten: Eine junge Mutter ist sorgsam darauf bedacht, ihre Kinder von einem bestimmten Zimmer im Haus fernzuhalten, die Tür des Zimmers ist verschlossen, und ein Hineinkommen ist unmöglich. Die gleiche junge Mutter verbietet ihren Kindern nicht nur, an die Tür zu klopfen, sondern sie sorgt auch dafür, daß die Kinder ruhig sind, um die Ruhe, die diesen Raum umgeben muß, nicht zu stören. Was verbirgt sich hinter dieser geheimnisvollen Tür? Warum versperrt sie den Weg nach drinnen? Befindet sich darin ein todkranker Mensch? Oder ein schwachsinniges Familienmitglied? Nein, es ist Vati, der seine Doktorarbeit schreibt oder sich auf ein Examen, eine Sitzung etc. vorbereitet.

Ich beschuldige die Väter dieser Kinder in keiner Weise, denn sie brauchen in der Tat Ruhe und Raum, um zu studieren und zu schreiben. Ich mißgönne ihnen diesen Luxus nicht, denn er ist die Voraussetzung für das Erreichen ihrer Ziele. Aber ich bitte Sie, liebe Leser, sich die gleiche Szene mit Ihrer Tochter vorzustellen; stellen Sie sich vor, Ihre Tochter ist der Mensch, der hinter der verschlossenen Tür sitzt und Zeit und Raum braucht, um geistige Leistungen zu erbringen. Stellen Sie sich einen jungen Vater vor, der seine Kinder von der Mutter fernhält, der mit ihnen spielt und sie beruhigt, und zwar nicht nur einen Tag oder ein Wochenende lang, sondern über einen längeren Zeitraum hinweg. Können Sie sich das vorstellen? Ich wage zu sagen, daß dies so unwahrscheinlich ist, daß es beinahe nie vorkommt.

Fairerweise möchte ich hier anfügen, daß die meisten jungen Väter sich gern ab und zu um ihre Kinder kümmern. Bedauerlicherweise sagt der Ausdruck »ab und zu« genau das, was damit gemeint ist. Sie sind nicht bereit, die Hauptlast zu tragen. Wenn eine Frau promovieren will, sei es auf dem Gebiet der Rechtswissenschaften oder der Medizin, reicht es nicht aus, wenn ihr Mann ihr einen Samstag nachmittag oder einen Donnerstag abend lang die Verpflichtung für die Kinder abnimmt. Es ist unerläßlich, daß Ihre Tochter mit diesen realen Fakten vertraut ist, *bevor* sie heiratet und

Kinder hat. Wenn ihre Mutter ihr dies nicht klarmachen kann, müssen Sie es tun.

Ich komme aus mehreren Gründen darauf zu sprechen. Die einen sind aufrichtig und direkt, die anderen sind versteckt und umstürzlerisch.

Zuerst zu den aufrichtigen und direkten Gründen: Der Mann, den Ihre Tochter wählt, wird Einfluß auf die Leistung Ihrer Tochter nehmen. Doch nur Sie und ich sind uns darüber im klaren, aber nicht Ihre Tochter, die von der Verantwortung und Hingabe, die dieses erhabene Ziel ihr abverlangt, nichts weiß. Sie sollten mit der Aufklärung nicht warten, bis sie sich Hals über Kopf in einen Jungen verliebt hat. Liebe ist blind gegenüber den praktischen Seiten des Erfolgs. Sie müssen deshalb den Samen aussäen, wenn sie noch ein Kind ist, und ihn dann im Laufe der Jahre mit ehrlichen Gesprächen hegen und pflegen. Ihr Rat wird sehr viel eher auf fruchtbaren Boden fallen, wenn er freundlich, aber beständig wiederholt wird.

Ich komme jetzt zum besten Teil – den umstürzlerischen Motiven, von denen ich vorher gesprochen habe. Halten Sie sich fest. Die folgenden Absätze sind möglicherweise eine Herausforderung und Bedrohung, doch sie müssen gesagt werden. Sie zu verschweigen, würde den leeren Worten und den reinen Lippenbekenntnissen Vorschub leisten, die langsam, aber sicher die Entwicklung der Leistungsfähigkeit Ihrer Tochter unterminieren könnten.

Was wäre, wenn Ihre Frau in diesem Moment durch die Tür treten und Ihnen unerschrocken mitteilen würde, daß sie an einem Wendepunkt in ihrem Leben angekommen ist und sich entschlossen hat, Jura zu studieren, ihr Medizinstudium wieder aufzunehmen, einen Roman zu schreiben, eine Symphonie zu komponieren oder ihre Examensarbeit zu vollenden? Viele Frauen haben diese und ähnliche Dinge von ihren Männern akzeptiert und ihnen dann auf jede erdenkliche Art und Weise geholfen. Manche gehen zurück in den Beruf und kümmern sich um die Kinder, damit er seinen Traum verwirklichen kann. Das ist deshalb möglich, weil sich beide auf seinen Erfolg eingestimmt haben. Warum? Weil beide Partner *seinen* Erfolg als *ihren* Erfolg ansehen. Bedauerlicherweise wird der Traum einer Frau vom Mann (oder der Gesellschaft) oftmals nicht als gemeinsamer Erfolg gesehen, sondern als gefährliche Bedrohung der traditionellen Familie. Leonard Woolf opferte in gewissem Maße sich selbst, damit Virginia schreiben und die Welt durch ihre Bücher bereichern konnte. Auch wenn Sie nicht mit einem Genie vom Range Virginia Woolfs verheiratet sind, denken Sie bitte daran, daß wir hier nicht über Quantität, sondern Qualität sprechen.

Wie stellen Sie sich dazu? Wären Sie bereit, für Ihre Frau Opfer zu bringen? Wären Sie bereit, Ihrer Frau die Verantwortung für die Kinder abzunehmen? Wären Sie bereit, Ihre Tage damit zu verbringen, den umständlichen Beschreibungen der Abenteuer eines Erstkläßlers zu folgen, Wehwehchen zu versorgen, verschüttete Milch aufzuwischen und die Abdrücke kleiner Schmutzfinger zu beseitigen? Vielleicht gehen Ihre Kinder bereits zur Schule, und die Tagesstunden bereiten Ihnen kein Problem. Wären Sie bereit zu kochen, sauberzumachen, zu waschen und einzukaufen? Nehmen wir an, Sie und Ihre Frau machen sich nichts daraus, wenn im Haus etwas Unordnung herrscht. Das Problem ist damit jedoch nicht behoben, denn die Verpflichtung, für kleine menschliche Wesen zu sorgen, hört nicht damit auf, daß Sie die Gesichter der kleinen Wildfänge säubern und die Betten machen.

Normalerweise wird es an dieser Stelle in meinen Seminaren mucksmäuschenstill, weil wir jetzt über grundsätzliche Opfer sowie über Risiken sprechen, die mit der Umkehrung der Rollen verbunden sind. Manche Väter wollen wissen, was das mit dem Bestärken der Leistungsbereitschaft ihrer Tochter und ihrer Rolle als Vater zu tun hat. Die Antwort lautet: Kinder lernen, was sie beobachten und sehen. Das Verhalten – das, was Eltern *tun* – erzielt die größte Wirkung.

Wenn eine Tochter erkennt, daß die Karriere, die Bildung und die Ziele des Vaters an erster Stelle stehen, erhält sie damit eine eindeutige Botschaft. Wenn diese Botschaft mit der verbalen Ermutigung »Du schaffst das, mein Kind. Mädchen können alles erreichen!« verbunden ist, wird ihre Verwirrung groß sein.

Stellen Sie sich die Verwirrung einer Tochter vor, wenn ihr Vater sie davon zu überzeugen versucht, daß sie stark, kompetent, abenteuerfreudig und leistungsstark ist, der Vater aber negativ reagiert, wenn seine eigene Frau sich unabhängig verhält. Stellen Sie sich ihr Mißtrauen vor, wenn sie erfährt, daß diese Art des weiblichen Verhaltens nicht besonders geschätzt wird, auch nicht von ihrem »unterstützenden« Vater. Stellen Sie sich ihren Zorn vor, wenn ihr klar wird, daß Frauen zwar *glauben* dürfen, daß sie ihre Ziele erreichen können, daß sie allerdings Schwierigkeiten haben, wenn sie versuchen, sie tatsächlich zu *verwirklichen*. Stellen Sie sich ihr Mißfallen vor, wenn sie Ihre Heuchelei entdeckt. Sie wird erkennen, daß ihr Handeln das Mißfallen der Männer nach sich ziehen und sie möglicherweise sogar deren Freundschaft verlieren wird. All das wird den Konflikt, dem sich Ihre Tochter eines Tages wird stellen müssen, nur verschärfen.

Der letzte Aspekt der männlichen Beratung hat mit einem noch heikleren Problem zu tun. Ich möchte Ihnen dies wieder anhand einer »Szene aus dem Leben« verdeutlichen. Fragen Sie sich, ob sie Ihnen bekannt vorkommt.

Mehrere Männer speisen in einem Restaurant. Sie essen auf Geschäftskosten. Die Kellnerin, eine gutaussehende, attraktive junge Frau, nimmt die Bestellungen entgegen. Als sie den Tisch verläßt, sagt einer der Männer: »Hübsche Titten«,

und ein anderer antwortet: »Ich möchte diesen netten kleinen Hintern gern begrabschen, so ziemlich genau unterhalb
der Taille.« Die restlichen Männer lachen wohlwissend und
im gemeinsamen Einverständnis.

Wir alle wissen, daß sich diese Szenen immer und immer
wieder abspielen. Ich war letzte Woche zufällig Zeuge der
oben beschriebenen. Die meisten Männer denken sich
nichts dabei, und manche begreifen überhaupt nicht, warum
sich die betreffende Frau durch ihre Aufmerksamkeit nicht
geschmeichelt fühlt. Sie sind der Meinung, die Frau ver-
wechsle Sex mit Sexismus. In Wirklichkeit aber sind *sie* diejenigen, die hier etwas verwechseln.

Nun, all das mag harmlos und unschuldig erscheinen,
schließlich wird die Kellnerin nie von dieser Unterhaltung
erfahren. Vielleicht kämpfe ich hier gegen Windmühlen und
verschwende nur meine Zeit. Aber lassen Sie mich hier eine
kleine Variation anfügen, bevor Sie Ihre Reaktion noch einmal überdenken.

Stellen Sie sich dieses Mal die hübsche kleine Kellnerin als
Ihre eigene Tochter vor. Wenn sie sich dem Tisch der Männer nähert, verhält sie sich in keiner Weise aufreizend. Sie
geht einfach nur auf den Tisch zu und nimmt freundlich die
Bestellungen entgegen. Was empfinden Sie, wenn Sie sich
vorstellen, daß die gleichen Bemerkungen Ihrem kleinen
Baby gelten?

Sie haben wahrscheinlich schon ähnliches erlebt, wenn Ihre
Tochter zwölf oder älter ist. Ich nehme an, daß dies einer der
Gründe ist, warum Männer ihre Töchter so sehr beschützen.
Sie wissen nur zu genau, daß ihre Töchter als »Beute« gelten. Anstatt jedoch Ihre Tochter zu sehr zu beschützen,
möchte ich Ihnen eine andere Verhaltensweise vorschlagen.

Stellen Sie sich vor, daß Sie das nächste Mal, wenn Ihnen
eine derartige Aussage zu Ohren kommt, Ihr Mißfallen laut
und deutlich äußern. Etwa so: »Wißt ihr, ich glaube, wir

sollten aufhören, so über Frauen zu reden. Ich halte das für erniedrigend für sie wie auch für uns. Ich habe außerdem eine Tochter in diesem Alter, und mir mißfällt die Vorstellung, daß es eines Tages sie treffen könnte. Ich verabscheue den Gedanken, daß sich die Welt nie ändert. Und ich möchte gern glauben, daß es an uns liegt, die Welt zu verändern.«

Ich kann mir vorstellen, was Sie jetzt denken, weil nämlich die Väter in meinen Seminaren die folgenden Kommentare abgegeben haben:

»Wie verhalte ich mich, wenn der betreffende Mann ein Kunde ist? Ich könnte es mir nicht leisten, ihn (oder sie?) wegen einer kleinen sexistischen Bemerkung zu verlieren.«

»Und wenn sie mich für einen Schwächling halten?«

»Ich kann meine Freunde oder Geschäftspartner nicht beleidigen. Sie würden mich meiden.«

»Nehmen wir an, sie halten mich für einen Pantoffelhelden?«

»Es ist unhöflich, während eines Geschäftsessens eine Szene zu machen. Es würde allen den Spaß verderben.«

»Die Kellnerin wird nie etwas davon erfahren; warum sich also aufregen?«

»So kann man doch nicht anderer Leute Einstellung ändern.« Etc., etc., etc.

Ich wette, Sie sind der Meinung, ich würde von Ihnen verlangen, daß Sie sich hier und jetzt und vor Gott und aller Welt dazu bekennen. Aber Sie liegen falsch. Jeder dieser Einwände (oder Entschuldigungen?) ist berechtigt. Ich kann verstehen, daß Sie zögern. Sie würden dadurch keine Lorbeeren ernten und auch nicht als besonders männlich gelten. Deshalb vergebe ich Ihnen und viele andere Frauen mit mir, wenn Sie uns nicht verteidigen. Ich möchte Sie jedoch bitten, über Folgendes nachzudenken. Manche von

Ihnen unterscheiden zwischen Schweigen (das andere für Zustimmung halten) und verbaler Opposition.

Stellen Sie sich vor, daß derselbe geile Boß, der Frauen im Aufzug in den Hintern kneift oder öffentliche Bemerkungen über die Beine seiner weiblichen Angestellten macht, Ihrer Tochter in ihrem allerersten Vorstellungsgespräch gegenübersitzt? Möchten Sie, daß er sie einstellt? Er stellt sie vielleicht sowieso nicht ein, weil sie nicht hübsch genug, schlank genug oder sexy genug ist. Andererseits stellt er sie vielleicht gerade deshalb ein. Es ist schwer zu sagen, welches das kleinere Übel wäre.

Nehmen Sie an, der Sohn dieses Mannes steht eines Tages vor Ihrer Tür und möchte Ihre Tochter ausführen. Was glauben Sie, wie sich dieser junge Mann, der von diesem Vater erzogen wurde, Ihrer Tochter gegenüber verhält? Glauben Sie, daß er auf dem Rücksitz des Autos ein Nein wie ein Gentleman akzeptiert?

Jetzt denken Sie möglicherweise: »Ja, aber meine Einwände werden diesen Mann und seinen Sohn nicht ändern.« Kann sein. Vielleicht. Aber wo ist der Anfang? Es steht fest, daß die Sexisten dieser Welt Frauen, die darum bitten, ernstgenommen zu werden, keine Beachtung schenken. Die Beschwerden und Forderungen von Frauen amüsieren sie höchstens. Es bleibt also nur eine Alternative, diese Neandertaler davon zu überzeugen – sie müssen von anderen Männern überzeugt werden. Und obwohl die Sexisten höchstwahrscheinlich auch Ihren Standpunkt ablehnen werden, haben Sie im Vergleich zu einer Frau die besseren Chancen. In den meisten Fällen werden sie sich von Ihnen nicht überzeugen lassen. Aber sie werden ihnen höchstwahrscheinlich zuhören.

Ich möchte hier noch kurz über das Schweigen sprechen. Einer der Väter in meinen Seminaren bemerkte: »Nun, ich würde nicht stillschweigend zusehen, wie jemand einen Schwarzen einen Nigger nennt. Wahrscheinlich ist das so ziemlich das gleiche.« Es tut ganz einfach *Ihrer* Seele gut, wenn Sie Ihre Stimme gegen eine ganz alltägliche, aber diskriminierende Aussage erheben. Und wer weiß? Vielleicht werden Sie eines Tages soviel Überzeugungskraft haben, und ein anderer wird vielleicht aufnahmebereit sein, daß sich dadurch etwas verändert. Eine kleine Veränderung in der Perspektive. Manchmal reicht ein kleiner Anlaß aus, um einen Wandel in der Einstellung eines Menschen zu bewirken. Ist es Ihnen noch nie passiert, daß Sie lange über die beiläufige Bemerkung eines anderen nachgedacht haben, bis diese Bemerkung Sie irgendwann veranlaßt hat, alte Dinge in einem neuen Licht zu sehen? Stellen Sie sich die Welt vor, wenn jeder Vater, der die gleiche Überzeugung hegt wie Sie, diese auch verkünden würde. Manche haben es getan, und es hat ihrem Image in keiner Weise geschadet. Darüber sollten Sie nachdenken.

Teil 3
Ihre Tochter am Scheideweg

Kapitel 10
Wie Sie sich verhalten sollten, wenn aus Ihrem kleinen Mädchen langsam eine Frau wird

Eines Tages werden Sie mit den ersten vagen und beunruhigenden Anzeichen einer Veränderung konfrontiert werden. Am Anfang werden Ihnen diese Zeichen ziemlich belanglos vorkommen. Vielleicht ist es eine Stimme, die sich gerade zum Bariton durchkämpft, die am anderen Ende der Leitung bittet, Ihre Tochter sprechen zu dürfen. Nichts Welterschütterndes. Damit werden Sie fertig. Nebenbei halten Sie das Telefon für eine ziemlich gefahrlose Sache.

Als nächstes wird sie vielleicht stundenlang vor dem Spiegel sitzen, bevor sie mit ihren Freundinnen ausgeht. Sie wird Zeter und Mordio schreien, wenn ihre Lieblingsjeans noch nicht gewaschen sind. Sie werden ganz ruhig vorschlagen, sie möge doch eine andere Hose anziehen, doch sie wird Ihnen mit verächtlicher Miene antworten: »Ich kann *diese* Jeans nicht anziehen.« Wenn sie dazu noch glaubt, ihr Haar sei nicht so, wie es sein sollte, wird sie möglicherweise das Haus erst gar nicht verlassen.

An irgendeinem lauen Sommerabend fährt dann möglicherweise eines dieser Angeberautos oder ein Motorrad bei Ihnen vor. Wenn der Fahrer ein guterzogener Junge ist, wird er bei Ihnen läuten. Wenn nicht, drückt er lediglich auf die Hupe. Ihrer Tochter ist dies wahrscheinlich einerlei, sie benimmt sich, als wäre soeben ihr Ritter auf seinem schneeweißen Pferd angekommen. Und genauso ist es auch. Ihr Baby wird davoneilen, umgeben von einer Donnerwolke aus Staub und schmetternden Stereolautsprechern, und wird es kaum erwarten können, die Abenteuer im Land der großen unbegrenzten Teenagererfahrungen kennenzulernen. Erinnern Sie sich daran, wieviel Spaß Sie damals hatten? Aber statt sich mit ihr zu freuen, stehen Sie nur hilflos da und machen sich Sorgen und fühlen sich allein und alt.

Das erwachende Interesse für das andere Geschlecht kann für einen Vater ganz schön entnervend sein. Er erkennt darin das Zeichen eines Wandels, und er glaubt fast immer, daß es dafür noch viel zu früh sei, weil ein Vater, ganz gleich zu welchem Zeitpunkt, noch nicht bereit ist, sein kleines Mädchen loszulassen. Er ist noch nicht bereit, es diesem Fremden zu überlassen, der es nie so lieben wird wie er. Er weiß, daß der Tag kommen wird, aber er weigert sich, diese Tatsache zu akzeptieren.

Seine Verlustgefühle sind schmerzlich. Er fühlt sich höchstwahrscheinlich hilflos. Vielleicht ist er sogar eifersüchtig. Fast immer möchte er seine Tochter beschützen. Da er selbst ein männlicher Teenager war, zeigt er nicht allzu viel Verständnis, denn er kennt sie nur zu gut. Seine Tochter kommt ihm verletzlicher und naiver vor als je zuvor.

Wenn er seinen autoritären Gefühlen nachgibt, wird er versuchen, seiner Tochter Vorschriften zu machen und versuchen, sie davon abzuhalten, genau die Unabhängigkeit zu leben, die sie leben muß, um sich von ihm zu lösen. Wenn er in der Vergangenheit seine Tochter zu einem unabhängigen Menschen erzogen hat, aber wenn er seine Kinder insgeheim als seinen »Besitz« ansieht, wird sich die Situation höchstwahrscheinlich zuspitzen. Alle an der Situation Beteiligten, und ganz besonders seine Tochter, werden erkennen, daß er mit zwei Maßstäben mißt, was zur Folge hat, daß ihre Unabhängigkeit von seinen Regeln abhängt. Dem Vater, der nur das Beste seiner Tochter im Auge hat, mag dies vernünftig erscheinen, dem heranwachsenden Mädchen jedoch keineswegs. Es dauert unter Umständen Jahre, bis die daraus resultierende Verstimmung wieder beseitigt ist.

Ein zurückhaltender Vater zieht sich möglicherweise ganz einfach zurück und fühlt sich verletzt und betrogen, wenn seine Tochter Interesse an Jungen zeigt und ihre Unabhängigkeit zu leben versucht. Er nimmt gefühlsmäßig von ihr Abstand, wenn sie ihn am notwendigsten braucht. Seine Tochter fühlt sich im Stich gelassen; sie ist verwirrt und fühlt sich obendrein schuldig, weil sie das Gefühl hat, für sein Verhalten verantwortlich zu sein.

Der Vater muß die Trauer um den Verlust seines kleinen Mädchens zulassen, um die Ankunft der jungen Frau freudig begrüßen zu können und die Haarnadelkurven auf dem Weg dorthin erfolgreich zu überwinden. Es ist eine bittersüße Zeit mit den tiefsten menschlichen Gefühlen.

Ein Vater bemerkte dazu: »Wenn sie in der Vergangenheit ein neues Kleid oder neue Schuhe bekommen hatte, kam sie zu mir, um sie mir vorzuführen und mich nach meiner Meinung zu fragen. Jetzt führt sie sie ihrem Freund vor. Das tut weh.«

Ein anderer Vater sagte: »Auf einmal blieb ihre Zimmertür zu. Ich fühlte mich so ausgeschlossen. Ich weiß, daß sie ihre Privatsphäre braucht, und ich versuche Verständnis dafür zu haben, aber es fällt mir sehr schwer. Ihre Tür bleibt jetzt immer zu. Es kommt mir so vor, als möchte sie *mich* fernhalten.«

Diese Zeit in der Beziehung zwischen Tochter und Vater wird mehr als jede andere Zeit seine Sensibilität und sein Verständnis auf die Probe stellen. Die Pubertät ist für alle Eltern und Kinder eine schwierige Zeit, doch die Vater-Tochter-Beziehung weist noch eine andere, einzigartige Komponente auf. Der Konflikt, der durch die erwachende Sexualität der Tochter und die damit verbundene Furcht des Vaters hervorgerufen wird, erfordert auf seiten des Vaters ein reifes Verhalten sowie viel Liebe und Verständnis. Je sensibler er mit seinen eigenen Gefühlen und der Beziehung zu seiner Tochter umgeht, desto besser kann er seine Tochter in dieser für sie schwierigen Phase ihres Lebens unterstützen.

Unglücklicherweise ist aus diesem Geschöpf, das ihn bis vor kurzem bewundert hat, ein feindseliges Wesen geworden. Ihre unverständlichen Gefühlsausbrüche, ihre mit Türzuschlagen verbundenen Wutanfälle, ihr kritisches Verhalten und ihre Supersensibilität lassen ihn scheinbar zum Opfer ihrer Hormone werden.

Bis jetzt war er die wichtigste männliche Bezugsperson in ihrem Leben. Wenn er erkennt, daß andere Männer für seine Tochter wichtiger werden und er immer unwichtiger wird, fühlt er sich machtlos und eifersüchtig. Er macht sich Sorgen darüber, welches Verhalten die im Körper zirkulierenden Hormone bewirken werden. Und schließlich und endlich wird er sich über sein eigenes männliches Verhalten gegenüber ihrem neuen Körper und ihrer fraulichen Art klar werden müssen.

Wo ist Vati geblieben?

Jeder Vater muß sich darüber im klaren sein, daß seine Tochter jetzt seine Liebe und Unterstützung mehr denn je braucht. Seine Unterstützung ist, während sie heranreift und entdeckt, was es bedeutet, eine Frau zu sein, von entscheidender Bedeutung. Viele junge Mädchen können einfach nicht begreifen, »wo Vati geblieben ist«, wenn er sich gefühlsmäßig von ihr zurückzieht, wie dies leider viele Väter tun. Noch vor kurzer Zeit war er immer da, war ihr Freund und treuer Begleiter. Eines Tages ist er dann plötzlich verschwunden. Er ist zwar körperlich immer noch präsent, doch er hat aufgehört sie zu umarmen, zu küssen, sie zu kitzeln und mit ihr zu toben.

Seine Tochter muß dann ihre eigene Erklärung dafür finden,

warum sie »im Stich gelassen« wird. Dies kann für beide eine schmerzhafte Erfahrung sein. Beide leiden unter dem Verlust, und beide vermissen einander, doch keiner weiß, wie er die Beziehung aufrechterhalten kann.

Einer meiner engen Freunde hat diese Schwierigkeiten knapp und präzise beschrieben: »Sie macht ihre Tür stundenlang zu und will dann plötzlich auf meinem Schoß sitzen. Ihr Körper hat bereits ziemlich weibliche Formen angenommen, und ich fühle mich einfach nicht wohl, wenn wir uns körperlich so nahe sind. Ich möchte sie auf keinen Fall zurückstoßen, wenn sie Zuwendung braucht, aber ich weiß einfach nicht mehr, wie ich mich am besten verhalten soll.«

Für einen Vater ist dies eine schwierige Gratwanderung. Es ist unerläßlich, daß er lernt, seine Zuneigung anders auszudrücken. Wenn er sich wie mein eigener Vater zurückzieht, hinterläßt er ein bleibendes Gefühl des Zurückgestoßenwerdens. Da die Tochter nur wenig Lebenserfahrung besitzt und nichts vom Dilemma ihres Vaters ahnt, zieht sie oftmals die falschen Schlüsse. Sie fragt sich möglicherweise, ob überhaupt jemand sie anziehend und liebenswert findet, wenn ihr eigener Vater dies nicht tut. Meine Geschichte ist dafür das beste Beispiel.

Es war der Tag des Abschlußballes der Tanzschule. Ich verbrachte wie jedes andere Mädchen in meiner Klasse, das einen Abschlußpartner hatte, den ganzen Tag damit, mich auf dieses wundervolle Ereignis vorzubereiten. Ich sorgte zuerst für meine Haut. Ich legte mich in die Badewanne, nachdem ich das Badewasser mit wohlriechenden Ölen angereichert hatte. Ich hatte mir eine neue schicke Frisur machen lassen. Ich gab mir selbst eine Maniküre und Pediküre. Ich bügelte und bügelte mein Kleid. Ich legte Make-up auf wie eine geübte Maskenbildnerin und vergaß auch die falschen Wimpern und den dreifarbigen Lidschatten und den

Highlighter auf den Wangen nicht. Kurz und gut, ich tat alles Menschenmögliche, um mich schön zu machen.

Während ich dieses heilige Ritual vollzog, glaubte ich zu wissen, daß ich damit meinen Freund beeindrucken wollte. Erst als mein großer Auftritt im Wohnzimmer für meinen Vater gekommen war, dämmerte es mir, daß ich mich einzig und allein für einen Mann schöngemacht hatte und daß ich einzig und allein einen Mann mit meiner atemberaubenden Schönheit beeindrucken wollte, nämlich meinen guten alten Vati.

Ich ging mit majestätischen Schritten durch meine Zimmertür ins Wohnzimmer. Meine Mutter lächelte stolz. Sie war auf die Reaktion meines Vaters ebenso gespannt wie ich. Mein Vater saß im Sessel und las. Einige Sekunden verstrichen. Ich wartete geduldig. Weitere Sekunden vergingen. Schließlich fragte ich: »Nun, was meinst du?« Er schaute nicht eine Sekunde lang hinter seiner Zeitung hervor. Ich hätte genausogut in meinen alten Jeans und meinem T-Shirt dastehen können. Er schwieg. Kein Wort kam über seine Lippen. Ich fühlte mich gedemütigt und dumm in meinem Abschlußkleid. Ich war am Boden zerstört und verzweifelt.

Mein Freund holte mich ab. Er machte mir Komplimente und war stolz auf mich. Meine Mutter versuchte verzweifelt, das Schweigen meines Vaters wieder auszubügeln. Sie nahm mich beiseite und sagte: »Du kennst doch deinen Vater. Er ist davon überzeugt, daß du wunderbar aussiehst, aber er geniert sich, es dir zu sagen.« (Ich frage mich, wie viele Kinder diesen Satz schon gehört haben: »Du kennst doch deinen Vater...«) Mir war alles egal. Der Mensch, dem ich am meisten zugetan war, hatte sich nicht einmal die Mühe gemacht, mich anzusehen. Ich ging zum Abschlußball und hielt mich für fett und häßlich. Ich hielt mich auch während der nächsten zehn Jahre für fett und häßlich.

Das Verhalten meines Vaters hatte meine schlimmsten Teenagerbefürchtungen bestätigt; ich hatte den ersten Test bezüglich meiner weiblichen Schönheit sogar nach mühevoller und ganztägiger Anstrengung nicht bestanden. Ganz offensichtlich war es meinem Vater peinlich, mir die Wahrheit zu sagen, weil er mich liebte, und deswegen hüllte er sich lieber in Schweigen. Wenn mein eigener Vater mich nicht für attraktiv hielt, mußte es noch schlechter um mich stehen als ich befürchtet hatte.

Rückblickend muß ich sagen, daß mir diese Erklärung immer noch plausibel erscheint, doch Alter und Erkenntnis haben mich milder gestimmt, und ich bin jetzt der Meinung, daß meine damalige Interpretation seines Verhaltens falsch war. Es scheint mir wahrscheinlicher, daß es ihm peinlich war, auf meine Weiblichkeit zu reagieren. Kleine Mädchen legen kein Make-up auf oder lackieren sich die Fingernägel, aber große Mädchen tun es. Und nur große Mädchen verbringen Stunden vor dem Spiegel, um sich herauszuputzen. Ich glaube, mein Vater erkannte damals zum ersten Mal, daß sein kleines Baby sexy und anziehend sein wollte, und mißbilligte dieses Verhalten. Es war ihm peinlich, und er wußte nicht, wie er damit umgehen sollte.

Aus meiner Sicht war alles ganz harmlos. Ich wünschte mir ganz einfach, von meinem Vater zu hören, daß ich hübsch sei. Ich wollte, daß er bemerkte, daß ich kein Kind mehr war, und daß er mir versicherte, daß die Frau, die ich einmal sein würde, weiblich und anziehend auf Männer wirken würde.

Ich schäme mich dafür, daß ich ihm bis zum heutigen Tag diese Nacht nicht verziehen habe. Erst nach seinem Tod habe ich mit Hilfe eines Therapeuten meine Beziehung zu ihm analysiert und die Ereignisse jener Nacht in einem anderen Licht gesehen. Manchmal passiert es mir auch noch heute, daß ich mich, wenn ich ausgehe, leer fühle und Angst habe, nicht die Zustimmung der anderen zu finden, und mich davor fürchte, daß alle Anstrengungen vergeblich sind.

Ich bekämpfe dieses Gefühl zwar mit meinem Verstand, aber die emotionale Realität ist unvergeßlich.

Ich hatte nicht die Absicht, mit dieser Geschichte meinem Vater die Schuld zuzuweisen. Wir sind alle nur Menschen, und wir machen alle Fehler, ganz besonders wenn wir versuchen, gute Eltern zu sein. Ich habe die Geschichte erzählt, um Ihnen vor Augen zu führen, welche Macht ein Vater über das Selbstwertgefühl seiner Tochter hat.

Es ist wichtig, daß Sie erkennen, daß Ihre Macht in der Fähigkeit liegt, Ihrer Tochter männliche Anerkennung zu geben, wenn sie sie am notwendigsten braucht. Dieses Geschenk, über das Sie ganz allein entscheiden können, ist von großer Bedeutung und hat weitreichende Folgen. Ihr Einfluß dringt bis in die tiefsten Bereiche der Seele Ihrer Tochter vor, wo die Selbstliebe die geistige Gesundheit entscheidend mitbestimmt.

Wenn ein Vater diesen Zusammenhang einmal akzeptiert hat, wird er sich viele Fragen stellen. Wie kann er diese Gratwanderung bewältigen? Wird er in der Lage sein, seine eigenen Gefühle unter Kontrolle zu halten? Was geschieht, wenn seine unschuldigen Gefühle der Liebe und Zuneigung falsch gedeutet werden? Wie kann er auf angemessene Art und Weise seiner Tochter, einer fast erwachsenen Frau, seine Liebe und Zuneigung zeigen?

Eine neue Art der Zuwendung

Ich möchte Ihnen keinesfalls raten, Ihre Liebe und Zuneigung für Ihre Tochter zu verbergen. Mein Vater hat sich so verhalten. Mein Rat lautet, daß Sie lernen zu unterscheiden zwischen liebevoller Zuneigung und sexuellen Gefühlen und zwischen Gefühlen und Handlungen. Zudem sollte sich jeder Vater auf den Ausdruck der angemessenen, konstruktiven und sicheren Gefühle beschränken.

Ein Gefühl ist der Ausdruck unserer Reaktion auf bestimmte Lebenssituationen. Eine Handlung ist das äußere, wahrnehmbare Verhalten, das wir der Welt offenbaren. Gefühle müssen nicht unbedingt in Handlungen ihre Entsprechung finden. Sie sind einzig und allein eine innere Erfahrung. In gewisser Weise hat jeder Mann diese Erfahrung bereits gemacht, denn die Gesellschaft erzieht ihre Männer dazu, ihre Gefühle zu verstecken.

Ein Mann, der bemerkt, daß aus seinem Kind eine Frau wird, reagiert mit Sorge, und dieses Gefühl der Sorge kann mit Angst und Verwirrung sowie Schuld und Abscheu verbunden sein. Vielleicht verabscheut er gar sich selbst. Dieses Gefühl kann so unangenehm sein, daß er es vorzieht, die Beziehung zu ihr abzubrechen, anstatt sich dem zu stellen, was er als krankes und abstoßendes Gefühl empfindet.

Ein mutiger Vater vertraute sich seiner Frau an, und sie hat mir am darauffolgenden Tag davon erzählt.

»Eines abends war David völlig durcheinander. Er erzählte mir, daß sich Angela auf seinen Schoß setzen wollte. Sie ist zwölf und nimmt bereits weibliche Formen an. Sie rutschte auf seinem Schoß hin und her, und David bekam plötzlich eine Erektion. Er wollte von mir wissen, ob ich ihn für krank hielt.

Ich fragte ihn, ob ihm das gleiche schon vorher passiert sei. Er verneinte; er war der Meinung, er wäre nicht sexuell erregt gewesen, sondern daß das Herumrutschen auf seinem Schoß die Erektion ausgelöst hätte. Er war äußerst beunruhigt.

Wir beratschlagten gemeinsam sein zukünftiges Verhalten. Er fand die Lösung. Er sagte: ›Es ist ganz klar, daß ich mich ihr gegenüber anders werde verhalten müssen. Ich muß mir ein paar Ausreden zurechtlegen, warum sie nicht mehr auf meinem Schoß sitzen kann.‹

Ich hielt ein wachsames Auge auf die Beziehung, da ich mir meiner Verantwortung gegenüber meiner Tochter bewußt war. Es gelang David, die Veränderungen, von denen er gesprochen hatte, zu vollziehen. Er ging sehr vorsichtig vor. Ich glaube kaum, daß sich Angela einer Veränderung bewußt war, denn er umarmte sie und schenkte ihr auch weiterhin seine Aufmerksamkeit. Da sie so glücklich und sorglos schien wie immer, war ich beruhigt.« Sie hielt einen Moment lang inne, bevor sie fortfuhr: »Mein Mann dankte mir dafür, daß ich ihn nicht wie einen Irren behandelt habe.«

Die Erfahrung von David zeigt, mit welch doppelschneidigem Schwert ein Vater umgehen muß. Er muß die Beziehung zu seiner Tochter neu gestalten, um die schwierigen Gefühle, die in dieser Zeit auftauchen können, zu bewältigen, *und* er muß diesen Wandel vollziehen, ohne seiner Tochter das Gefühl zu geben, er ließe sie im Stich.

Ein Vater muß lernen, seine körperliche Zuneigung auf eine Art auszudrücken, die weder für ihn noch für seine Tochter bedrohlich ist. Er muß sein Verhalten überprüfen, um Situationen zu vermeiden, die ein Unwohlsein in ihm auslösen könnten, aber seiner Tochter trotzdem das Gefühl geben, daß er sie liebt. So wird er feststellen, daß bestimmte Spiele, die er mit seiner Tochter früher gespielt hat, nicht mehr angebracht sind. Jede Art von Körperspielen ist out. Kitzeln, herumbalgen und ähnliches gehört der Vergangenheit an. Ein neues und ausdrückliches Gebot heißt, daß der Vater die Privatsphäre seiner Tochter respektiert und nicht ohne anzuklopfen ihr Zimmer betritt. Folgen Sie in jeder Situation Ihrem gesunden Menschenverstand.

Andererseits sind viele Formen der körperlichen Zuneigung angebracht und notwendig, wenn die Tochter sich geliebt fühlen soll. Ein Kuß auf die Wange oder ein freundliches Schulterklopfen eignen sich hervorragend, um Ihre Tochter Ihrer Anerkennung zu versichern. Eine Umarmung von der Seite (wenn Ihnen eine Umarmung von vorn Schwierigkeiten bereitet) wird ihr zu verstehen geben, daß sie geliebt wird. Auch wenn Sie ihre Hand halten oder Ihren Arm um sie legen, wenn sie traurig ist, stellen Sie auf harmlosem Weg Körperkontakt her. Manchmal reicht es aus, wenn Sie einen direkten Augenkontakt herstellen, um ihr mitzuteilen, daß sie Ihre volle Aufmerksamkeit hat. Es ist also keinesfalls notwendig, daß Sie jeden körperlichen Kontakt aus Angst oder Verwirrung vermeiden. Lassen Sie sie wissen, daß Sie sie nach wie vor lieben, doch unterscheiden Sie selbst genau zwischen angebrachten und unangebrachten Handlungen.

Auf den Wochenend- oder alleinerziehenden Vater

Wochenendväter und alleinerziehende Väter werden mit ganz besonderen Problemen konfrontiert, wenn ihre Töchter in die Pubertät kommen. Sie müssen nicht nur mit der heranreifenden Tochter umgehen, sondern sie machen sich zudem Sorgen darüber, was ihre Tochter weitererzählt, das wiederum von Exehefrauen oder anderen Familienmitgliedern mißinterpretiert werden könnte. (Für alle Exehefrauen, die dies lesen, möchte ich hier folgendes anfügen: Ich spreche hier von den Vätern, die kein Problem haben und die versuchen, ihre Tochter auf ihrem Weg zum Frausein zu begleiten. Ich entschuldige damit in keiner Weise das Verhalten eines Vaters, der seine Tochter mißbraucht.)
Ein Vater erzählte mir die folgende Geschichte.
»Meine Tochter besucht mich immer am Wochenende. Sie ist zehn, und sie ist im vorpubertären Alter. Meine Dusche funktioniert nicht richtig, und sie ist zu schwach, um den Hahn aufzudrehen. Sie kommt also vollkommen nackt aus der Dusche heraus und bittet mich um Hilfe. Ich tue einfach so, als wäre überhaupt nichts dabei. Ich weiß, daß sie zu jung ist, um sich irgendwelche Gedanken zu machen.

Ich muß jedoch ständig daran denken, ob sie vielleicht ihrer Mutter oder ihren Großeltern davon erzählt. Wie würde das in deren Ohren klingen? Was würden sie denken? Auch wenn sie nichts sagen würden, was würden sie über mich denken? Vielleicht sehe ich schon Gespenster, aber in Zukunft wird dies zu einem immer größeren Problem werden.«

Ich fühle mit den Vätern, die sich darüber Sorgen machen. Es hat und wird sie immer geben, die bitteren Exehefrauen, die ihren Groll nicht vergessen können und die deshalb unnötig mißtrauisch sind.

Viele frisch geschiedenen Männer halten ihre Exehefrauen für labil. Meistens ist diese Labilität jedoch nur die Folge der Trennung und der damit verbundenen emotionalen Anspannung, die eine Scheidung immer nach sich zieht. Viele Männer können sich gar nicht vorstellen, daß ihre Frauen, mit denen sie sich wilde Schlachten geliefert haben, nicht alles Erdenkliche tun würden, um ihr Leben zu ruinieren. Allerdings berichten viele Männer, die seit längerer Zeit geschieden sind, daß diese heftigen und ungestümen Gefühle langsam, aber allmählich abklingen. Manche geschiedenen Ehepaare sind sogar in der Lage, eine neue, freundschaftliche und harmonische Beziehung aufzubauen.

Für den Mann, der glaubt, seine Frau sei nachtragend genug, um seiner Beziehung mit seiner Tochter zu schaden, gibt es einen Trost. Ihr kleines Mädchen kennt die Wahrheit. Wenn Ihre Exfrau versucht, Sie fälschlicherweise des Mißbrauchs zu bezichtigen, setzt sie damit die Liebe und das Vertrauen ihrer Tochter aufs Spiel, die ihre Mutter für Ihre getrübte Beziehung verantwortlich machen wird. Diese Schuldzuweisung wird sich, je älter Ihre Tochter wird, verstärken. Ihre Exfrau ist sich dessen bewußt, und wird wahrscheinlich *ihre* Beziehung zu Ihrer Tochter nicht gefährden wollen. Die meisten Mütter wissen, daß ihre Töchter ihre Väter brauchen und lieben, und werden deshalb nicht versuchen, diese Beziehung zu zerstören, auch wenn sie ihren Exmann selbst nicht ausstehen können.

Geistig gesund bleiben

Trotz aller guten Ratschläge ist und bleibt die Pubertät eine schwierige Zeit für alle Eltern. Es scheint, als sei alles außer Kontrolle geraten. Daran liegt es. Und genau dieser Umstand treibt manche Väter zur Verzweiflung, denn Männer haben ihr ganzes Leben lang gelernt, sich unwohl zu fühlen, wenn sie außer Kontrolle geraten.

Außer Kontrolle sein ist das Gegenteil von Berechenbarkeit. Es bedeutet auch Verletzlichkeit. Es bedeutet das gefährliche Eindringen des Irrationalen. Auch wenn Sie es vielleicht nicht wahrhaben wollen, wird Ihre Fähigkeit, »mit dem Strom zu schwimmen« und spontan zu sein, während des Pubertätsalters Ihrer Tochter laufend auf die Probe gestellt und bloßgestellt. So gesehen wird ihre Reise in das Erwachsenenalter auch zu einer Reise für Sie. Während Sie ihr helfen, ihre Identität zu finden, werden Sie mehr über Ihre eigene erfahren. Welch eine wunderbare Gelegenheit.

Epilog

Die Machtstrukturen in unserer Gesellschaft verlangen es, daß sich dieses Buch mit den »männlichen« Verhaltensweisen beschäftigt, die eine Frau sich aneignen muß, um in unserer Gesellschaft, deren Macht sich in erster Linie auf Krieg und Sport gründet, vorwärtszukommen und erfolgreich zu sein. Die Betonung des risikofreudigen und selbstsicheren Verhaltens ist unabdingbar. Mädchen und Frauen müssen klar auf ihre Ziele zusteuern.

Ein Vater sagte am Ende eines meiner Seminare zu mir: »Wissen Sie, alles, was Sie gesagt haben, stimmt. Ich sage meiner Tochter immer wieder, daß sie nicht zimperlich sein darf. Wenn sie sich weh tut, zeige ich kein Mitleid. Ich fordere sie auf, nicht zu weinen und die Zähne zusammenzubeißen, genau wie ihre Brüder.«

Das zerreißt mir das Herz, denn genau das wollte ich mit meinem Buch nicht erreichen. Das Herz dieses Mannes befindet sich sicher am richtigen Fleck, doch er ist kein liebevoller Vater. Dieser Vater drillt seine Tochter wie ein General seine Soldaten; er bringt seiner Tochter zwar viel bei, doch ich wage zu behaupten, daß sie nie wirklich seine Liebe, seine Wärme und seine Menschlichkeit spürt.

Was ich damit sagen will, ist folgendes: Lassen Sie nicht zu, daß irgend jemand das Buch als Argument für die »Vermännlichung« der Frauen benutzt, ohne auf den entsprechenden Prozeß der »Verweiblichung« der Männer hinzuweisen. Erlauben Sie niemandem, daß er das Buch dazu benutzt, um in das Klagelied von Professor Henry Higgins einzustimmen, das lautet: »Warum kann eine Frau nicht wie ein Mann sein?« Die große Gefahr besteht darin, daß manche Leser variables Verhalten befürworten, solange es sich um die Vermännlichung von Frauen handelt. Sie erkennen nicht, daß dies zu einer weiteren Entwertung des Weiblichen in unserer Gesellschaft führt und sie auf halbem Weg stehenbleiben. Unsere bereits aus dem Gleichgewicht geratene Welt würde sich dadurch noch mehr in Richtung Vernichtung bewegen.

Mein Ziel besteht nicht darin, die Männer und ihre männliche Macht zu unterdrücken, oder darin, aus Frauen Pseudomänner zu machen. Meine Hoffnung gilt einem Zustand des Gleichgewichts, der Erschaffung einer wirklich flexiblen Gesellschaft, in der eine Eigenschaft eben eine Eigenschaft ist, ohne mit dem Etikett männlich oder weiblich behaftet zu sein, und in der alle sich aufgerufen fühlen, ihr Wesen, ihre Begabungen und ihre Visionen zum Ausdruck zu bringen, ohne die Fesseln der Geschlechtszugehörigkeit zu spüren.

Wenn Sie meiner Vorstellung zustimmen und die damit verbundene Freiheit sehen können, müssen Sie konsequenterweise auch die weiblichen Eigenschaften Ihres Sohnes fördern. Wenn Sie in Ihrer Tochter andere Verhaltensweisen und Begabungen fördern, dies aber bei Ihrem Sohn versäumen, nehmen Sie nur die Hälfte des Problems in Angriff und verdoppeln die Zeit, die nötig ist, um die wirklichen Ziele zu erreichen. Bitte schließen Sie sich mir an und helfen Sie, eine gleichberechtigte Gesellschaft zu schaffen. Es ist noch nicht zu spät.

Checkliste II

1. Lassen Sie Ihren Schmerz zu, wenn aus Ihrem kleinen Mädchen eine Frau wird.

2. Stellen Sie keine falschen Vermutungen über das »kokettierende« Verhalten Ihrer Tochter an. Sie übt sich nur in ihrer Weiblichkeit.

3. Machen Sie ihr bezüglich ihres Aussehens genügend ernstgemeinte Komplimente, auch wenn es nicht Ihrem Schönheitsideal entsprechen sollte.

4. Versuchen Sie, Ihre Eifersucht zu überwinden, wenn sie zum ersten Mal einen Freund hat. Das Gefühl ist ganz natürlich, aber wenn Sie es nicht unter Kontrolle halten, werden Sie möglicherweise zurückhaltend, reserviert und ungeduldig.

5. Entziehen Sie ihr *auf keinen Fall* Ihre Liebe, wenn sie in die Pubertät kommt. Versuchen Sie, Ihre Liebe auf andere Art auszudrücken.

6. Wenn Sie spüren, daß auch nur die geringste Gefahr für sexuellen Mißbrauch besteht, oder Sie sich in irgendeiner Weise in Gegenwart Ihrer Tochter unwohl fühlen, *suchen Sie sofort!!! Hilfe.*

7. Begreifen Sie, daß Ihre Tochter sexuelle Erfahrungen sammeln muß. Wenn Sie ein alleinerziehender Vater sind, sollten Sie eine verständnisvolle Frau suchen, die Ihre Tochter über Empfängnisverhütung aufklärt.

8. Fahren Sie nicht aus der Haut, wenn sie schwanger wird. Nehmen Sie es nicht persönlich. Versuchen Sie zu begreifen, daß sie bereits leidet. Seien Sie deshalb lieb und verständnisvoll und helfen Sie ihr, mit dem Problem umzugehen.

9. Ziehen Sie Ihre Tochter niemals bezüglich ihres Körpers auf, auch wenn Sie sich noch so wenig dabei denken.

10. Wenn Ihre Tochter Gewichtsprobleme hat, sollten Sie unter allen Umständen vermeiden, sie deswegen zu ta-

deln. Sie weiß bereits, auch ohne daß Sie sie darauf aufmerksam machen, daß sie ein Problem hat. Sie benötigt Ihre Liebe viel mehr als Ihre Kritik.

11. Seien Sie kein Perfektionist und bestehen Sie nicht darauf, daß Ihre Tochter immer ein »gutes Kind« ist. Achten Sie auf Eßstörungen. Viele Magersüchtige und Freßsüchtige sind »gute Kinder«. Möglicherweise ist dies Teil ihres Problems.

12. Lassen Sie Ihre Tochter wissen, daß es unwichtig ist, was alle anderen denken oder ob alle anderen sie lieben. Viele Magersüchtige und Freßsüchtige versuchen verzweifelt, perfekt zu sein und geliebt zu werden.

13. Stärken Sie ihr Selbstwertgefühl durch Ermutigung und nicht durch Druck.

14. Überprüfen Sie Ihre eigenen Ansichten über Frauen.

15. Lieben Sie Ihre Tochter bedingungslos. Lieben Sie sie um ihrer selbst willen. Geben Sie ihr nicht das Gefühl, daß Sie sie lieben würden, wenn sie sich auf ganz bestimmte Weise verhalten würde oder ein ganz bestimmtes Aussehen hätte.

16. Wenn Sie vermuten oder aber bereits wissen, daß Ihre Tochter begabt ist, lesen Sie bitte noch einmal Kapitel 4. Denken Sie daran, daß eine begabte Frau es in unserer Gesellschaft besonders schwer hat, weil die Anforderungen an die Weiblichkeit in krassem Gegensatz zu denen an die Begabung stehen. Bereiten Sie sich darauf vor, doppelte Arbeit als Vater zu leisten, um Ihrer Tochter zu helfen, diese Last zu tragen.

17. Unterstützen Sie feministisches Gedankengut, um zu einer Gesellschaft beizutragen, in der die Begabungen und Beiträge Ihrer Tochter anerkannt und geschätzt werden.

18. Sprechen Sie mit ihr über die positiven und die negativen Seiten der Ehe und Familie. Betonen Sie nicht nur die Freuden der Ehe und der Familie, sondern weisen Sie

ebenfalls auf die Opfer hin, die erbracht werden müssen, ganz besonders im Hinblick auf Zeit. Machen Sie Ihrer Tochter klar, daß diese Opfer sie von ihren Zielen und ihrem Streben abbringen können.

19. Unterstützen Sie sichtbar die Ziele und Bestrebungen Ihrer Frau, indem Sie Ihre eigene Zeit zur Verfügung stellen. Das ist der wirkliche Beweis Ihrer männlichen Unterstützung.

20. Teilen Sie sich mit Ihrer Frau die Pflichten im Haushalt und in der Kindererziehung.

21. Suchen Sie den Rat Ihrer Frau und handeln Sie danach, und zeigen Sie Ihrer Tochter, daß weibliche Ideen wertvoll sind.

22. Erwarten Sie nicht, daß Ihre Frau tagsüber die selbstsichere Geschäftsfrau ist und sich abends in ein passives und nachgiebiges Weibchen verwandelt. Sie schaffen damit eine widersprüchliche Situation.

23. Verteidigen und vertreten Sie Frauen und deren Rechte gegenüber anderen Männern. Versuchen Sie, frauenfeindliche männliche Einstellungen zu ändern.

Danksagung

Ich möchte ganz besonders den folgenden Menschen meinen aufrichtigen und herzlichen Dank sagen: meiner lieben Freundin D. B., die sich nicht davor scheute, mir ihr ganzes Geld zur Verfügung zu stellen – ohne ihre Unterstützung wäre dieses Buch höchstwahrscheinlich nie erschienen; meiner Professorin Dr. Linda Silverman und Dr. Connie Platt, die mir mit ihrem Wissen und ihrer Zeit hilfreich zur Seite standen; meiner Lektorin Leslie Meredith für ihre gewissenhafte Lektüre, ihren Enthusiasmus und ihre Unterstützung, auch in Zeiten, die für sie persönlich nicht einfach waren; meinem geistigen Zwilling K. R., die mich während des kreativen Prozesses tatkräftig unterstützte; Tim Pestotnik für ihre Beständigkeit und ihren Humor; Kathy Green, die mich immer wieder an die kosmischen Witze erinnerte; Pam Goodman für ihre Hilfe bei der Erstellung der Bibliographien; Mr. Calm, dessen Freundlichkeit, Geduld und Intelligenz eine ständige Quelle dieser wertvollen Eigenschaft waren – der männlichen Unterstützung; und zuletzt meiner Mutter, die mich immer wieder ermutigt hat, den notwendigen Schneid aufzubringen und dieses Buch zu schreiben.

Anmerkungen und Quellen

Kapitel 1

1. Dem interessierten Leser wird die Literaturliste empfohlen.
   Edith Gilson vertritt in ihrem Buch *Unnecessary Choices: The Hidden Life of the Executive Woman* die Ansicht, daß der starke Einfluß des Vaters auf den Erfolg seiner Tochter ein Trugschluß sei und daß eine gute Mutter-Tochter-Beziehung die beste Voraussage über die Zukunft der Tochter zuließe. Obwohl ich mit der Autorin völlig darin übereinstimme, daß der Einfluß der Mutter von entscheidender Bedeutung ist, kann ich ihr in bezug auf die Rolle des Vaters nicht zustimmen. Erstens kommt jede andere bedeutende Untersuchung zur entgegengesetzten Schlußfolgerung, und zweitens bin ich aufgrund meiner eigenen zahlreichen Interviews mit erfolgreichen Frauen und meiner Beobachtungen heranwachsender Mädchen in den letzten elf Jahren ebenfalls zu einem anderen Schluß gelangt. Drittens sagt die Autorin selbst: »Ich wünschte, ich hätte eine größere Anzahl von Frauen gehabt, die von ihren Müttern gefördert worden sind. Fünf Prozent der Befragten lassen keine detaillierten Schlußfolgerungen zu.« Schließlich und endlich erkenne ich, daß die Autorin in ihrem Buch *in Wirklichkeit* nicht behauptet, daß die Mutter-Tochter-Beziehung eine Voraussage über den letztendlichen Erfolg der Tochter ermöglicht, sondern daß sie als Indikator dafür angesehen werden kann, ob eine erfolgreiche erwachsene Tochter mit ihrem Einkommen und ihrer Karriere *zufrieden* ist.

Kapitel 3

1. Ich war angenehm überrascht, als meine Seminare von allen möglichen Menschen besucht wurden. Es kamen nicht nur Väter von Töchtern, sondern auch Mütter und erwachsene Töchter, die ihre

Beziehung mit ihren Vätern besser verstehen wollten, sowie – und das war das, was mich am meisten überraschte – Männer erfolgreicher Frauen, die erfahren wollten, wie sie ihre Frauen unterstützen konnten!

2. Ein paar Bemerkungen zu den Listen sind angebracht, bevor wir mit der Diskussion über Erfolg fortfahren.

Erstens tauchen manche Eigenschaften, wie Sie vielleicht bereits bemerkt haben, in beiden Kategorien auf, positiv wie negativ. Der Grund dafür ist, daß sich die Bedeutung je nach Umstand ändern kann. Die verschiedenen Abstufungen von Wörtern wie »sensibel«, »emotional« und »aggressiv« hängen von der jeweiligen Situation ab; Sie werden höchstwahrscheinlich nicht überrascht sein, wenn ich Ihnen sage, daß die sogenannten männlichen Eigenschaften Tatkraft und Dominanz andeuten, wogegen die sogenannten weiblichen Eigenschaften Passivität und Unterwürfigkeit andeuten.

Zweitens werden auf der weiblichen Seite eine Reihe von Adjektiven betont, die kindliches Verhalten beschreiben, während die Adjektive der männlichen Seite eine umfassendere Perspektive vermitteln. So werden beispielsweise Männer eher als »intelligent«, Frauen dagegen als »neugierig« bezeichnet.

Drittens haben viele Frauen, die an meinen Seminaren teilgenommen haben, den positiven Eigenschaften widersprochen. Sie halten es nicht für richtig, daß »passiv«, »weich«, »zierlich«, »zerbrechlich«, »süß«, »unterwürfig« und »schutzbedürftig« als weibliche Eigenschaften bezeichnet werden.

3. M. C. Shaw und J. T. McCuen, »The Onset of Academic Underachievement in Bright Children«, *Journal of Educational Psychology*, 51: 103–108, 1960.

4. *Philadelphia Enquirer*, 6. März 1986, Associated Press, Artikel von Maud Beelman.

5. Lynn H. Fox und Laura D. Turner, »Gifted and Creative Female: In the Middle School Years«, *American Middle School Education*, 4: 17–18, 1981.

6. W. Ickes und M. Layden, »Attributional Styles«, in J. H. Harvey, W. Ickes und R. F. Kidd (Hrsg.), *New Directions* in: *Attributional Research*, Bd. 2, Erlbaum Associates, Hillsdale, N. J. 1978, S. 121–147.

7. Marlaine E. Lockheed, »Women, Girls and Computers: A First Look at the Evidence«, *Sex Roles*, 13: 117, 1985.

8. Elizabeth Tidball, »Baccalaureate Origins of Entrants into American Medical Schools«, *Journals of Higher Education*, 56: 385–402, 1985.

9. Das Thema »dem Vater gefallen wollen« wird noch oft auftauchen. Wie Sie jedoch erkennen werden, ist es keine gute Motivation für Ihre Tochter, denn sie könnte versuchen, aus den falschen Gründen

zum Erfolg zu gelangen. Später werden Sie dann erkennen, daß sogar der Versuch, ein »gutes Kind« zu sein, verheerende Folgen haben kann.

Kapitel 4

1. Telephoninterview mit Dr. Silverman, September 1986.
2. Joseph Renzulli, »What Makes Giftedness: Reexamining a Definition«, *Phil Delta Kappa*, 60: 180–184, 1978.
3. Studie von Betty Walker, University of Southern California, in: *Glamour*, September 1986, S. 403.
4. Kasimierz Dabrowski, *Positive Disintegration*, Gryf, London, 1964.
5. Carol Gilligan, Die andere Stimme, München 1991.

Kapitel 5

1. Dana W. Birnbaum und William L. Croll, »The Etiology of Children's Stereotypes About Sex Differences in Emotionality«, *Sex Roles*, 10: 679–691, 1984.
2. Als weiterführende Lektüre zum Thema Selbsteinschätzung empfehle ich Morris Rosenberg, *Conceiving the Self*, Basic Books, New York, 1979, dessen Buch ich das Material entnommen habe.
3. Alice Baumgartner Papageorgiou, *My Daddy Might Have Loved Me: Student's Perceptions of Differences Between Being Male and Being Female*, Institute for Equality in Education, University of Colorado, Denver, 1982.
4. Papageorgiou, S. 12.
5. Ross D. Parke und D. B. Sawin, »The Family in Early Infancy: Social Interactional and Attitudinal Analyses«, in F. A. Pederson (Hrsg.), *The Father-Infant Relationship: Observational Studies in the Family Setting*, Praeger, New York, 1980.
6. E. Redina und J. D. Dickerscheid, »Father Involvement with First-Born Infants«, *Family Coordinator*, 25: 373–379, 1976; A. M. Frodi, M. E. Lamb, M. Frodi, D. P. Hwang, B. Forsstrom und T. Corry, »Stability and Change in Parental Attitudes Following an Infant's Birth into Traditional and Nontraditional Families«, unveröffentlichtes Manuskript, University of Michigan, 1980, zitiert in: *Fathers* von Ross Parke, Harvard University Press, Cambridge, 1981.
7. Norma Radin, »Childrearing Fathers in Intact Families: An Exploration of Some Antecedents and Consequences«, Untersuchung zum Thema der Rolle des Vaters in der Kindererziehung, Sozialpoli-

tik und Gesetzgebung, University of Haifa, Israel, 15.–17. Juli 1980, zitiert in: *Fathers* von Ross Parke, Harvard University Press, Cambridge, 1981.

8. Jean H. Block, »Another Look at Sex Differentiation in the Socialization Behaviors of Mothers and Fathers«, in J. A. Sherman und F. L. Denmark (Hrsg.), *Psychology of Women: Future Directions of Research*, Psychological Dimensions, New York, 1979.

9. Interessierten Lesern empfehle ich Martin Seligmans faszinierendes Werk zu diesem Thema, das in der Bibliographie aufgeführt ist. Außerdem wurde diesem Thema eine ganze Ausgabe von *Journal of Abnormal Psychology*, 87 (1), Februar 1978, gewidmet.

10. Jefferey Rubin, F. J. Provenzona und Zella Luria, »The Eye of the Beholder: Parents' View on Sex of Newborns«, *American Journal of Orthopsychiatry*, 44: 512–519, 1974.

11. Untersucht wurden Zeiträume zwischen einer halben Stunde pro Tag und mehreren Stunden. Möglicherweise hängt das mit der neuen Bereitschaft der Väter zum aktiven Beitrag in der Kindererziehung zusammen. Trotzdem darf nicht übersehen werden, daß die meisten Kinder immer noch sehr viel mehr Zeit mit der Mutter verbringen.

12. Lois Hoffman, »Changes in Family Roles, Socialization and Sex Differences«, *American Psychologist*, 32: 649, 1977.

13. Papageorgiou, S. 5.

14. Kristen Yount, »A Theory of Productive Activity: The Relationships Among Self-Concept, Gender, Sex-Role Stereotypes, and Work Emergent Traits«, *Psychology of Women Quarterly*, 10: 63–88, 1986.

15. Telephongespräch mit Dr. Kristen Yount, Soziologieprofessorin, University of Kentucky, Mai 1986.

Kapitel 6

1. Marjorie Honzik, »Environmental Correlates of Mental Growth: Prediction from the Family Setting at Twelve Months«, *Child Development*, 38: 337–364, 1967.

2. Ich möchte nicht versäumen, hier anzufügen, daß ich Sie keineswegs eines Besseren belehren will, falls Sie aufgrund Ihrer Wertvorstellungen und religiösen Überzeugungen der Meinung sind, daß die traditionelle Rolle einer Frau und Mutter »natürlich« und »richtig« ist. Ich *möchte* nur auf die zweideutige Botschaft hinweisen, falls, und nur falls Sie Ihre Tochter gleichzeitig ermutigen, Erfolg *außerhalb der eigenen vier Wände* anzustreben. Wenn Sie dagegen nur daran interessiert sind, daß sie für sich selbst sorgen kann, bis ein Mann des

Weges kommt, der sie führt und beschützt und der dafür sorgt, daß sie ihren »rechtmäßigen« Platz einnimmt, dann unterscheiden sich unsere Ziele als Autor und Leser vielleicht grundsätzlicher, als wir es bisher angenommen hatten.

3. Entsprechend einer Untersuchung, die von Helen Cleminshaw, Professorin für Kinder- und Familienentwicklung an der University of Ohio, Akron, anläßlich einer Podiumsdiskussion vor der American Psychological Association Annual Convention 1986 präsentiert wurde.

4. Elyce Wakerman, *Father Loss: Daughters Discuss the Man That Got Away*, Doubleday, New York, 1984, S. 263.

5. Wakerman, S. 265.

Kapitel 7

1. Robert Frost, »On Looking Up by Chance at the Constellation«, in Edward Connery Lathem und Lawrence Thompson (Hrsg.), *Robert Frost: Poetry and Prose*, Holt, Rinehart and Winston, New York, 1972, S. 109.

2. Michael Castleman, *Crime Free*, Simon & Schuster, New York, 1986.

Kapitel 8

1. Aus *Rocky Montain News*, 13. Mai 1986; Auszug aus einer Untersuchung von John Anderson, Direktor des Counceling Center der U.S. Air Force Academy, Colorado Springs, Colorado.

Kapitel 9

1. Ein außergewöhnliches Verhalten, ganz besonders im viktorianischen England, als Frauen für geistig minderwertig gehalten und nur nach ihrem Aussehen beurteilt wurden. Frauen gehörten zum Besitztum der Väter und Ehemänner und ihre einzige Aufgabe bestand darin, Kinder zu gebären und großzuziehen.

Bibliographie und Empfehlungen zur weiteren Lektüre

Appleton, William S., *Fathers and Daughters: A Father's Powerful Influence on a Woman's Life*, Doubleday, Garden City, N.Y., 1981.

Bell, Ruth und Leni Zeiger Wildflower, *Talking With Your Teenager: A Book for Parents*, Random House, New York, 1983.

Briggs, Dorothy Corkille, *Your Child's Self-Esteem*, Doubleday, New York, 1970.

Cassell, Carol, *Swept Away: Why Women Confuse Love and Sex... And How They Can Have Both*, Bantam, New York, 1984.

Castelman, Michael, *Crime Free*, Simon & Schuster, New York, 1986.

Cath, Stanley H., Alan R. Gurwitt und John Munder Ross (Hrsg.), *Father and Child: Developmental and Clinical Perspectives*, Little Brown, Boston, 1982.

Chernin, Kim, *The Hungry Self: Women, Eating and Identity*, Times Books, New York, 1985.

Colangelo, Nick und R.T. Zaffran, *New Voices in Counseling the Gifted*, Kendall/Hunt, Dubuque, Iowa, 1979.

Dabrowski, Kasimierz, *Positive Disintegration*, Gryf, London, 1964.

Dodson, Fitzhugh, *How to Father*, New American Library, New York, 1974 (dt. *Väter sind die besten Mütter; der umfassende Ratgeber für werdende, wißbegierige und glückliche Väter*, Scherz, Bern, München, 1975).

Dowling, Colette, *The Cinderella Complex: Women's Hidden Fear of Independence*, Pocket Books, New York, 1981 (dt. *Der Cinderella-Komplex, die heimliche Angst der Frauen vor der Unabhängigkeit*, Fischer, Frankfurt am Main, 1982).

Edel, Leon, *Bloomsbury: A House of Lions*, Avon, New York, 1979.

Faber, Adele und Elaine Mazlish, *How to Talk so Kids Will Listen & Listen So Kids Will Talk*, Rawson Associates, New York, 1980.

Fields, Suzanne, *Like Father, Like Daughter*, Little Brown, Boston, 1983.

Fishel, Elizabeth, *The Men in Our Lives: Fathers, Lovers, Husband, Mentors*, Morrow, New York, 1984.

Frieze, Irene H. et al., *Women and Sex Roles: A Social, Psychological Perspective*, Norton, New York, 1978.

Gallagher, James T., *Teaching the Gifted Child*, 2. Ausg. Allyn and Bacon, Boston, 1975.

Gilligan, Carol, *In a Different Voice: Psychological Theory and Women's Development*, Harvard University Press, Cambridge, 1982 (dt. *Die andere Stimme: Lebenskonflikte und Moral der Frau*, Piper, München, 1985).

Gilson, Edith, *Unnecessary Choices: The Hidden Life of the Executive Woman*, Morrow, New York, 1987.

Ginott, Haim C., *Between Parent and Child*, Macmillan, New York, 1965 (dt. *Eltern und Teenager*, Droemer Knaur, München, Zürich, 1969).

Goertzel, Victor und Mildren G. Goertzel, *Cradles of Eminence*, Little Brown, Boston, 1962.

Gowan, John C. et al., *Education the Ablest: A Book of Readings*, Peacock Publishers, Itasca, Illinois, 1979.

Hammer, Signe, *Passionate Attachments: Fathers and Daughters in America Today*, Rawson Assocites, New York, 1982.

Kaplan, A. G. und J. P. Bean (Hrsg.), *Beyond Sex-Role Stereotypes: Readings Toward a Psychology of Androgyny*, Little Brown, Boston, 1976.

Konopka, Gisela, *Young Girls: A Portrait of Adolescence*, Prentice-Hall, Englewood Cliffs, N. J., 1976.

Leonard, Linda, *The Wounded Woman: Healing the Father-Daughter Relationship*, Shambhala, Boston, 1982 (dt. *Töchter und Väter: Heilung und Chancen einer verletzten Beziehung*, Kösel, München, 1986).

Lockheed, M. E., A. Nielson und M. K. Stone, *Sex Differences in Microcomputer Literacy*, paper presented at the National Educational Computer Conference, Baltimore, 1983.

Maccoby, Eleanor E. und Carol N. Jacklin, *The Psychology of Sex Differences*, Vol. 1, Stanford University Press, Stanford, Californien, 1974.

Owen, Ursula (Hrsg.), *Fathers: Reflections by Daughters*, Pantheon, New York, 1985 (dt. *Väter – Schriftstellerinnen schreiben über ihren Vater*, Heyne, München, 1986).

Parke, Ross D., *Fathers*, Harvard University Press, Cambridge, 1981.

Rosenberg, Morris, *Conceiving the Self*, Basic Books, New York, 1979.

Seligman, Martin, *Helplessness: On Depression, Development and Death*, W. H. Freeman, San Francisco, 1975 (dt. *Erlernte Hilflosigkeit*, Urban & Schwarzenberg, München, 1979).

Silverman, Linda K., *Gifted Education:* A Developmental Approach, in Vorbereitung, Charles E. Merrill, Columbus, Ohio.

Stacey, Judith, et al., *And Jill Came Tumbling After: Sexism in American Education,* Dell, New York, 1974.

Storaska, Frederic, *How to Say No to a Rapist and Survive,* Warner, New York, 1975.

Wakerman, Elyce, *Father Loss: Daughters Discuss the Man That Got Away,* Doubleday, New York, 1984.

Williams, Juanita H., *The Psychology of Women: Behavior in a Biosocial Context,* Norton, New York, 1977.

Woolf, Virginia, *A Room of One's Own,* Harcourt, Brace and World, New York, 1929 (dt. *Ein Zimmer für sich allein,* Fischer, Frankfurt am Main 1981)

Woolfolk, William mit Donna Woolfolk Cross, *Daddy's Little Girl: The Unspoken Bargain Between Fathers and Their Daughters,* Prentice-Hall, Englewood Cliffs, N.J., 1982.

Psychologische Ratgeber für Frauen

Bonnie Kreps
Abschied vom Märchenprinzen
Eine Abrechnung mit der romantischen Liebe
Band 12225

Maja Langsdorff
Die heimliche Sucht, unheimlich zu essen
Band 12792

Stephan Lermer/ Hans Chr. Meiser
Lebensabschnittspartner
Die neue Form der Zweisamkeit
Band 11931
Der verlassene Mann
Sind Frauen das stärkere Geschlecht?
Band 12756

Nicky Marone
Gute Väter – Selbstbewußte Töchter
Die Bedeutung des Vaters für die Erziehung
Band 12224

Brad E. Sachs
Unser erstes Kind
Krisen und Chancen der Eltern
Band 12555

Joan Shapiro
Männer sind wie fremde Länder
Verständigungshilfen für Frauen
Band 12273

Barbara Sichtermann
Leben mit einem Neugeborenen
Ein Buch über das erste halbe Jahr
Band 3308

Gregor M. Vogt
Stephen T. Sirridge
Söhne ohne Väter
Vom Fehlen des männlichen Vorbilds
Band 12757

Joachim Weyand/ Bettina Behning
Arbeitsrecht für Frauen
Ein juristischer Ratgeber zur Selbsthilfe
Band 11965

Fischer Taschenbuch Verlag